新时代

党委工作实务丛书

总主编：洪向华

怎样做好新时代组织工作

沈小平 ■ 著

中共党史出版社

图书在版编目（CIP）数据

怎样做好新时代组织工作 / 沈小平著. — 北京：
中共党史出版社，2021.9
（新时代党委工作实务丛书）
ISBN 978-7-5098-5947-6

Ⅰ. ①怎… Ⅱ. ①沈… Ⅲ. ①中国共产党—组织工作—研究 Ⅳ. ① D262.2

中国版本图书馆 CIP 数据核字（2021）第 184208 号

出版发行：中共党史出版社
责任编辑：李亚平　陈华丽（特约）
社　　址：北京市海淀区芙蓉里南街 6 号院 1 号楼
邮　　编：100080
网　　址：www.dscbs.com
经　　销：新华书店
印　　刷：天津鑫旭阳印刷有限公司
开　　本：170mm × 240mm　　1/16
字　　数：250 千字
印　　张：16.5
版　　次：2021 年 9 月第 1 版
印　　次：2021 年 9 月第 1 次印刷
ISBN 978-7-5098-5947-6
定　　价：59.00 元

目 录

CONTENTS

序　言

新时代党的组织工作的根本遵循

2018年7月3日至4日，在全国组织工作会议上，习近平总书记明确提出新时代党的组织路线，对其科学内涵、实践要求作出明确概括，这在党的历史上是第一次，具有里程碑意义，是党的建设和组织工作必须贯彻的“纲”和“本”，是做好新时代组织工作的根本方针和准则。2020年6月29日，在中央政治局第二十一次集体学习时，习近平总书记就贯彻落实新时代党的组织路线进一步提出了“五个抓好”的基本要求。2021年4月30日，习近平总书记主持召开中央政治局会议，审议通过的《中国共产党组织工作条例》紧紧围绕贯彻落实新时代党的组织路线谋篇布局，将组织路线对组织工作的一系列方向性、全局性、战略性要求落实到具体条文中。这是我们党历史上第一部关于组织工作的统领性、综合性基础主干法规，是做好新时代党的组织工作、加强党的组织建设的基本遵循。我们要正确理解新时代党的组织路线的科学内涵和实践要求，坚持目标导向、问题导向、结果导向相统一，准确把握好贯彻落实《中国共产党组织工作条例》的基本要求，坚持和加强党对组织工作的全面领导，深入贯彻新时代党的组织路线，推进组织工作科学化制度化规范化，全面提高组织工作质量。

（一）

党的组织路线是党在一定历史时期，根据政治路线和思想路线而规定的关于组织工作的根本方针和准则。新时代党的组织路线是，全面贯彻习近平新时代中国特色社会主义思想，以组织体系建设为重点，着力培养忠诚干净担当的高素质干部，着力集聚爱国奉献的各方面优秀人才，坚持德才兼备、以德为先、任人唯贤，为坚持和加强党的全面领导、坚持和发展中国特色社会主义提供坚强组织保证。党的组织路线，涉及干部政策、干部制度、干部路线、组织原则、组织制度、组织纪律、党员标准和党内政治生活准则等方面，核心问题是为贯彻执行党的正确政治路线提供坚强组织保证和人才支撑。

新时代党的组织路线立足历史和现实、理论和实践，科学总结我们党百年历史经验，理性升华党的十八大以来以党的伟大自我革命推动伟大社会革命成功实践，系统阐明了新时代党的建设和组织工作的地位作用、目标任务、职责使命、实践要求，深刻回答了党的组织体系建设、新时期好干部标准和人才工作方略等一系列重大问题，进一步深化了对马克思主义执政党建设规律的认识，丰富完善了习近平新时代中国特色社会主义思想，事关方向性、全局性、战略性，必将产生重大而深远的影响。我们要深入学习领会习近平新时代中国特色社会主义思想，紧紧围绕贯彻落实新时代党的组织路线，谋思路、定措施，出实招、破难题，建机制、抓落实，切实让新时代党的组织路线彰显出强大生命力。

中国特色社会主义进入了新时代，我国社会主要矛盾已经转化为人民日益增长的美好生活需要和不平衡不充分的发展之间的矛盾。正确的政治路线要靠正确的组织路线来保证。切实加强党的建设和组织工作，不断增强党的创造力、凝聚力、战斗力、领导力、号召力，这是我们党适应新时代要求、完成新时代历史使命和奋斗目标的基本前提和根本保证。这就要求我们党必须勇于进行伟大自我革命，把党建设得更加坚强有力，要求党的组织路线服务党的政治路线更加科学、更加精准、更加有效，切实把党员组织起来，把人才凝聚起来，把群众动员起来，为实现中华民族伟大复兴提供强大组织、干部和人才支撑。

中国特色社会主义最本质的特征是中国共产党领导，中国特色社会主义制度的最大优势是中国共产党领导，党是最高政治领导力量。坚持和加强党的全面领导，是全国各族人民的根本利益所在，任何时候、任何情况下都不能有丝毫动摇。在新时代，我们党要团结带领人民进行伟大斗争、推进伟大事业、实现伟大梦想，带领具有5000多年悠久历史、拥有14亿多人口的中国，建成富强民主文明和谐美丽的社会主义现代化强国，就必须进一步推进党的建设新的伟大工程，不断提高党的执政能力和领导水平。只有全面贯彻落实新时代党的组织路线，切实加强党的建设和组织工作，加强党的长期执政能力建设、先进性和纯洁性建设，全面增强执政本领，做到既政治过硬，又本领高强，才能确保我们党始终走在时代前列，始终成为中国特色社会主义事业的坚强领导核心。

百年来，我们党始终坚持组织路线服务政治路线，逐步形成了一条与政治路线、思想路线和群众路线相适应的组织路线，这是我们党加强组织工作的宝贵经验。1938年，毛泽东同志指出，“政治路线确定之后，干部就是决定的因素”。改革开放后，邓小平同志强调，“解决组织路线问题，最大的问题，也是最难、最迫切的问题，是选好接班人”，并提出干部队伍革命化、年轻化、知识化、专业化的方针。江泽民同志提出，“马克思主义执政党不仅要有正确的思想路线和政治路线，而且要有正确的组织路线，关键是要选好人、用好人”。胡锦涛同志也强调，正确的思想路线政治路线要靠正确的组织路线来保证，要由人来具体贯彻执行。党的十八大以来，以习近平同志为核心的党中央统揽伟大斗争、伟大工程、伟大事业、伟大梦想，党的组织体系更加坚强，组织优势充分发挥；贯彻新时期好干部标准，选人用人状况和风气明显好转；全面从严治党成效显著，党的创造力、凝聚力、战斗力显著增强。新时代党的组织路线就是在党正本清源的伟大实践中形成的，根植于党的十八大以来党的建设和组织工作的历史性成就、历史性变革的深刻总结。只有切实践行新时代党的组织路线，进一步坚持党的领导、加强党的建设、做好党的组织工作，才能确保党拥有旺盛的生命力和强大的战斗力，把党的组织优势转化为强大动力和发展优势。

（二）

新时代党的组织路线，深刻阐述了组织工作的根本性、全局性、方向性问题，揭示了新时代党的组织工作的核心要义和本真价值，充分体现了对历史规律的深刻洞见，对时代问题的真知灼见，对未来发展的战略远见，具有丰富的科学内涵，标志着我们党对执政党建设规律的认识达到了新的高度，为新时代推进党的建设和组织工作提供了基本遵循。学习理解新时代党的组织路线，要重点把握以下几个方面内容。

第一，习近平新时代中国特色社会主义思想是新时代组织工作的科学指引。思想的力量是全党最深刻而持久的伟力之源。习近平新时代中国特色社会主义思想，系统回答了新时代我们党坚持和发展什么样的中国特色社会主义、怎样坚持和发展中国特色社会主义的一系列重大理论和实践问题，是马克思主义中国化的最新成果，是我们党必须长期坚持的指导思想。进入新时代，党的建设和组织工作要想开新局、谱新篇，必须坚持把习近平新时代中国特色社会主义思想作为组织工作的根本指针和科学指引，贯彻落实到组织工作全过程、各方面，做到谋划组织工作必须以习近平新时代中国特色社会主义思想为根本依据，推进组织工作必须以习近平新时代中国特色社会主义思想为根本指导，检验组织工作必须以落实习近平新时代中国特色社会主义思想的成效为根本标准，从而确保新时代组织工作始终保持正确的政治方向。

第二，加强党的组织体系建设是新时代组织工作的重中之重。党的力量来自组织，党的全面领导、党的全部工作要靠党的坚强组织体系去实现。贯彻落实新时代党的组织路线，加强党的组织体系建设是基础。

党中央是大脑和中枢，必须有定于一尊、一锤定音的权威；党的地方组织的根本任务是确保党中央决策部署贯彻落实，做到有令即行、有禁即止；党的基层组织是党的重要执政基础。把加强党的组织体系建设作为重点，牢牢把握住我们党作为马克思主义政党一贯重视组织建设的本质要求，是把坚持和加强党的全面领导落实到基层终端末梢，确保党的执政地位“一根钢钎”从中央直钉到基层的组织保证。坚决维护以习近平同志为核心的党中央权威和集中统一领导，党员干部才能做到无论处在哪个领域、哪个层级、哪个单位、哪个组织，都能够自觉增强“四个意识”、坚定“四个自信”、做到“两个维护”，在思想上政治上行动上同以习近平同志为核心的党中央保持高度一致。

第三，着力培养忠诚干净担当的高素质干部是新时代组织工作的重大任务。为政之要，莫先于用人。党要管党，首先是管好干部；从严治党，关键是从严治吏。贯彻落实新时代党的组织路线，关键在于培养造就一支符合新时期好干部标准、练就“八种本领”、做到“五个过硬”、建设忠诚干净担当的高素质干部队伍。习近平总书记指出，建设高素质专业化的干部队伍，重点是要做好干部培育、选拔、管理、使用工作。认真落实新时代党的组织路线，就要求聚集主责主业，坚持党管干部原则，坚持贯彻新时期好干部标准，加快建立素质培养、知事识人、选拔任用、从严管理、正向激励干部工作体系，严把政治首关，坚持事上练、事中看，为事业选、为事业用，认真做好干部培育、选拔、管理、使用工作，着力建设忠诚干净担当的高素质干部队伍。这是确保我们党始终走在时代前列、红色江山代代相传的决定性因素。

第四，着力集聚爱国奉献的各方面优秀人才是新时代组织工作的关键之举。千秋基业，人才为本。习近平总书记反复强调，人才是第一资源，是赢得国际竞争主动的战略资源，我们比历史上任何时期都更加渴求人才。做好新时代的组织工作，要用好人才这个第一资源。把集聚培养各方面优秀人才作为新时代组织路线的重要内容，与领导班子和干部队伍建设、基层党组织和党员队伍建设一起构成新时代组织工作的基本格局，凸显了人才引领发展的战略地位。认真落实新时代党的组织路线，就要加快实施人才强国战略，深化人才发展体制机制改革，以更高站位、更优体系、更强引领，集四海之气、借八方之力，聚天下英才而用之，努力建设一支矢志爱国奉献、勇于创新创造的优秀人才队伍，为中国特色社会主义事业发展夯实人才根基。

第五，坚持德才兼备、以德为先、任人唯贤是新时代组织工作的鲜明导向。做好干部工作，选好人用准人，最核心的是坚持任人唯贤的干部路线和德才兼备、以德为先的用人标准，这是干部工作让党放心、让人民满意、让干部服气，充分调动各方面积极性，促进党的事业发展和国家长治久安的根本保证。认真落实新时代党的组织路线，就要坚持德才兼备、以德为先、任人唯贤的选人用人标准，牢固树立正确用人导向，系统推进干部队伍建设，全面提高干部工作质量，以更长远的眼光、更有效的举措，及时发现、培养优秀年轻干部，建设一支忠实贯彻习近平新时代中国特色社会主义思想、符合新时期好干部标准、忠诚干净担当、数量充足、充满活力的高素质专业化干部队伍。

第六，为坚持和加强党的全面领导、坚持和发展中国特色社会主义提供坚强组织保证是新时代组织工作的根本目标。中国特色社会主义是改革开放以来党的全部理论和实践的主题，党的领导是中国特色社会主义最本质的特征。新时代党的组织路线，必须紧紧围绕这个主题和本质，为其提供坚强有力的组织保证。认真落实新时代党的组织路线，就要求党的建设和组织的一切工作都要朝着这个目标来加强，依据这个标准来检验。为此，要坚决贯彻党要管党、全面从严治党方针，把不断提高党的建设和组织工作质量摆在突出位置，坚持围绕中心、服务大局，注重内涵、讲求实效，不断提升党的建设和组织工作科学化水平，取得实实在在的成果，而不能重形式轻质量，不能搞形式主义、做表面文章，推动全面从严治党向纵深发展，真正把党建设成为始终走在时代前列、人民衷心拥护、勇于自我革命、经得起各种风浪考验、朝气蓬勃的马克思主义执政党。

（三）

坚持和加强党的领导，是做好新时代组织工作的根本所在、命脉所在、职责所在。《中国共产党组织工作条例》将党的领导贯穿全篇，写入指导思想、根本任务和根本原则，在实体性规定的首要位置，明确规定“组织工作实行党中央集中统一领导，各级党委（党组）分级分类领导，组织部门专门负责，有关方面各司其职、密切配合的领导体制”，对党中央、地方各级党委、党组和党组性质的党委的领导职责，以及组织部门的职责作出了详细规定，在党的组织体系建设、干部工作、人才工作等章中，围绕增强政治功能、提升组织力，落实党管干部、党管人才原则，提出了一系列要求。各级党委（党组）应当切实加强对组织工作的领导，关心和支持组织部门履行职责、开展工作，合理配置机构编制，充实工作力量，统筹协调各方面形成做好组织工作的合力。

组织路线服务保证政治路线，是组织工作的基本定位。《中国共产党组织工作条例》明确规定，党的组织工作是以党的组织体系建设、领导班子和干部队伍建设、人才队伍建设、党员队伍建设为主要内容的实践活动，阐明了组织工作的总体布局和职责任务。明确规定，地方党委对本地区组织工作负主体责任，主要职责是贯彻落实党的组织工作路线方针政策，执行党中央以及上级党组织关于组织工作的决策部署、指示要求，按照权限制定组织工作党内法规和规范性文件，研究部署本地区组织工作重大事项和重要工作；领导同级人大、政府、政协、监察机关、审判机关、检察机关、人民团体等党的组织工作，指导和督促检查下级党组织开展组织工作；领导本地区党的组织体系建设，加强基层党组织和党员队伍建设；按照干部管理权限任免和管理干部，向地方国家机关、政协组织、人民团体、国有企业和事业单位等推荐重要干部；贯彻人才强国战略，统筹协调有关方面共同参与和推动本地区人才工作；完成党中央以及上级党组织交办的其他任务。党组对本单位组织工作的领导职责，按照有关规定执行。要准确把握组织工作的总体布局和职责任务，坚持向中心聚焦、为大局服务，努力把党的组织优势巩固好、发展好、发挥好。

（四）

新时代党的组织路线，是新时代党的组织工作的根本遵循。贯彻新时代党的组织路线，是组织部门和组工干部的重要职责。正是基于这一考虑，《怎样做好新时代组织工作》一书坚持以《中国共产党组织工作条例》为准绳，在全面总结、系统概括党的十八大以来党的组织工作成功做法、有效经验的基础上，着重从实践操作层面，深刻阐述党的十八大以来以习近平同志为核心的党中央对党的组织工作的新任务、新目标，重点梳理了新时代党的建设总要求特别是新时代党的组织路线赋予组织工作的新部署、新要求，坚持问题导向、务实取向，提出了高质量做好新时代组织工作的思路、办法和措施。我们相信，通过阅读《怎样做好新时代组织工作》一书，能够帮助党员干部特别是广大组工干部，更好地把握新时代党的组织工作面临的新任务、新目标、新部署、新要求，进一步增强责任感和使命感，不断提高政治素质和专业能力，切实抓好《中国共产党组织工作条例》的贯彻落实，在推进党的建设和组织工作实践中，不断取得新的业绩。

第一章

健全党的组织体系和组织制度

建立健全党的组织体系和组织制度，是组织工作的一项极其重要的任务。各组织部门要充分认识党的组织体系和组织制度的重要地位和作用，正确把握组织认识、组织设置和制度安排的基本原则和有关规定，坚持以党章为根本遵循，切实履行好组织体系和组织建设的职能和职责。要坚持和加强党的全面领导，坚决维护党中央权威和集中统一领导，确保党中央定于一尊、一锤定音的权威，确保党员干部无论处在哪个领域、哪个层级、哪个单位、哪个组织，都牢固树立“四个意识”，坚定“四个自信”，做到“两个维护”，在思想上政治上行动上同以习近平同志为核心的党中央保持高度一致。党的地方组织的根本任务是保证党中央决策部署贯彻落实，要切实做到有令即行、有禁即止。党组要贯彻落实党中央和上级党组织决策部署，发挥好把方向、管大局、保落实的重要作用。党的基层组织是党的肌体的“神经末梢”，要充分发挥战斗堡垒作用。每个党员特别是领导干部都要强化党的意识和组织观念，自觉做到思想上认同组织、政治上依靠组织、工作上服从组织、感情上信赖组织。民主集中制是我们党的根本组织原则和领导制度，是马克思主义政党区别于其他政党的重要标志，贯彻民主集中制是全党的共同政治责任。要切实增强贯彻民主集中制原则的自觉性，坚持集体领导制度，实行集体领导和个人分工负责相结合。坚持按规则、按程序办事，不搞一言堂、家长制，不搞独断专行或各自为政。一把手要发扬民主、善于集中、敢于担责，支持班子成员独立负责开展工作，增强领导班子创造力凝聚力战斗力；班子成员要增强全局意识、协作意识，自觉在大局下行动、在合作中履职，防止自由主义、本位主义、个人主义。

党的力量来自组织。党的全面领导、党的全部工作要靠党的坚强组织体系和组织制度去实现。党的中央组织、地方组织、基层组织，既有各自的组织形式和任务，又按照民主集中制这一根本组织制度和原则要求，形成统一的有机整体。《中国共产党组织工作条例》突出组织的基础性地位和体系化建设要求，对组织架构、组织功能、党员队伍、组织制度、组织生活、组织纪律等作出了全面规定。进入新时代、开启新征程，必须更加注重党的组织体系和组织制度建设，不断增强党的政治领导力、思想引领力、群众组织力、社会号召力，把党员组织起来、把人才凝聚起来、把群众动员起来，为实现党的宏伟目标团结奋斗。

一、建强党的组织体系

组织体系是我们党的肌体的“骨骼”和“神经网络”，决定着党的生命和党的力量。我们党百年的实践充分证明，党的力量来自组织，组织能使力量倍增。只有把组织体系建好了，我们党执政治国、发展事业、服务人民才有依托和支撑。加强组织体系建设，首要的是建强党的各级组织，确保党的肌体“筋强骨壮”，永葆党的生机活力。党组织有没有力量，关键在于组织体系是否严密有力。我们党历来高度重视党的组织建设，形成了包括党的中央组织、地方组织、基层组织在内的严密组织体系。以组织体系建设为重点，关键是使党的各级组织各正其位、各司其职、各负其责，上下贯通、左右联动，分工合作、步调一致，最大限度发挥好党的组织优势。

习近平总书记在十九届中央政治局第二十一次集体学习时强调，要抓好党的组织体系建设。严密的组织体系，是马克思主义政党的优势所在、力量所在。党的十八大以来，我们抓党的建设，首先就抓中央委员会、中央政治局及其常委会的建设，制定的各项党内法规都对中央领导同志提出更高标准，要求中央领导同志在守纪律讲规矩、履行管党治党政治责任等方面为全党同志立标杆、作表率。中央和国家机关是贯彻落实党中央决策部署的“最初一公里”，要认真贯彻执行党组工作条例和党的工作机关条例，把中央和国家机关建设成为讲政治、守纪律、负责任、有效率的模范机关。地方党委是贯彻落实党中央决策部署的“中间段”，要认真贯彻执行地方党委工作条例，把地方党委建设成为坚决听从党中央指挥、管理严格、监督有力、班子团结、风气纯正的坚强组织。基层党组织是贯彻落实党中央决策部署的“最后一公里”，要坚持大抓基层的鲜明导向，抓紧补齐基层党组织领导基层治理的各种短板，把各领域基层党组织建设成为实现党的领导的坚强战斗堡垒，充分发挥广大党员在改革发展稳定中的先锋模范作用。各级党组织要提高政治领导力、思想引领力、群众组织力、社会号召力，把广大人民群众紧紧团结在党的周围。

（一）党的中央组织

党中央是大脑和中枢，是路线方针政策的制定者，是统揽全局的决策者，必须有定于一尊、一锤定音的权威。

1. 党的全国代表大会

党章规定，党的全国代表大会每五年举行一次，由中央委员会召集。中央委员会认为有必要，或者有三分之一以上的省一级组织提出要求，全国代表大会可以提前举行；如无非常情况，不得延期举行。全国代表大会代表的名额和选举办法，由中央委员会决定。党的全国代表大会的职权是：(1) 听取和审查中央委员会的报告；(2) 审查中央纪律检查委员会的报告；(3) 讨论并决定党的重大问题；(4) 修改党的章程；(5) 选举中央委员会；(6) 选举中央纪律检查委员会。

党的全国代表会议的职权是：讨论和决定重大问题；调整和增选中央委员会、中央纪律检查委员会的部分成员。调整和增选中央委员及候补中央委员的数额，不得超过党的全国代表大会选出的中央委员及候补中央委员各自总数的五分之一。

2. 党的中央委员会

党章规定，党的中央委员会每届任期五年。全国代表大会如提前或延期举行，它的任期相应地改变。中央委员会委员和候补委员必须有五年以上的党龄。中央委员会委员和候补委员的名额，由全国代表大会决定。中央委员会委员出缺，由中央委员会候补委员按照得票多少依次递补。中央委员会全体会议由中央政治局召集，每年至少举行一次。中央政治局向中央委员会全体会议报告工作，接受监督。在全国代表大会闭会期间，中央委员会执行全国代表大会的决议，领导党的全部工作，对外代表中国共产党。党的中央政治局、中央政治局常务委员会和中央委员会总书记，由中央委员会全体会议选举。中央委员会总书记必须从中央政治局常务委员会委员中产生。中央政治局和它的常务委员会在中央委员会全体会议闭会期间，行使中央委员会的职权。中央书记处是中央政治局和它的常务委员会的办事机构；成员由中央政治局常务委员会提名，中央委员会全体会议通过。中央委员会总书记负责召集中央政治局会议和中央政治局常务委员会会议，并主持中央书记处的工作。党的中央军事委员会组成人员由中央委员会决定，中央军事委员会实行主席负责制。每届中央委员会产生的中央领导机构和中央领导人，在下届全国代表大会开会期间，继续主持党的经常工作，直到下届中央委员会产生新的中央领导机构和中央领导人为止。

（二）党的地方组织

地方党委在党的各级组织中居于承上启下的位置，在党中央领导下开展工作，在本地区发挥总揽全局、协调各方的领导核心作用，要贯彻落实好《中国共产党地方委员会工作条例》，坚决保证党中央决策部署的贯彻落实，切实做到有令即行、有禁即止。

1. 党的地方各级代表大会

党章规定，党的省、自治区、直辖市的代表大会，设区的市和自治州的代表大会，县（旗）、自治县、不设区的市和市辖区的代表大会，每五年举行一次。党的地方各级代表大会由同级党的委员会召集。在特殊情况下，经上一级委员会批准，可以提前或延期举行。党的地方各级代表大会代表的名额和选举办法，由同级党的委员会决定，并报上一级党的委员会批准。党的地方各级代表大会的职权是：（1）听取和审查同级委员会的报告；（2）审查同级纪律检查委员会的报告；（3）讨论本地区范围内的重大问题并作出决议；（4）选举同级党的委员会，选举同级党的纪律检查委员会。

2. 党的地方各级委员会

党章规定，党的省、自治区、直辖市、设区的市和自治州的委员会，每届任期五年。这些委员会的委员和候补委员必须有五年以上的党龄。党的县（旗）、自治县、不设区的市和市辖区的委员会，每届任期五年。这些委员会的委员和候补委员必须有三年以上的党龄。党的地方各级代表大会如提前或延期举行，由它选举的委员会的任期相应地改变。党的地方各级委员会的委员和候补委员的名额，分别由上一级委员会决定。党的地方各级委员会委员出缺，由候补委员按照得票多少依次递补。党的地方各级委员会全体会议，每年至少召开两次。党的地方各级委员会在代表大会闭会期间，执行上级党组织的指示和同级党代表大会的决议，领导本地方的工作，定期向上级党的委员会报告工作。党的地方各级委员会全体会议，选举常务委员会和书记、副书记，并报上级党的委员会批准。党的地方各级委员会的常务委员会，在委员会全体会议闭会期间，行使委员会职权；在下届代表大会开会期间，继续主持经常工作，直到新的常务委员会产生为止。党的地方各级委员会的常务委员会定期向委员会全体会议报告工作，接受监督。党的地区委员会和相当于地区委员会的组织，是党的省、自治区委员会在几个县、自治县、市范围内派出的代表机关。它根据省、自治区委员会的授权，领导本地区的工作。

（三）党的基层组织

党的基层组织是指在企业、农村、机关、学校、科研院所、街道社区、社会组织、人民解放军连队和其他基层单位建立的党的组织。党的基层组织是党的细胞，是执政的基础。按照党章规定，凡是有正式党员3人以上的基层单位，都应当成立党的基层组织。

1. 党的基层组织的基本任务

党的基层组织是党在社会基层组织中的战斗堡垒，是党的全部工作和战斗力的基础。党章规定，党的基层组织的基本任务是：（1）宣传和执行党的路线、方针、政策，宣传和执行党中央、上级组织和本组织的决议，充分发挥党员的先锋模范作用，积极创先争优，团结、组织党内外的干部和群众，努力完成本单位所担负的任务。（2）组织党员认真学习马克思列宁主义、毛泽东思想、邓小平理论、“三个代表”重要思想、科学发展观、习近平新时代中国特色社会主义思想，推进“两学一做”学习教育常态化制度化，学习党的路线、方针、政策和决议，学习党的基本知识，学习科学、文化、法律和业务知识。（3）对党员进行教育、管理、监督和服务，提高党员素质，坚定理想信念，增强党性，严格党的组织生活，开展批评和自我批评，维护和执行党的纪律，监督党员切实履行义务，保障党员的权利不受侵犯。加强和改进流动党员管理。（4）密切联系群众，经常了解群众对党员、党的工作的批评和意见，维护群众的正当权利和利益，做好群众的思想政治工作。（5）充分发挥党员和群众的积极性创造性，发现、培养和推荐他们中间的优秀人才，鼓励和支持他们在改革开放和社会主义现代化建设中贡献自己的聪明才智。（6）对要求入党的积极分子进行教育和培养，做好经常性的发展党员工作，重视在生产、工作第一线和青年中发展党员。（7）监督党员干部和其他任何工作人员严格遵守国家法律法规，严格遵守国家的财政经济法规和人事制度，不得侵占国家、集体和群众的利益。（8）教育党员和群众自觉抵制不良倾向，坚决同各种违纪违法行为作斗争。

2. 不同领域党的基层组织的基本职责

党章规定，街道、乡、镇党的基层委员会和村、社区党组织，领导本地区的工作和基层社会治理，支持和保证行政组织、经济组织和群众自治组织充分行使职权。国有企业党委（党组）发挥领导作用，把方向、管大局、保落实，依照规定讨论和决定企业重大事项。国有企业和集体企业中党的基层组织，围绕企业生产经营开展工作。保证监督党和国家的方针、政策在本企业的贯彻执行；支持股东会、董事会、监事会和经理（厂长）依法行使职权；全心全意依靠职工群众，支持职工代表大会开展工作；参与企业重大问题的决策；加强党组织的自身建设，领导思想政治工作、精神文明建设和工会、共青团等群团组织。非公有制经济组织中党的基层组织，贯彻党的方针政策，引导和监督企业遵守国家的法律法规，领导工会、共青团等群团组织，团结凝聚职工群众，维护各方的合法权益，促进企业健康发展。社会组织中党的基层组织，宣传和执行党的路线、方针、政策，领导工会、共青团等群团组织，教育管理党员，引领服务群众，推动事业发展。实行行政领导人负责制的事业单位中党的基层组织，发挥战斗堡垒作用。实行党委领导下的行政领导人负责制的事业单位中党的基层组织，对重大问题进行讨论和作出决定，同时保证行政领导人充分行使自己的职权。各级党和国家机关中党的基层组织，协助行政负责人完成任务，改进工作，对包括行政负责人在内的每个党员进行教育、管理、监督，不领导本单位的业务工作。

（四）党组

党组在党的组织体系中具有特殊地位，党的十九大修订的党章赋予了党组新的职责，要进一步规范和加强党组工作，履行全面从严治党责任，着力发挥好把方向、管大局、保落实的重要作用。党章规定，在中央和地方国家机关、人民团体、经济组织、文化组织和其他非党组织的领导机关中，可以成立党组。党组发挥领导核心作用。党组的任务，主要是负责贯彻执行党的路线、方针、政策；加强对本单位党的建设的领导，履行全面从严治党责任；讨论和决定本单位的重大问题；做好干部管理工作；讨论和决定基层党组织设置调整和发展党员、处分党员等重要事项；团结党外干部和群众，完成党和国家交给的任务；领导机关和直属单位党组织的工作。党组的成员，由批准成立党组的党组织决定。党组设书记，必要时还可以设副书记。党组必须服从批准它成立的党组织领导。

（五）党的纪律检查机关

党章规定，党的中央纪律检查委员会在党的中央委员会领导下进行工作。党的地方各级纪律检查委员会和基层纪律检查委员会在同级党的委员会和上级纪律检查委员会双重领导下进行工作。上级党的纪律检查委员会要加强对下级纪律检查委员会的领导。党的各级纪律检查委员会每届任期和同级党的委员会相同。党的中央纪律检查委员会全体会议，选举常务委员会和书记、副书记，并报党的中央委员会批准。党的地方各级纪律检查委员会全体会议，选举常务委员会和书记、副书记，并由同级党的委员会通过，报上级党的委员会批准。党的基层委员会是设立纪律检查委员会，还是设立纪律检查委员，由它的上一级党组织根据具体情况决定。党的总支部委员会和支部委员会设纪律检查委员。党的中央和地方纪律检查委员会向同级党和国家机关全面派驻党的纪律检查组。纪律检查组组长参加驻在部门党的领导组织的有关会议。他们的工作必须受到该机关党的领导组织的支持。党的各级纪律检查委员会是党内监督专责机关，主要任务是：维护党的章程和其他党内法规，检查党的路线、方针、政策和决议的执行情况，协助党的委员会推进全面从严治党、加强党风建设和组织协调反腐败工作。党的各级纪律检查委员会的职责是监督、执纪、问责，要经常对党员进行遵守纪律的教育，作出关于维护党纪的决定；对党的组织和党员领导干部履行职责、行使权力进行监督，受理处置党员群众检举举报，开展谈话提醒、约谈函询；检查和处理党的组织和党员违反党的章程和其他党内法规的比较重要或复杂的案件，决定或取消对这些案件中的党员的处分；进行问责或提出责任追究的建议；受理党员的控告和申诉；保障党员的权利。

党章规定，各级纪律检查委员会要把处理特别重要或复杂的案件中的问题和处理的结果，向同级党的委员会报告。党的地方各级纪律检查委员会和基层纪律检查委员会要同时向上级纪律检查委员会报告。各级纪律检查委员会发现同级党的委员会委员有违犯党的纪律的行为，可以先进行初步核实，如果需要立案检查的，应当在向同级党的委员会报告的同时向上一级纪律检查委员会报告；涉及常务委员的，报告上一级纪律检查委员会，由上一级纪律检查委员会进行初步核实，需要审查的，由上一级纪律检查委员会报它的同级党的委员会批准。上级纪律检查委员会有权检查下级纪律检查委员会的工作，并且有权批准和改变下级纪律检查委员会对于案件所作的决定。如果所要改变的该下级纪律检查委员会的决定，已经得到它的同级党的委员会的批准，这种改变必须经过它的上一级党的委员会批准。党的地方各级纪律检查委员会和基层纪律检查委员会如果对同级党的委员会处理案件的决定有不同意见，可以请求上一级纪律检查委员会予以复查；如果发现同级党的委员会或它的成员有违犯党的纪律的情况，在同级党的委员会不给予解决或不给予正确解决的时候，有权向上级纪律检查委员会提出申诉，请求协助处理。

二、完善党的组织制度

党的组织原则、组织机构和组织纪律用党内规章制度的形式固定下来，并要求所有党的组织和党员共同遵守的，按一定程序办事的组织规程，就是党的组织制度。党的组织制度包括根本组织制度即民主集中制，基本组织制度即党组织设置、党内组织生活、党组织运行、党组织管理、党代会代表任期制等。党的组织制度是否完善，对于健全党内政治生活，发扬党内民主，充分发挥党员的先锋模范作用，提高党的领导能力和战斗力，关系极大。

（一）民主集中制的内涵和基本原则

民主集中制是民主基础上的集中和集中指导下的民主相结合。它既是党的根本组织原则，也是群众路线在党的生活中的运用。作为规范党内政治生活、处理党内关系的基本准则，民主集中制能够准确反映、体现全党同志和全国人民的根本利益和愿望，保证党的路线方针政策的正确制定和执行，是科学的合理的有效率的制度，是我们党最大的制度优势。

党是根据自己的纲领和章程，按照民主集中制组织起来的统一整体。党的民主集中制的基本原则是：（1）党员个人服从党的组织，少数服从多数，下级组织服从上级组织，全党各个组织和全体党员服从党的全国代表大会和中央委员会。（2）党的各级领导机关，除它们派出的代表机关和在非党组织中的党组外，都由选举产生。（3）党的最高领导机关，是党的全国代表大会和它所产生的中央委员会。党的地方各级领导机关，是党的地方各级代表大会和它们所产生的委员会。党的各级委员会向同级的代表大会负责并报告工作。（4）党的上级组织要经常听取下级组织和党员群众的意见，及时解决他们提出的问题。党的下级组织既要向上级组织请示和报告工作，又要独立负责地解决自己职责范围内的问题。上下级组织之间要互通情报、互相支持和互相监督。党的各级组织要按规定实行党务公开，使党员对党内事务有更多的了解和参与。（5）党的各级委员会实行集体领导和个人分工负责相结合的制度。凡属重大问题都要按照集体领导、民主集中、个别酝酿、会议决定的原则，由党的委员会集体讨论，作出决定；委员会成员要根据集体的决定和分工，切实履行自己的职责。（6）党禁止任何形式的个人崇拜。要保证党的领导人的活动处于党和人民的监督之下，同时维护一切代表党和人民利益的领导人的威信。

（二）坚持和健全组织制度的基本要求

党的十八大以来，党中央先后制定和修订了《关于新形势下党内政治生活的若干准则》《中国共产党党组工作条例》《中国共产党地方委员会工作条例》《中国共产党工作机关条例（试行）》《中国共产党支部工作条例（试行）》以及农村、国企、机关、高校基层党组织等一系列组织建设方面的党内法规。党的十九届四中全会把健全维护党的集中统一的组织制度作为坚持和完善党的领导制度体系的重要内容，纳入国家制度和国家治理体系之中。贯穿这些组织制度的一条主线，就是党的民主集中制。贯彻落实这些组织制度，主要把党内组织法规和党中央提出的要求具体化，建立健全包括组织设置、组织生活、组织运行、组织管理、组织监督等在内的完整的组织制度体系，完善党委（党组）落实全面从严治党主体责任的制度，并严格抓好执行，不断提高党的组织建设的制度化、规范化、科学化水平。

1. 正确处理民主和集中的关系

既要充分发扬民主，又要善于集中统一。有些领导干部民主集中制执行得不好，一个主要问题就是把民主和集中割裂开来，要么只讲民主不要集中，要么只讲集中不要民主。习近平总书记指出，民主和集中辩证统一，不可分割。贯彻民主集中制，必须坚持民主和集中相结合，同时注意克服民主不够和集中不够两方面的问题。比如，在重大问题决策上，应该充分发扬民主，鼓励讲真话、讲实话、讲心里话，允许不同意见碰撞和争论，同时善于进行正确集中，防止议而不决、决而不行。只有这样，才能及时集中正确意见，及时纠正不正确的意见和做法，才能使全党统一思想、统一意志、统一行动。

2. 坚决维护党中央权威和集中统一领导

对于我们这样一个大国的大党来说，维护党中央权威至关重要。它是党的事业不断发展壮大的根本所在，关系党和国家的前途命运。坚持民主集中制的“四个服从”，最重要的就是全党服从中央。全党必须切实增强“四个意识”、坚定“四个自信”、做到“两个维护”，自觉在思想上政治上行动上同以习近平同志为核心的党中央保持高度一致。这不是空洞口号，不能只停留在口头表态上，要落实在各个方面、各项工作上，做到表里如一、知行合一。要正确处理保证党中央政令畅通与立足实际创造性开展工作的关系，严格执行重大问题请示报告制度，决不允许有令不行、有禁不止，决不允许自行其是、各自为政，决不允许上有政策、下有对策。

3. 坚持按民主集中制原则处理党内关系

习近平总书记指出，要坚持按民主集中制原则处理党内组织和组织、组织和个人、同志和同志、集体领导和个人分工负责等重要关系，发扬党内民主，增进党内和谐，实行正确集中、维护党的团结统一。党内上下关系、人际关系、工作氛围要突出团结和谐、纯洁健康、弘扬正气，不允许搞团团伙伙、帮帮派派，不允许搞利益集团、进行利益交换。在处理个人与组织的关系中，每个党员特别是领导干部要强化党的意识和组织观念，始终牢记自己的第一身份是共产党员，第一职责是为党工作，做到忠诚于组织，任何时候都与党同心同德；要时刻想到自己是党的人，是组织的一员，时刻不忘自己应尽的义务和责任，相信组织、依靠组织、服从组织，自觉维护党的团结统一。

4. 坚持集体领导和个人分工负责相结合

一个领导班子要坚强有力，关键是要形成集体领导。凡属重大问题，要由党委集体讨论、按少数服从多数原则作出决定，不允许用其他形式取代党委及其常委会（或党组）的领导。要落实党委常委会（或党组）

议事规则和决策程序，健全常委会向全委会定期报告工作并接受监督制度。对集体作出的决定，个人如有不同意见可以保留或向上一级党组织提出，但在上级或本级党组织改变决定以前，除执行决定会立即引起严重后果等紧急情况外，必须无条件执行。在坚持集体领导的同时必须实行个人分工负责。领导班子成员必须增强全局观念和责任意识，在研究工作时充分发表意见，决策形成后一抓到底，不得违背集体决定自作主张、自行其是。党委（党组）主要负责同志必须发扬民主、善于集中、敢于担责。在研究讨论问题时要充分发扬民主，注意听取不同意见，正确对待少数人意见，不能搞一言堂甚至家长制。支持班子成员在职责范围内独立负责开展工作，坚决防止和克服名为集体领导、实际上个人或少数人说了算，坚决防止和克服名为集体负责、实际上无人负责的情况。

5. 强化党内监督

党内监督是党的民主集中制不可缺少的组成部分，同时又是民主集中制贯彻执行的可靠保障。党内监督是永葆党的肌体健康的生命之源。长期以来，党内存在的一个突出问题，就是不愿监督、不敢监督、抵制监督等现象不同程度存在。党内监督缺位，必然导致党的领导弱化、党的建设缺失、全面从严治党不力。习近平总书记指出："坚持民主集中制是强化党内监督的核心。"[①] 强化党内监督，必须坚持、完善、落实民主集中制，把民主基础上的集中和集中指导下的民主有机结合起来，把上级对下级、同级之间以及下级对上级的监督充分调动起来，确保党内监督落到实处、见到实效。

① 中共中央文献研究室:《习近平关于全面从严治党论述摘编》，中央文献出版社2016年版，第207页。

延伸阅读

河南郑州：建立“一核多元”组织体系凝心聚力重建“美好家园”

救灾是命令，重建是责任。经历强降雨后的郑州，正在加紧灾后恢复重建工作。为进一步强化基层党组织战斗堡垒作用和群众的主体作用，郑州市二七区精准研判、科学谋划，以建立“一核多元”（强化党组织领导核心地位，发挥区直下沉干部、志愿者、社会组织、公共单位、党员群众等多元力量）组织体系为抓手，全面有效把组织建起来、把党旗竖起来、把群众动员起来，凝聚起了灾后恢复重建“美好家园”的强大合力。

1. 三级联动　把组织建起来

“楼长您好，我们家已经来电来水了……”“社区书记，向您报告，新圃西街社区安业家园小区地下室积水已全部排完。”“各乡镇、街道，今日工作重点要组织力量集中开展消杀工作，切实做到‘灾后无大疫’，保障好群众身体健康。”这几日，二七区各街道、社区、楼院分层级建立微信工作群，广大居民群众纷纷在微信群中建言报告，向楼院长提出意见建议、向社区报告灾后恢复重建进展、发布工作提醒或救助公告等。

据了解，为有效破解区直下沉救灾力量对接不准、统筹不力、作用发挥不到位等问题，二七区充分发挥“一核多元”组织体系作用，强化党组织领导核心地位，建立完善了由区级牵头抓总，乡、社区、楼院“三级联动”党组织构架和重点受灾社区楼院“微信工作群”，搭建起来“上下联动、互通有无、快速反应”的服务受灾群众工作平台，第一时间收集掌握群众受灾情况、救助需求、帮扶意愿等，解决好群众灾后重建中最迫切、最揪心、最操心的事情。目前，全区已成立 340 个楼院临时党支部，102 个灾后重建任务重点楼院均建立了微信群工作平台，切实把组织建起来、强起来，作用充分发挥出来。

2. 干部下沉　把党旗竖起来

“全体在职干部职工，明天开始下沉分包乡镇街道社区，全员参与抢险救援及灾后恢复重建工作。”全区 54 个区直单位共组织 2000 余名干部职工，与辖区 18 个乡镇（街道）、175 个村（社区）“一对一”结对分包，开展“点对点”灾后恢复重建工作，与基层工作人员和群众站在一起、苦在一起、干在一起。

“当我看到党旗竖起来那一刻，我流下了泪水，共产党来啦，我们重建家园有希望了……”家住大学路淮北街 58 号院马菊英难掩激动的心情。汛情发生后，大学路街道、区事管局机关干部共计下沉 40 多人，第一时间帮助楼院群众清理淤泥、垃圾杂物约 30 平方，进行了全面消杀。二七区樱桃沟景区受灾严重，堤坝溃决，房屋倒塌，区文化旅游体育局、区退役军人事务局作为分包单位，迅速成立“防汛救灾突击队”，加入到管委会各村救灾重建工作中，与此同时，景区党工委还发动 7100 余名志愿者、热心群众主动参与到家园救助中。

通过持续推动机关党员干部下沉基层一线，全区广大机关干部牢牢把党旗竖立在受灾严重的地方、抢险困难的地方和群众需要的地方，累计组织干部下沉一线 8200 人次。

据了解，郑州市二七区为充分发挥群众的主体作用，牢固树立人民至上、生命至上理念，通过组建“一核多元”组织体系，成立“我为群众办实事”灾后恢复重建工作指挥部，精准收集各乡镇（街道）灾情信息，科学调配机关干部下沉力量和广大群众志愿者，一对一认领并解决问题。目前，全区 1261 个小区楼院“两通一排”已全部完成，“两清一消杀”持续推进，居民群众生产生活秩序正在得到较好恢复。

（《郑州市二七区：建立“一核多元”组织体系凝心聚力重建“美好家园”》，人民网，2021 年 7 月 27 日）

第二章

提升党支部组织力和政治功能

2021年是中国共产党成立100周年。我们必须更加自觉地站在党和国家事业全局的高度想问题、作决策、办事情，始终坚持围绕中心、服务大局，不断增强党组织的政治功能和组织功能，把党员干部人才有效组织起来，把人民群众团结凝聚起来，形成推动社会发展的强大力量。

党支部强，党的工作基础就牢靠，基层群众的凝聚力就强。重视党支部、善抓党支部，是党员领导干部政治成熟的重要标志。如果一个地方、一个单位党支部建设问题一大堆，这个地方和单位的党组织书记就是没有尽到责任，就是没有抓好工作。要让党支部在基层工作中唱主角。以党章为根本遵循，着眼提升组织力、强化政治功能，推动党支部担负直接教育党员、管理党员、监督党员和组织群众、宣传群众、凝聚群众、服务群众的职责。各领域党支部都要坚持把党的政治建设摆在首位，自觉践行党的宗旨和群众路线，认真履职尽责，充分发挥作用，把党员组织起来，把群众动员起来，确保党的路线方针政策和决策部署贯彻落实，真正成为党在社会基层组织中的坚强战斗堡垒。要加强党支部标准化、规范化建设。紧密结合实际，突出问题导向，着眼补齐短板，创新党支部设置，完善工作机制，开展组织生活和加强党支部委员会建设。巩固完善传统领域党支部建设，拓展建设新兴领域党支部，做到党和国家事业发展到哪里，党支部建设就要跟进到哪里，使党的组织和党的工作全覆盖。要优化组织设置、理顺隶属关系，健全工作机制、强化工作保障，使党支部既能“安营扎寨”，又能有效运行。激发党支部工作活力，坚持落实“三会一课”、主题党日等组织生活制度，加强党员经常性教育、管理、监督和服务，充分发挥党员先锋模范作用，做好群众思想政治工作，使党支部充满正能量、富有战斗力。各级党委（党组）要牢固树立“四个意识”、坚定“四个自信”、做到“两个维护”，切实把抓好党支部作为组织体系建设的基本内容、管党治党的基本任务、检验党建工作成效的基本标准，采取有力措施，不断增强党员领导干部特别是党组织书记抓好党支部工作、推动党支部建设的本领，全面提高新时代党支部建设质量。

党的十八大以来，以习近平同志为核心的党中央高度重视党支部建设，要求把全面从严治党落实到每个支部、每名党员，推动全党形成大抓基层、大抓支部的良好态势，取得明显成效。《中国共产党组织工作条例》指出，党支部是党的基础组织，是党组织开展工作的基本单元，并就全面推进党支部标准化规范化建设，充分发挥党支部职责作用作出了明确规定。当前，推进伟大斗争、伟大工程、伟大事业、伟大梦想，必须把党支部建设放在更加突出的位置，把抓好党支部作为党的组织体系建设的基本内容、管党治党的基本任务、检验党建工作的基本标准，切实加强党支部标准化规范化建设，不断提高党支部建设质量，增强每一个基层党组织的组织力和政治功能。

一、让党支部切实担负好直接教育党员、管理党员、监督党员的职责

党支部是党员教育管理的基本单位，是组织开展学习教育的基础力量。要着力把党支部的主体作用充分发挥出来，激活“神经末梢”，畅通“毛细血管”，推动每个党支部、每名党员都动起来，切实担负好直接教育党员、管理党员、监督党员职责。

（一）负起直接教育党员的责任

党支部是党员学习的主阵地。加强对党员的教育，全面提高党员素质，是党支部的一项经常性的基础工作。当前学习教育中，少数党员简单应付

学习，有的只动笔不走心，与党支部作用发挥不到位不无关系。用习近平新时代中国特色社会主义思想武装全党，是党员教育工作的首要政治任务。

1. 明确教育目标和内容

巩固“不忘初心、牢记使命”主题教育成果，深入推进“两学一做”学习教育常态化制度化，坚持用习近平新时代中国特色社会主义思想武装党员，把学习成果转化为坚决维护习近平总书记党中央的核心、全党的核心地位的政治自觉；把学习成果转化为改造主观世界、坚定理想信念宗旨、锤炼坚强党性的思想自觉；把学习成果转化为指导实践、推动工作、改造客观世界的自觉，真正把学习习近平新时代中国特色社会主义思想，落实到牢固树立“四个意识”、坚定“四个自信”、做到“两个维护”上，落实到全面贯彻党的基本理论、基本路线、基本方略上，落实到做好本职工作、推动事业发展上。

2. 注重教育方式和方法

根据学习要精、要管用的原则，从不同层次、不同类型党员的特点出发，提出不同的教育要求。在学习教育中，注意解决广大党员关注的热点、难点、疑点问题，从理论与实际的结合上给予解答，使广大党员在思想上受到启发，理论上得到武装，增强信心，提高本领，卓有成效地做好工作。坚持理论联系实际，了解学习需求，把理论与实践，把集中学习与个人自学结合起来，做到有的放矢，充分调动党员学习的积极性，加强教育的针对性。

3. 完善教育手段和机制

坚持分类分层次施教。对不同类型、不同层次的党员，党组织要区别情况，分别提出教育的侧重点，采取不同的教育方法。对广大基层党员，要把适当的集中学习和轮训同自学结合起来，内容要少而精，方法要灵活多样，注重实效。运用新媒体和各种社会教育手段，开展党员教育，把报刊、广播、电影、电视、出版、网络等有关部门的力量组织起来，发挥各自的优势，共同为党员教育工作做出贡献。

（二）负起直接管理党员的责任

加强党员管理是加强党员队伍建设的重要内容，是党的建设基础性经常性工作。党的组织生活是党组织对党员实施教育管理监督最经常、最基本的形式。组织生活是锤炼党性的熔炉。哪里的党内生活严肃规范，哪里的党员就有好的思想作风和精神状态。推动党支部履行好直接教育、管理、监督党员的重要职责，把党员队伍建设的各项具体任务落实到每一个党支部。

1. 完善组织生活制度

党支部应当严格执行党的组织生活制度，经常、认真、严肃地开展批评和自我批评，增强党内政治生活的政治性、时代性、原则性、战斗性。认真召开民主生活会和组织生活会，提高“三会一课”质量，落实谈心谈话、民主评议党员和主题党日等制度，坚持和完善重温入党誓词、党员过“政治生日”等政治仪式，使党内生活庄重、严肃、规范，坚决防止和克服党内政治生活不讲原则、平淡化庸俗化随意化的倾向。

2. 坚持“三会一课”制度

“三会一课”要突出政治学习和教育，突出党性锻炼，以“两学一做”为主要内容，坚决防止表面化、形式化、娱乐化、庸俗化。领导干部要以普通党员身份参加所在党支部或党小组的组织生活，坚持党员领导干部讲党课制度。党课应当针对党员思想和工作实际，回应普遍关心的问题，注重身边人讲身边事，增强吸引力感染力。

3. 坚持主题党日制度

党支部每月相对固定 1 天开展主题党日，组织党员集中学习、过组织生活、进行民主议事和志愿服务等。主题党日开展前，党支部应当认真研究确定主题和内容；开展后，应当抓好议定事项的组织落实。

4. 认真落实民主评议党员制度

每年对党员进行民主评议，督促党员对照党员标准、对照入党誓词、联系个人实际进行党性分析，使党性分析过程成为党员强化党员意识、增强党的观念、提高党性修养的过程。民主评议党员工作一般以党支部为单位进行。民主评议党员会议由党支部书记主持，上级党组织有关负责同志应到会指导并点评，与会党员人数不得少于应到会党员人数的三分之二。总之，要通过民主评议，真正把教育、管理和监督党员融为一体，着力提高党员素质，发挥党员作用。

5. 严格落实谈心谈话制度

党支部委员之间、党支部委员与党员之间、党员与党员之间要开展谈心活动，相互交流思想，加深了解，解决矛盾，增进团结。每年谈心谈话一般不少于1次。党支部应当注重分析党员思想状况和心理状态。对家庭发生重大变故和出现重大困难、身心健康存在突出问题等情况的党员，党支部书记应当帮助做好心理疏导；对受到处分处置以及有不良反映的党员，党支部书记应当有针对性地做好思想政治工作。

（三）负起直接监督党员的责任

党员日常监督历来是党的建设工作的重要内容，通过加强日常教育管理，造就一支政治合格、执行纪律合格、品德合格、发挥作用合格，充分体现先进性的党员队伍，是保持党员纯洁性和先进性的重要途径，更是党支部的必然选择。

1. 强化接受监督意识

进一步加强对党员的思想教育，引导党员干部充分认识到对党员特别是党员干部严格管理、严格监督，就是组织上真正的关心、最好的爱护。监督是一道“防火墙”，可以约束党员干部不犯错误或少犯错误；监督是一套“杀毒软件”，能够及时发现和纠正党员干部的缺点，不至于酿成不可挽回的大错。欢迎监督、希望监督，这才是党员干部对待批评和监督的正确态度，也是增强党性修养的重要途径。

2. 突出监督内容

合理分解直接掌握人、财、物支配权的党员干部的权力，把决策、执行、监督三权适当分离出来，形成相互制衡的关系，促进领导班子成员相互间的监督和权力制约。同时还要科学合理地划分和确定党员干部的权力，建立结构合理、配置科学、程序严密、制约有效的权力运行机制。坚持“八小时”内外监督相结合，全面掌握党员干部的思想作风、工作作风以及生活作风情况。基层党组织负责人要牢固树立“加强监督是本职、放弃监督是失职、疏于监督是不称职”的思想观念，克服“好人主义”“明哲保身”的错误思想，要积极倡导监督、宣传监督，把监督寓于履职、用权、管人的全过程。

3. 把纪律规矩挺在前面

坚持把纪律和规矩挺在前面，保持纪严于法，一方面，树起道德“高标准”，划清纪律“底线”，筑牢思想“防线”，督促广大党员干部坚持底线思维，敬畏纪律，守住底线，防止小错酿成大祸，切实做到自警自律、慎独慎微；另一方面，坚决查处违法违纪行为，严肃查处党员干部违纪违法行为，促使广大党员永葆共产党人的政治本色和清廉形象。同时，要注意把握政策界限，妥善做好处置不合格党员工作。

二、让党支部担负好组织群众、宣传群众、凝聚群众、服务群众的职责

党的路线方针政策要靠基层党组织贯彻落实到基层，上级党委的各项部署要通过基层党组织团结带领群众去完成。党支部要认真履行组织群众、宣传群众、凝聚群众、服务群众的职责，把群众工作落到党支部，充分发挥联系群众和服务群众的桥梁和纽带作用，成为“党在群众中的耳目手足”和“党在群众中的核心”，形成推进中国特色社会主义伟大事业的磅礴力量。

（一）负起组织群众的责任

有效组织群众是做好群众工作的基础，直接关系到党和政府决策的落实和工作的成效。党的十九大报告首次提出增强党的群众组织力，体现了我们党对群众作用、群众工作的深刻认识和精准把握。增强群众组

织力，负起组织群众的责任，必须学会和掌握组织群众的规律，向群众学习，把群众的利益放在第一位，和人民群众想在一起、干在一起。

1. 把握群众工作规律

增强群众组织力，重要的是学会和掌握组织群众的规律。邓小平同志1943年在《根据地建设与群众运动》一文中指出："群众运动有其自身的规律，党在指导群众运动中，必须掌握住这种规律。""什么是我们指导根据地群众运动应掌握的规律呢？第一是发动群众，在发动群众中组织群众、武装群众；第二是在发动群众之后，立即注意整理与健全群众组织生活；第三是在发动与组织群众中注意群众的政治教育，在发动与组织任务完成之后，应将重心转入教育群众，把群众运动提高到民主政治和武装斗争的阶段，使群众形成一个自为的阶级力量，去参加统一战线，去参加群众性的游击战争，以巩固既得的政治经济权利；第四是把群众的经济斗争政治斗争约束于统一战线范围之内。"① 邓小平同志讲的这四点在今天仍然具有很强的现实意义。我们应结合中国特色社会主义新时代群众的特点和实际，深入研究和掌握组织群众的规律，按照组织群众的规律想问题、做事情，才能有效开展工作，达到预定目的。

2. 切实维护群众利益

坚持以人民为中心，坚持人民主体地位，坚持立党为公、执政为民，践行全心全意为人民服务的根本宗旨，把党的群众路线贯彻到治国理政全部活动之中，把人民对美好生活的向往作为奋斗目标，依靠人民创造历史伟业。建立健全党和政府主导的维护群众权益机制，抓住劳动就业、技能培训、收入分配、社会保障、安全卫生等问题，关注一线职工、农民工、困难职工等群体，完善制度，排除阻碍劳动者参与发展、分享发展成果的障碍，努力让劳动者实现体面劳动、全面发展。党支部离人民群众距离最近，要把联系群众作为"看家本领"，面对面、心贴心、实打

① 《邓小平文选》第1卷，人民出版社1994年版，第67—68页。

实地做好群众工作，把人民群众安危冷暖放在心上，雪中送炭，纾难解困，扎扎实实解决好群众最关心最直接最现实的利益问题、最困难最忧虑最急迫的实际问题。

3. 始终密切联系群众

坚持把深入基层、走进群众作为党员特别是党员干部的一种理念、一种常态，多到基层一线体验基层工作的实际，体会百姓生活的喜忧，把握群众的思想脉搏，在拉近同群众的距离中找准宣传教育的切入点和结合点。要同群众交朋友，多交普通群众、困难群众，了解他们盼在何处、难在何处，了解他们的内心世界，同群众融在一起、打成一片，真正成为群众的贴心人。

（二）负起宣传群众的责任

人民群众是国家的主人，是建设祖国的主体力量。只有不断提高宣传群众的能力，引导好、保护好、发挥好广大群众的积极性和创造性，团结和带领他们凝心聚力促发展，我们才能实现中华民族伟大复兴的中国梦。

1. 动员激励群众

党支部要紧紧围绕党和国家的中心任务和工作大局，把集合号吹起来，坚持不懈地宣传党的理论和路线方针政策，宣传贯彻新发展理念、建设现代化经济体系，讲清楚党的路线方针政策同人民群众利益的内在联系，讲清楚经济社会发展同改善人民群众生活的密切关系，引导人们正确认识眼前利益与长远利益、个人利益与集体利益、局部利益与整体利益，聚精会神搞建设、一心一意谋发展。要紧紧围绕我国发展的宏伟蓝图，紧密结合各地经济社会发展和干部群众生产生活实际，以社会主义核心价值观为根本，坚持用马克思主义中国化最新成果武装全党、教育人民，广泛深入开展形势政策宣传教育，激励广大群众投身改革建设实践，为创造美好未来而努力。

2. 反映群众心声

面向基层，服务群众，关注群众需求，维护群众权益，说群众想说的话，办群众欢迎的事，把工作做到群众心坎上，进一步解决好服务大众还是服务小众、服务多数人还是服务少数人的问题。要坚持把体现党的主张与反映人民心声统一起来，把坚持正确导向与通达社情民意统一起来，把群众呼声作为第一信号，直面问题、聚焦热点，更好地架起党和政府联系人民群众的桥梁。要敏锐感知群众冷暖，关注群众诉求，加大对民生问题的宣传力度，加大对热点难点问题的阐释力度，反映群众心声，回应群众关切。

3. 满足群众需求

着眼于满足人们多样化、多层次、多方面的文化需求，推动文化产品、文化设施、文化服务向基层倾斜、向农村倾斜、向普通百姓倾斜，让文化改革发展成果更好地惠及人民群众。对那些已被实践证明、深受群众欢迎的利民举措，如文化惠民工程、公共文化服务体系建设等，要进一步加大力度，往深里做、往实里做。要降低文化消费门槛，多生产群众买得起、用得上的文化产品，多提供普通群众喜欢的文化服务，把服务群众同引导群众结合起来，把满足需求与提高文明素养结合起来，更好地发挥文化引导社会、教育人民、推动发展的功能。

（三）负起凝聚群众的责任

人民是历史的创造者，群众是真正的英雄。只要切实做好群众工作，把群众凝聚在党的周围，我们党就能战胜一切艰难险阻，取得一个又一个胜利。

1. 靠立场凝聚群众

通过驰而不息的思想教育，引导党员干部树立人民群众是历史的创造者的观点，相信群众、依靠群众并带领人民群众完成建设社会主义现代化国家的目标，为实现中国梦而努力奋斗；树立全心全意为人民服务的观点，自觉践行党的宗旨，坚持以最广大人民的根本利益为各项工作的出发点和落脚点，做到权为民所用、情为民所系、利为民所谋；树立向群众学习的观点，把人民放在心中最高位置，虚心当群众的学生，把政治智慧的增长、执政本领的增强深深扎根于人民的创造性实践之中；树立对党负责与对群众负责相一致的观点，坚持党性和人民性的一致和统一，立党为公、执政为民，树立人民的利益至高无上、以人民为中心的工作导向。总之，对事业要用心，心要到，心到没到是不一样的，群众是能看出来的。

2. 靠感情凝聚群众

主动贴近群众、亲近群众，始终与人民群众同呼吸、共命运、心连心。脱离群众，就是自弃自毁。各级党组织特别是基层党组织要教育引导党员干部把自己与群众放在同等位置上，用“朋友式面对面、亲人式心贴心”的办法，听群众拉家常、诉苦衷，向群众掏心窝、递真情，就能够与群众交真心、真交心，真正消除与群众之间的认知距离和情感距离，拉近与群众的感情，着力解决群众切身利益问题，解决群众最关心、希望最迫切、感受最深刻的日常生活中衣食住行、看病就医、子女上学等具体事情，进而赢得群众支持。只有我们把群众放在心上，群众才会把我们放在心上；只有我们把群众当亲人，群众才会把我们当亲人。

3. 靠实干凝聚群众

大力弘扬科学求实的精神，坚持一切从实际出发，说实话、办实事、求实效，靠实招展示能力，靠实干成就事业，靠实绩赢得民心。要教育引导党员干部牢固树立正确的政绩观，把工作的出发点放到为党尽责、为民造福上，力戒心浮气躁、工作漂浮，摒弃私心杂念，注意防止和纠正各种急功近利、急于求成的短期行为，不贪一时之功，不图一时之名，不搞主观臆断、违背客观规律的“拍脑袋”决策，不搞华而不实、劳民伤财的形象工程，不追求脱离实际的盲目攀比，多干打基础、利长远的事。坚持克服官僚主义、形式主义，精简会议、文件和各种庆典活动，改进文风会风，坚决革除空谈阔论的陋习，讲管用的话，开解决问题的会，下决心从文山会海中解脱出来，从迎来送往中摆脱出来，把时间和精力集中到干实事、抓落实上。

（四）负起服务群众的责任

党的根基在人民、血脉在人民、力量在人民。党支部与群众距离最近、联系最多，要自觉践行党的根本宗旨，以服务群众、做群众工作为主要任务和基本职责，做工作、办事情，要多听群众的意见，充分体现群众的意志、利益和要求。把为群众排忧解难、办实事好事作为工作的基本出发点和落脚点。

1. 强化服务群众观念

党员干部要牢固树立马克思主义群众观，从理论上深刻认识、内化于心，在实践中自觉坚持、外化于行。服务群众的意识源自始终尊重人民主体地位。是否始终坚持马克思主义唯物史观、尊重人民群众的主体地位，是马克思主义政党区别于其他一切政党的根本特征之一，也是检验党组织服务群众意识强不强的重要标准。要把解决人民群众的问题作为根本任务，想群众之所想、急群众之所急、服务群众之所需，进而得到群众认可、让群众满意。

2. 增强服务群众本领

加大软弱涣散基层党组织整顿力度，与时俱进扩大组织覆盖和工作覆盖，不断增强基层党组织服务群众的创造力、凝聚力、战斗力。发挥好党员服务群众的先锋模范作用，落实好党员示范岗、机关党员到社区报到、党员结对帮扶困难群众等制度，通过选派“第一书记”驻村帮扶、推行“一线工作法”和“党员联户”等措施，进一步拓宽党员服务群众渠道，创新党员服务群众载体，提高党员服务群众本领。发挥好各类社会组织服务群众的重要辅助作用。根据群众需要，积极培育发展社会中介服务组织、志愿者组织等各类社会公益服务组织，引导他们在基层党组织带动下积极参与社会治理和服务，形成以基层党组织为核心、社会力量广泛参与的服务格局。

3. 创新服务群众方法

善于研究和把握服务群众的特点和规律，坚持继承传统与改革创新相结合，发扬好党的优良传统和作风，运用好做好思想政治工作、示范引导、组织活动等服务群众的方法。要搭建服务群众平台，根据服务范围、服务对象、服务需求，因地制宜地设置各类服务场所，打造各具特色的综合服务平台，推行一站式服务、全程代办等做法，为群众提供差异化、个性化服务，为提升各级党组织服务能力创造有利条件。围绕满足群众日益增长的服务需求，健全直接联系服务群众制度，加快构建常态化、长效化的服务机制，强化治理观念，切实维护好、实现好、发展好群众的切身利益。

三、强化提升党支部组织力和政治功能的保障措施

大抓基层、固本强基，必须强化保障措施。合理设置党支部，指导党支部健全各项工作制度，选好配强党支部班子，建立党支部工作经常性督查指导机制，持续整顿软弱涣散党支部，为党支部开展工作和活动提供必要保障。

（一）创新党支部设置

适应服务对象、服务内容、服务方式的变化和需求，优化组织设置，扩大组织覆盖，统筹做好企业、农村、社区、机关、非公有制经济组织、社会组织等基层党组织建设，优化组织设置，扩大组织覆盖，创新活动方式，充分发挥基层党组织推动发展、服务群众、凝聚人心、促进和谐的作用。

1. 以产业联建为主设置党支部

农村要在以建制村为主设置党组织的基础上，在农民专业合作社、专业协会、产业链全面建立党组织。适应各类农业产业化经营组织、农民专业合作组织等蓬勃发展，党员走出传统村域、跨产业流动频繁的实际，全面推行“支部建在产业链上”方法，依托龙头企业、产业板块、中

介协会和农村专业合作社等实体，探索在生产、加工、销售等产业链条上设立党组织，做到产业链延伸到哪里、党组织就扩展到哪里，实现党组织建设与产业发展的有机融合。

2. 以区域化为主设置党支部

城市在依托街道、社区设置党组织的同时，在片区、楼宇和流动党员集中点建立党组织，在社区居民中按照志向相投、兴趣相近、活动相似的不同群体建立党组织。探索建立网络党组织，通过 QQ 群、微博、微信等开展党的活动，拓宽党建工作网络阵地。推行区域化党建，由街道、社区党组织与辖区内单位党组织共同组建区域性党组织，依托居民区、商务区、开发区等组建区域性党组织，合理划分服务网格，组建网格服务团队，做到有群众的地方就有党组织提供服务。

3. 以"两个覆盖"为主设置党支部

凡是具备条件的非公有制经济组织和社会组织都要及时组建党组织，同时探索利用网络条件组建党组织、开展党的活动的有效方式，扩大党建工作的影响力。党委要切实加强对非公有制经济组织和社会组织党建工作领导，将其纳入本地区党建工作总体布局，健全目标责任制，健全工作机构，配强工作力量，确保有人抓、有人管、有制度和有工作条件。

（二）加强党支部委员会建设

"火车跑得快，全靠车头带。"认真落实中央有关党支部委员会的组成、任期、产生方式以及对党支部委员会的监督管理等要求，切实加强党支部委员会建设的措施。

1. 党支部委员会的设立

有正式党员 7 人以上的党支部，应当设立党支部委员会。党支部委员会由 3 至 5 人组成，一般不超过 7 人。党支部委员会设书记和组织委员、宣传委员、纪检委员等，必要时可以设 1 名副书记。正式党员不足 7 人的党支部，设 1 名书记，必要时可以设 1 名副书记。

2. 党支部委员会的任期

村、社区党支部委员会每届任期 5 年，其他基层单位党支部委员会一般每届任期 3 年。村、社区党支部委员会要严格执行任期制度，任期届满按期进行换届选举。如需延期或提前进行换届选举，应报上级党的委员会批准，延长或提前期限一般不超过 1 年。

3. 党支部委员会的选举

党支部委员会由党支部党员大会选举产生，党支部书记、副书记一般由党支部委员会会议选举产生，不设委员会的党支部书记、副书记由党支部党员大会选举产生。选出的党支部委员，报上级党组织备案；党支部书记、副书记，报上级党组织批准。党支部书记、副书记、委员出现空缺，应当及时进行补选。确有必要时，上级党组织可以指派党支部书记或者副书记。建立健全党支部按期换届提醒督促机制。根据党组织隶属关系和干部管理权限，上级党组织对任期届满的党支部，一般提前 6 个月以发函或者电话通知等形式，提醒做好换届准备。对需要延期或者提前换届的，应当认真审核、从严把关，延长或者提前期限一般不超过 1 年。

4. 党支部委员会的运行

有序有效运行是党支部发挥作用的重要前提。党支部开展工作，包括组织领导、议事决策、日常运行等，必须要有相应的机构和健全的机制。《中国共产党支部工作条例（试行）》总结历史传统和现实经验，将党支部工作机制主要设计为党支部党员大会、党支部委员会及其会议、党小组及其会议。党支部党员大会是党支部的议事决策机构，党支部委员会是党支部日常工作的领导机构，党小组主要落实党支部安排的任务。党支部书记主持党支部全面工作，督促党支部其他委员履行职责、发挥作用，抓好党支部委员会自身建设，向党支部委员会、党员大会和上级党组织报告工作。党支部副书记协助党支部书记开展工作。党支部其他委员按照职责分工开展工作。

（三）加强党支部书记队伍建设

党支部书记综合素质不过硬，工作职责履行不到位，就会影响党的基层组织战斗堡垒作用的发挥。要抓选配、培训、使用三个关键环节，注意在实践中发现好的典型和骨干，有针对性地对党支部书记进行系统培训，提供各种有利条件，创造多种机会，让党支部书记能够按照上级党组织要求，独立自主、创造性地开展工作。

1. 注重选配

党支部书记应当具备良好政治素质，热爱党的工作，具有一定的政策理论水平、组织协调能力和群众工作本领，敢于担当、乐于奉献，带头发挥先锋模范作用，在党员、群众中有较高威信，一般应当具有 1 年以上的党龄。要结合机关、国有企业、事业单位、非公有制经济组织、社会组织等不同领域的实际，拓宽视野、严格标准，注意在实践中发现好的典型和骨干，把优秀的党员选拔为党支部带头人，并注意加强对他们的培养。选配党支部书记不仅要看专业技能，更要看有没有良好的职业素养和服务意识，是否热爱党务工作，自身模范作用发挥怎样，在群众中有没有号召力。

2. 加强培训

坚持把党支部书记培训纳入党员、干部教育培训规划，开展党支部书记全员轮训。党支部书记每年应当至少参加一次县级以上党组织举办的集体轮训。要注意统筹安排，防止频繁参训。培训内容应当突出党的基本理论、基本政策、基本知识及党务工作基本要求，党的优良传统和作风，党规党纪等方面，结合工作实际进行培训，使党支部书记尽快具备本职岗位所需要的工作技能，让他们既想做，又会做，促进这支队伍快速成长，从而让他们担负起凝聚人心、带好队伍、服务社会的重任。

3. 搭建平台

党支部书记是基层党组织的带头人，是基层工作的主心骨。要提供各种有利条件，创造多种机会，让党支部书记能够按照上级党组织要求，独立自主、创造性地开展工作，使他们既有工作的积极性，又有更多的机会和平台充分展示自己。要交任务、压担子，充分调动党支部书记的主动性、积极性、创造性，较好发挥党支部的战斗堡垒作用和共产党员的先锋模范作用。

（四）强化政策支撑

坚持眼睛向下、重心下移，把基层党建工作真正摆到重要日程，部署工作和制定政策要倾斜基层，督促检查要盯住基层，既要提出目标任务，又要研究具体措施，加强跟踪指导，定期分析研判，及时解决工作中遇到的困难和问题。

1. 压紧压实责任

推动各级党委（党组）认真履行抓支部的主体责任。重视党支部、善抓党支部，是党员领导干部政治成熟的重要标志。推动各级党委（党组）加强领导指导，县级党委每年至少专题研究1次党支部建设工作；各级党委（党组）书记要带头建立党支部工作联系点，注重联系后进党支部，深入基层推动工作。强化党委组织部门的具体责任，要经常对党支部建设加强分类指导和督促检查，加强党支部标准化、规范化建设；要注意通过党支部了解掌握党员干部日常表现，干部考察应当听取考察对象所在党支部的意见。充分运用县级党委巡察监督成果，加强村、社区党支部建设，在述职评议考核中突出抓支部建设的情况。

2. 夯实党支部工作基础

从基础工作、基本制度、基本能力入手，扎实推进党支部标准化规范化建设，确保每个支部能够有效开展工作、发挥作用。对照党支部工作条例各项规定，主要看基本组织是否健全、基本队伍是否合格、基本制度是否落实、基本活动是否正常、基本保障是否到位。对已达标的，巩固成果、督促提高；对未达标的，精准施策、补齐短板。推进标准化规范化建设，关键要简便易行、务求实效，防止编制名目繁杂的指标体系、搞资料达标。

3. 树立政策导向

落实报酬待遇等激励政策和制度规定。全面落实基层党组织书记、专职党务工作者报酬待遇和基本养老、医疗保险等社会保障待遇。建立稳定的经费保障制度，把村、社区党支部工作经费纳入地方财政预算；把国有企业党支部工作经费纳入企业预算；多渠道解决非公有制企业和社会组织党支部工作经费问题；等等。加强城乡统筹，推行部门包村、企业联村、村居共建，实现城乡基层党支部优势互补、资源共享。

4. 强化舆论引导

充分利用各种媒体、各种舆论阵地，大力宣传各领域基层党支部的战斗堡垒作用和广大党员的先锋模范作用，宣传各地各部门创新基层党建工作的新鲜经验，宣传扎根基层、无私奉献的优秀基层干部，宣传平常时刻看得出来、关键时刻站得出来、危急关头豁得出来的优秀共产党员形象。引导广大群众看主流，不受支流支配；多看光明面，不受阴暗点影响；多看本质，不受表面现象迷惑。

延伸阅读

陕西白河：支部建在网上 党员连在线上

白河县位于陕西省东部，东、南、北三面分别与湖北省相邻，西与本省旬阳县接壤。近年来，该县积极探索利用互联网新载体，按照“互联网＋党建”工作理念，以微信群、QQ群两种形式，创新建立“网络党支部”，把“支部建在网上，党员连在线上”，全县121个村（社区）全部建立“网络党支部”，1377名外出流动党员均以实名加入参加，在线党员达到3460余名，有效破解了外出流动党员管理服务难问题。

（一）实行实名注册管理

一是实名加入。结合年初党员党组织关系摸排工作，按照微信群、QQ

群两种方式，以镇为单位实名建立“网络党总支”，以村（社区）为单位建立“网络党支部”。“网络党支部”一律实行实名制注册，党支部名称为“白河县XX镇XX村（社区）网络党支部”。严格实行准入制度，所有外出流动党员、在家会使用手机电脑的党员，均以实名制注册成为“网络党支部”成员，接受统一管理服务。

二是严格管理。村（社区）设立的“网络党支部”，党支部书记、委员均由现任的村（社区）党支部书记和委员担任。明确一名文化素质高、能熟练操作QQ群和微信群、懂党建业务的委员担任管理员，负责日常管理维护。有大学生村官、协理员的村（社区），党员大学生村官和协理员作为管理员。各镇党委明确1名党务干部作为兼职管理员，协助指导建设和日常管理服务。

三是实时监测。县委组织部先后制定下发文件，就“网络党支部”建设提出建立方式、活动形式和工作要求，县委领导、组织部门负责同志、各镇负责同志实名加入，实时跟踪指导、跟踪服务、跟踪管理。

（二）线上线下互动同步

一是学习同步。及时将党支部学习教育方案计划、学习教育内容，县、镇相关文件推送到“网络党支部”。学习资料辅以诙谐有趣的漫画、简单直白的图表、生动活泼的视频等教材，增添学习内容的趣味性、时代性和可读性，满足不同党员的个性化需求。定期上传发布精品课件、党课资料、专题讲座，党章党规、习近平总书记系列讲话视频等，方便外出流动党员随时点击下载学习。按时组织开展灵活多样的“在线党课”“微党课”“视频党课”，保证外出流动党员与在家党员同步学习。

二是活动同步。村（社区）每月固定一天为“定期活动日”，进行集中学习讨论。会前，将有关事项利用“网络党支部”进行发布，征求党员意见；会中，把远程教育视频系统、室外LED与“网络党支部”视频系统有效连接，同步直播集中学习、议事决策、落实任务情况，安排一定时间，组织外出流动党员与在家党员进行互动交流，探讨有关政策，畅通沟通渠道；会后，引导党员通过网上分享讨论发言、心得体会，组织镇、村落实党员提出的意见建议。日常，按照“有什么话题、讨论什么话题”的原则，支部班子成员、管理员带头提出观点，发表意见，引导党员进行讨论交流发言。

三是管理同步。通过“网络党支部”，开展“组织找党员，党员找组织”活动，发现“口袋党员”“隐形党员”“失联党员”。开设“支部动态”“党务指南”“三务公开”等栏目，使党员随时获知党支部日常活动详细情况，提高基层党建工作透明度。通过“网络党支部”，公开党员发展流程，引导流动党员、入党积极分子进行自主学习，收集党员群众的意见和诉求，及时解决流动党员在经商、务工或生活中遇到的困难，主动响应流动党员的服务呼叫，增强党员对党组织的归属感。组织外出流动党员利用“网络党支部”定期汇报自己的思想、学习、就业和生活等情况，听取党员反馈的各类意见建议。制定流动党员网上支部章程、按时参加组织生活、党费收缴等制度，建立激励引导机制，按活跃度、贡献度和学习情况，评定网上五好党支部、网上五好党员，加强规范化建设。

四是服务同步。及时采集镇、村和全县经济社会发展情况、外出返乡创业扶持政策、外出返乡创业先进典型事例、招商引资项目、家乡面貌变化、惠农政策咨询等方面信息，以网络留言、在线交流、发布公告等方式，通过图文并貌的形式，向“网络党支部”推送，使外出流动党员随时了解家乡发展变化，增强归属感、自豪感，吸引外出流动党员返乡创业、在家党员就地创业，带动当地群众就业增收致富，推进脱贫攻坚。为流动党员制定帮扶任务、吸纳外出创业能人党员回乡任职、提供返乡创业政策支持等形式，引导外出流动党员在外带着群众创、返乡带着群众干，积极投身家乡建设，充分发挥流动党员先锋模范作用。

（节选自《陕西白河：支部建在网上 党员连在线上》，
人民网，2017年2月16日）

第三章

加强农村基层党组织建设

“农村富不富，关键在支部。”做好“三农”工作，关键在农村基层党组织。加强农村基层党建工作，必须始终坚持农村基层党组织领导核心地位不动摇，坚持和发挥好农村基层党组织在各类组织、各项工作中的领导核心作用，在贯彻党的路线方针政策和决策部署、团结带领群众建设美好生活中的领导核心作用。要切实强化政治引领功能，牢牢把握中国特色社会主义这个大方向，紧紧围绕乡村振兴这个目标，团结带领农村群众坚定不移跟党走。严肃组织生活、严明组织纪律，教育引导党员干部增强党的意识、纪律意识、责任意识，在各种歪风邪气、腐败问题面前，敢于挺身而出，旗帜鲜明作斗争，自觉维护党的形象和威信。扎实推进基层服务型党组织建设，做好农村留守儿童、留守妇女、留守老人的工作，多为群众办好事办实事，打通联系服务群众的“最后一公里”，增强农村基层党组织的向心力。加强对村级各类组织的统一领导，敢于负责、主动作为，讲究方法、探索途径，教育引导村内其他组织自觉服从党的领导，支持他们依法依规行使职权，沿着正确方向健康发展。要及时跟进农村经济社会新变化，创新完善农村基层党组织设置，加大在农民合作社、农业企业、农业社会化服务组织和农民工聚居地建立党组织的力度，合理调整党组织设置，消除空白点、补齐薄弱点，实现党的组织和党的工作全面覆盖、有效覆盖。坚持把党性强、作风好放在首位，选好育好管好用好村党组织带头人，打开视野、不拘一格，想方设法把人才发现起来、使用起来，破解党组织书记“人难选、无人选”问题。加强教育培训、严格制度约束、注重激励支持，提升能力、规范权力、激发动力、增强活力，真正使农村各项事业发展有一个好的“领头雁”。加大基层基础保障力度，推动人往基层走、钱往基层投、政策往基层倾斜，有效增强基层党组织的服务资源和服务功能，为基层党组织充分发挥领导核心作用，做好服务改革发展、服务民生、服务群众工作提供有力保障。

农业、农村和农民问题，始终是关系党和国家全局的根本问题，是全党工作的重中之重。无论农村社会结构如何变化，无论各类经济社会组织如何发育成长，农村基层党组织的领导地位都不能动摇、战斗堡垒作用也不能削弱。《中国共产党组织工作条例》强调坚持大抓基层的鲜明导向，并就以提升组织力为重点，大力加强农村基层党组织建设作出了明确规定。要把农村基层党组织建设摆在更加突出的位置来抓，充分发挥基层党组织战斗堡垒作用和党员先锋模范作用，为农村改革发展稳定提供坚强政治和组织保证。

一、坚持农村基层党组织领导地位不动摇

必须坚持农村基层党组织领导地位不动摇。这是坚持和加强党的全面领导的内在要求，也是实现农村经济社会健康发展的根本保证。要深入贯彻党章规定，夯实农村基层党组织领导地位，并以此作为一条红线贯穿农村基层党建工作的始终。

（一）更加突出农村基层党组织在经济社会发展中的领导核心

农村基层党组织是党在农村全部工作的基础，是党联系广大农民群众的桥梁和纽带。要坚持乡镇党委和村党组织全面领导乡镇、村的各类组织和各项工作，以行政村为基本单元设置党组织。坚持乡镇党委和村党组织讨论决定本乡镇、本村的经济建设、政治建设、文化建设、社会

建设、生态文明建设和党的建设以及乡村振兴中的重大问题，领导基层治理。坚持村级重大事项决策实行“四议两公开”，加强村务监督。坚持乡镇党委委员按照乡镇领导职务配备，投放农村的公共服务资源，以乡镇、村党组织为主渠道落实，健全以财政投入为主的村级组织运转经费保障制度，确保农村基层党组织的领导是具体的而不是抽象的，是实在的而不是空泛的。

（二）更加突出农村基层党组织在各类组织中的领导核心

当前，一些农村基层党组织仍然存在组织力、凝聚力不强，以致各类组织各干各的，没有拧成一股绳，没有在乡村振兴中有效发挥作用。要更加突出农村党组织在各类组织中的领导核心，县以上有关部门驻乡镇单位党组织，除党中央另有规定的以外，受乡镇党委领导，农村经济组织、社会组织中成立的党组织一般由所在村党组织或者乡镇党委领导，着力解决过去村级党组织在各项村务治理中领导功能弱化、作用发挥不够的问题。村党组织书记应当通过法定程序担任村民委员会主任和村级集体经济组织、合作经济组织负责人，村“两委”班子成员应当交叉任职，村务监督委员会主任一般由党员担任，可以由非村民委员会成员的村党组织班子成员兼任。

（三）更加突出农村基层党组织在团结带领群众中的领导核心

人心是最大的政治。基层党组织是联系党员和群众的桥梁、纽带，担负着上传下达、组织实施、树立形象、凝聚人心的神圣使命。要充分发挥农村基层党组织凝聚人心的作用，使其成为党员、群众信任和拥护、认真贯彻党的路线方针政策的坚强战斗堡垒，做到哪里有群众哪里就有党的工作，哪里有党员哪里就有党的组织，哪里有党的组织哪里就有健全的组织生活和坚强的战斗力，真正把群众凝聚在党组织周围，实现说话有人听、办事有人跟。始终把服务群众作为重要职责，想群众之所想、急群众之所急、解群众之所困。倾听群众呼声、体察群众情绪、反映群众诉求、关心群众疾苦。适应新时代对服务群众工作提出的新要求，创新服务方式、拓宽服务领域、强化服务功能，构建联系和服务群众的桥梁、纽带。

二、加强和改进农村基层党组织建设的主要举措

2018 年 12 月 28 日，党中央印发《中国共产党农村基层组织工作条例》（以下简称《条例》）。这是加强和改进农村基层党组织建设，加强和改善党对农村工作的领导，推动农村经济发展和社会进步，保证党在农村改革和发展目标的重大举措。要以贯彻《条例》为抓手，贯彻党章和新时代党的建设总要求、新时代党的组织路线，紧密结合农村实际，坚持问题导向，全面推进新时代农村基层党组织建设。

（一）科学合理设置农村基层党组织

随着经济社会的发展，农村新经济组织和社会组织大量出现，但党组织设置滞后。要紧密结合农村实际，按照“两个全覆盖”的要求，进一步解放思想，改革创新，打破以行政区划为主的单一传统设置模式，不断创新党组织设置。

1. 坚持以行政村为基本单元设置党组织

优化农村基层党组织设置，要根据行政村党员队伍状况、经济发展水平、党建工作基础等客观条件因地制宜，依法依规，积极稳妥地推进。既不能使党组织设置滞后于经济社会发展步伐，也不能不顾客观需要盲目调整设置党组织。村党组织是农村各项工作的领导核心，负有领导辖区内经济社会发展的重大职责，领导各村级组织建设。农村改革开放 40 多年以来的实践证明，以行政村为基本单元的治理架构总体是稳定的，沿着这个架构设置党组织，有利于强化村党组织的领导地位，有利于加

强乡村治理。坚持以行政村为基本单元设置党组织，这是当前农村基层党组织设置的基本方式，也是扩大党的组织和工作覆盖面的基本前提。

2. 适应农村新变化，及时跟进建立党组织

随着农村改革的深入推进和市场经济的不断发展，农村社会的结构形态、农村经济的组织形式以及农民党员的分布状况都发生了很大变化，农村主导社会关系日益发展的横向性决定了党组织设置不能再停滞于垂直型，农村经济社会发展水平的非均衡性决定了党组织形态不能仅限于一种模式，农村党员从业结构的多样性也决定了党组织设置不能固守地域原则。区域内没有党组织的城乡接合部、开发区、农民工聚居地等，符合条件的都要及时建立起来。针对新型农业经营主体不断涌现的新情况，探索把党组织建在农民合作社、专业协会、中介组织上的工作模式。农村经济组织、社会组织具备单独成立党组织条件的，根据工作需要可以成立党组织；村改社区应当同步调整或者成立党组织，最大限度延伸触角，扩大党的组织和工作覆盖面。

3. 理顺党组织隶属关系

从有利于党组织活动开展、党员作用发挥的角度出发，做到每个党组织都有明确的管理主体，每级党组织都有明确的管理责任，每名党员都有明确的组织关系。特别是对跨村跨乡镇的经济组织、社会组织中成立党组织这类比较复杂的情形，应由批准其成立的上级党组织或者县级党委组织部门确定隶属关系。村及以下成立或者撤销党组织，必须经乡镇党委或者以上党组织批准。凡是党的基层组织，都要明确有负责主管的上级；凡是新成立党组织或撤销原有组织，必须由上级党组织决定。在农村经济社会服务组织中建立的党组织，由所在村党组织领导和管理；在跨村跨乡的经济社会服务组织中建立的党组织，原则上谁批准谁主管，或由县（市、区）委组织部门确定隶属关系。

4. 规范乡镇党委和村党组织委员人数及构成

《条例》对乡镇党委和村党组织委员会人数及构成做了规定，指出：乡镇党委一般设委员 7 至 9 名，其中书记 1 名、副书记 2 至 3 名，应当设组织委员、宣传委员，纪委书记由党委委员兼任。党委委员按照乡镇领导职务配备，应当进行合理分工，保证各项工作有人负责。村党的支部委员会一般设委员 3 至 5 名，其中书记 1 名，必要时可以设副书记 1 名；正式党员不足 7 人的支部，不设支部委员会。村党的总支部委员会一般设委员 5 至 7 名，其中书记 1 名、副书记 1 名、纪检委员 1 名。村党的委员会一般设委员 5 至 7 名，最多不超过 9 名，其中书记 1 名、副书记 1 至 2 名、纪委书记 1 名。

（二）大抓农村党支部建设

《条例》着眼提升组织力、强化政治功能，明确了农村基层党组织的主要职责，提出了农村基层党组织领导经济建设、精神文明建设、乡村治理的重点任务，对农村基层党组织设置、领导班子和干部队伍建设、党员队伍建设等作出明确规定。落实这些要求，就要突出重点、整体推进，不断提高农村党支部建设水平。

1. 推动党支部建设整体提升

突出健全基本组织、建强基本队伍、开展基本活动、落实基本制度、强化基本保障，全面提升农村基层党建质量和水平，着力解决党支部弱化、虚化、边缘化等问题，使农村基层党支部履行好直接教育、管理、监督党员和组织、宣传、凝聚、服务群众的职责。围绕工作制度化要求，将“三会一课”、主题党日、谈心谈话、民主评议党员、组织生活会等制度，统一修订、制作上墙，保证村党组织工作开展有章可依；完善村级监管、村干部“四议两公开”等制度，确保村干部有规可循；制定村书记抓党建责任清单和推进措施分解表，将全年的党建工作任务分解到月、责任到人，确保有责可问；建立党建指导员、党建联络员制度。把包村镇干抓村党建情况作为干部考核主要内容，作为提拔、评先评优主要依据，确保齐抓共管。

2. 整顿软弱涣散村党组织

党组织软弱涣散的农村、城中村和城市社区，往往就是基层突出问题集中的地方，也是涉黑涉恶问题多发的地方，容易动摇党的执政基础。要坚持问题导向，精准确定软弱涣散村，找准每个村的突出问题，坚持分类指导，因地制宜，做到一村一策，整体推进。软弱涣散的基层党组织具有相对性、动态性，也有反复性、顽固性，这就决定了整顿工作是一个长期持续的过程，要贯穿于基层党组织建设之中，不能“毕其功于一役”，要防止“反弹回潮”。着力增强“造血”功能和内生动力，巩固村（社区）党组织在基层组织和一切工作中的领导核心地位，强化村（社区）党组织书记的选拔培养管理考核，加强党员发展管理监督，推动发展壮大集体经济。

3. 加强党组织活动阵地建设

村级阵地是村级组织开展各类活动的场所，是农村基层党组织建设的重要物质基础，是增强党支部战斗力的重要载体和有效途径。要通过“新建一批、扩建一批”的方式，推进村级办公阵地的改造升级，建起标准规范的活动场所，改善干部工作生活环境，把村级组织活动场所建设成为村里开展办公议事、党员活动、教育培训、人民调解、便民服务、文体娱乐等工作的综合阵地。完善党务、村务、财务公开栏建设，让党员主动向群众亮身份、作承诺、晒实绩，村级重大事项让群众知晓，村级财务收支公开透明。充分运用场地开展党群活动、民主管理、科技培训、信息交流和文化宣传等活动，发挥党组织主阵地作用，打造党员经常性受教育平台，作为党员干部学习、培训、议事活动中心，定期组织党员开展组织生活，集中学习培训等。

（三）巩固拓展脱贫攻坚成果，全面推进乡村振兴

基层党组织组织能力强不强，抓重大任务落实是试金石，也是磨刀石。坚持组织路线服务政治路线的要求，着眼于巩固拓展脱贫攻坚成果、推动新时代乡村全面振兴，建强农村基层党组织，充分发挥农村基层党组织战斗堡垒作用和党员先锋模范作用，将党中央决策部署转化为团结带领群众创造美好生活的生动实践。

1. 加强对经济工作的领导

农村基层党组织应当加强对经济工作的领导，坚持以经济建设为中心，贯彻创新、协调、绿色、开放、共享的新发展理念，加快推进农业农村现代化，持续增加农民收入，不断满足群众对美好生活的需要。坚持以公有制为主体、多种所有制经济共同发展的基本经济制度，巩固和完善农村基本经营制度，坚持农村土地集体所有，坚持家庭经营基础性地位，坚持稳定土地承包关系，走共同富裕之路。稳定发展粮食生产，发展多种经营同支持和促进粮食生产相结合。推动乡村产业振兴，推进农村一二三产业融合发展，让农民合理分享全产业链增值收益。坚持“绿水青山就是金山银山”理念，实现农业农村绿色发展、可持续发展。领导制定本地经济发展规划，组织、动员各方面力量保证规划实施。组织党员、群众学习农业科学技术知识，运用科技发展经济。吸引各类人才到农村创业创新。

2. 全面推进乡村振兴

乡村振兴离不开基层党组织，广大基层党组织和党员要发挥战斗堡垒和先锋模范作用。坚持农村基层党组织领导核心地位。推动农村基层党组织和党员在乡村振兴中提高威信、提升影响。加强农村经济组织和社会组织的党建工作，引导其始终坚持为农民服务的正确方向。将抓党建促乡村振兴情况作为每年市县乡党委书记抓基层党建述职评议考核的

重要内容，纳入巡视、巡察工作内容，作为领导班子综合评价和选拔任用领导干部的重要依据。

3. 巩固和拓展脱贫攻坚成果

脱贫攻坚的重大胜利，为实现第一个百年奋斗目标打下坚实基础，极大增强了人民群众获得感、幸福感、安全感，彻底改变了贫困地区的面貌，改善了生产生活条件，提高了群众生活质量，“两不愁三保障”全面实现。脱贫攻坚取得全面胜利后，工作重点转向全面巩固来之不易的脱贫攻坚成果，提升脱贫质量，增强脱贫的稳定性和可持续性。巩固脱贫攻坚成果，需要认真总结脱贫攻坚所取得的成就，提炼各地好的做法和成功经验，把行之有效的扶贫制度安排和政策措施全面推广并进行延伸，特别是将一些业已成型的做法制度化、规范化，为乡村振兴战略实施提供可借鉴的经验，也为后精准扶贫时代的贫困治理提供可持续动力。农村基层党组织是农村各种组织和各项工作的领导核心，是确保党的路线方针政策和决策部署贯彻落实的基础，要充分发挥农村基层党组织对扶贫攻坚的引领作用，切实抓好巩固拓展脱贫攻坚成果与乡村振兴的有效衔接。

（四）发展壮大村级集体经济

农村基层党组织应当因地制宜推动发展壮大集体经济，领导和支持集体经济组织管理集体资产，协调利益关系，组织生产服务和集体资源合理开发，确保集体资产保值增值，确保农民受益。只有大力发展壮大村级集体经济，才能统筹推进农村经济建设、政治建设、文化建设、社会建设、生态文明建设和党的建设。

1. 盘活存量资产

盘活原有的固定资产，对原有的固定资产进行盘点清理，建立好台账。对村原来的会堂、学校、加工企业厂房等要通过租赁、出租、拍卖等形式盘活资产，确保集体资产增值，增加集体经济收入。要盘活土地资产，下山脱贫和新农村建设后，有的地方建立了新村，要对老村的宅基地通过整理开发增加集体经济收入。根据环境条件，在集镇和城镇所在地的村，要充分利用人口集聚的有利条件和集体土地资源，在政策允许下，兴建标准厂房、民工适用房、店面房出租。山村要利用山水资源，在“四荒”地、小水电、旅游开发上做好文章，开发时被征用占用的山、地资源提倡以折价入股形式参与开发。村集体可以与农户合作经营，联合开发，收益分成。

2. 强化造血功能

农村拥有丰富的发展资源要素，要充分挖掘农村产业资源，把一二三产业融合发展，把地方资源产业化、高效化，增强村级集体经济薄弱村的组织“造血”功能，促使集体资金、资产、资源保值增值。上级部门在扶持集体开发的项目上，要足额给予扶持资金，防止留有缺口而迫使村集体举债上项目。对集体经济薄弱村的扶持要改“输血”为“造血”，以项目为抓手，各级财政要集中一段时间，连续几年每年安排专项资金，用于扶持发展村级集体经济项目建设，乡镇要抓好项目的落实、实施过程中的指导和监督。对无资源可开发的村，可跨区域联合开发，取得收益，使村级集体经济有长期的固定收入来源，改变以往年年扶贫年年贫的现象。

3. 强化管理制度

乡镇村要根据实际制订村级集体资产管理制度，如现金管理、审批制度，物资财产管理和使用制度，招投标制度，专项资金管理和收益分配等制度，把村级财务和集体资产管理纳入制度化、规范化管理轨道。按照有关规定，通过民主选举，建立民主理财监督小组，发挥民主理财小组的监督作用，加强对村财务的审核监督，重大村务实行民主决策。

抓好增收节支，严格控制非生产性开支，村级要通过村民（代表）大会制订非生产性开支的细则，建立严格控制的长效机制，采取有力措施，加强村级债务的化解，坚决遏制村级债务增加和蔓延。

（五）加强对精神文明建设的领导

坚持物质文明和精神文明一起抓，是我们党的一贯方针，也是提高乡村社会文明程度的必然要求。要深刻认识农村精神文明建设在实施乡村振兴战略中的重要地位，多措并举，切实加强农村基层党组织对精神文明建设的领导。

1. 加强对群众的教育引导

对群众的教育引导，说到底是做人的工作。要组织广大群众学习习近平新时代中国特色社会主义思想，用中国特色社会主义文化、社会主义思想道德牢牢占领农村思想文化阵地，做好群众思想政治工作，增强党组织影响力凝聚力。采取符合农村特点的方式方法和载体，深化中国特色社会主义和中国梦宣传教育，社会主义核心价值观教育，大力弘扬民族精神和时代精神。加强爱国主义、集体主义、社会主义教育，深化民族团结进步教育。大力挖掘宣传群众身边好人好事，用能亲眼见到、亲身感受到的文明事、文明人、文明行为来影响群众，引导群众的思想和行为。坚持树立一批有血有肉而不是"高大全"的先进典型，以"先进民选"的形式，推动全社会形成知荣辱、树正气、促和谐的良好风尚。

2. 加强农村精神文明建设

《中共中央 国务院关于全面推进乡村振兴加快农业农村现代化的意见》明确指出，要加强新时代农村精神文明建设。弘扬和践行社会主义核心价值观，以农民群众喜闻乐见的方式，深入开展习近平新时代中国特色社会主义思想学习教育。拓展新时代文明实践中心建设，深化群众性精神文明创建活动。建强用好县级融媒体中心。在乡村深入开展"听党话、感党恩、跟党走”宣讲活动。深入挖掘、继承创新优秀传统乡土文化，把保护传承和开发利用结合起来，赋予中华农耕文明新的时代内涵。持续推进农村移风易俗，推广积分制、道德评议会、红白理事会等做法，加大高价彩礼、人情攀比、厚葬薄养、铺张浪费、封建迷信等不良风气治理，推动形成文明乡风、良好家风、淳朴民风。加大对农村非法宗教活动和境外渗透活动的打击力度，依法制止利用宗教干预农村公共事务。办好中国农民丰收节。

3. 对突出矛盾和问题要敢于斗争

农民是农村精神文明建设的参与者和创造者，要引导党员、群众自觉抵制腐朽落后文化侵蚀，依法制止利用宗教干涉农村公共事务，坚决抵御非法宗教活动和境外渗透活动，旗帜鲜明反对各种错误观点，同一切歪风邪气、违法犯罪行为作斗争。特别是对把持基层政权、操纵破坏基层换届选举、垄断农村资源、侵吞集体资产的黑恶势力，利用家族宗族势力横行乡里、称霸一方、欺压残害百姓的村霸、乡霸，要打掉他们的“关系网”“保护伞”，做到大小苍蝇一起打。引导农民尊重科学并运用科学来认识和解决问题，自觉跟封建迷信划清界限。

（六）加强对乡村治理的领导

乡村治理是国家治理体系的重要组成部分。加强农村基层党组织对各类组织的统一领导，在系统梳理、总结提炼近年来各地实践经验基础上，健全党组织领导的自治、法治、德治相结合的乡村治理体系。

1. 深化村民自治实践

坚持自治为基、法治为本、德治为先，健全和创新村党组织领导的充满活力的村民自治机制，强化法律权威地位，以德治滋养法治、涵养自治，让德治贯穿乡村治理全过程。加强农村群众性自治组织建设，完善农村民主选举、民主协商、民主决策、民主管理、民主监督制度。依托村民会议、村民代表会议、村民议事会、村民理事会等，形成民事民议、民事民办、民事民管的多层次基层协商格局。创新村民议事形式，完善议事决策主体和程序，落实群众知情权和决策权。全面建立健全村务监督委员会，健全务实管用的村务监督机制，推行村级事务阳光工程。充分发挥自治章程、村规民约在农村基层治理中的独特功能，弘扬公序良俗。加强基层纪委监委对村民委员会的联系和指导。

2. 推进乡村法治建设

深入开展"法律进乡村"宣传教育活动，提高农民法治素养，引导干部群众尊法学法守法用法，增强基层干部法治观念、法治为民意识，把政府各项涉农工作纳入法治化轨道。维护村民委员会、农村集体经济组织、农村合作经济组织的特别法人地位和权利。深入推进综合行政执法改革向基层延伸，创新监管方式，推动执法队伍整合、执法力量下沉，提高执法能力和水平。加强乡村人民调解组织建设，建立健全乡村调解、县市仲裁、司法保障的农村土地承包经营纠纷调处机制。依法加大对农村非法宗教、邪教活动打击力度，严防境外渗透，继续整治农村乱建宗教活动场所、滥塑宗教造像等现象。

3. 提升乡村德治水平

深入挖掘乡村熟人社会蕴含的道德规范，结合时代要求进行创新，强化道德教化作用，引导农民向上向善、孝老爱亲、重义守信、勤俭持家。建立道德激励约束机制，引导农民自我管理、自我教育、自我服务、自我提高，实现家庭和睦、邻里和谐、干群融洽。积极发挥新乡贤作用。深入推进移风易俗，开展专项文明行动，遏制大操大办、相互攀比、"天价彩礼"、厚葬薄养等陈规陋习。深挖农村民风民俗、熟人社会、村规民约等蕴含的道德规范，常态化开展道德模范、最美家庭等先进典型评选表扬，不断完善道德激励约束机制，培育风清气正、向善向上的舆论导向，形成文明乡风。

（七）建强农村基层党组织领导班子

办好农村的事，关键在党、关键在人，关键在党组织领导班子和带头人。加强乡镇、村党组织领导班子和干部队伍建设，突出强调选优配强乡镇、村党组织领导班子特别是党组织书记。

1. 选出一个好带头人

就当前农村工作现状和党员干部队伍现状，要选出一个强的乡镇、村党组织书记并非易事。乡镇党委书记应当具备一定的理论和政策水平，坚持依法办事，具有较强的组织协调能力、群众工作能力、处理农村复杂问题的能力，熟悉党务工作和“三农”工作，带头实干、敢抓敢管。在乡镇党委书记的配备上，要关心关注基层，重视重用基层，把基层一线作为选用干部的主阵地，重点向有基层工作经历、综合素质较高、协调能力较强、实绩突出的干部倾斜，进一步提高选拔“门槛”。注重从优秀村党组织书记、选调生、大学生村官、乡镇事业编制人员中选拔乡镇领导干部，从优秀村党组织书记中考录乡镇公务员、招聘乡镇事业编制人员。村党组织书记应当具备一定的政策水平，坚持依法办事，善于做群众工作，甘于奉献、敢闯敢拼。村党组织书记由县级党委组织部门备案管理，应当注重从本村致富能手、外出务工经商返乡人员、本乡本土大学毕业生、退役军人中的党员培养选拔，每个村应当储备村级后备力量。根据工作需要，上级党组织可以向村党组织选派第一书记。

2. 育出一支好队伍

乡村干部素质高低、能力强弱、作风好坏，关系干部队伍整体形象，关系党和国家各项事业发展。要加强习近平新时代中国特色社会主义思想教育，引导乡村干部增强“四个意识”、坚定“四个自信”、做到“两个维护”。加强党的路线方针政策和国情形势教育，引导乡村干部增强全局观念和大局意识，创造性地落实中央和上级的各项决策部署。加强宗旨意识和公仆意识教育，引导乡村干部切实改进思想作风和工作作风，真心实意为群众办实事、做好事、解难事。加强法律法规培训，帮助乡村干部提高法治意识和依法办事能力。加强社会治理培训，帮助乡村干部提高做好群众工作、化解矛盾纠纷、处置突发事件、促进社会和谐稳定的能力。加强业务知识和工作技能培训，提高乡村干部履行岗位职责的能力。加强道德品行教育和反腐倡廉教育，引导基层干部带头践行社会主义荣辱观，自觉遵守廉洁自律各项规定。

3. 用出一个好状态

树立鲜明用人导向，坚持好干部标准，突出事业为上，褒奖和重用忠诚干净担当、为民务实清廉、奋发有为、锐意改革、实绩突出的干部。突出实践标准，倡导说实话、出实招、干实事、求实效，坚决不让老实人吃亏；突出担当作为，大力促进干部奋发有为、干事创业，坚决不让干事的人心寒；突出基层历练，坚持干部在基层一线锻炼、组织在基层一线选人，坚决不让一线的干部失落；突出从严要求，把好政治关、品行关、廉洁关，坚决防止带“病”提拔。加强日常谈心谈话，充分利用日常工作联系，与干部进行谈心交流，了解干部思想、工作、学习和生活等方面情况，在干部职务调整、思想波动、情绪不稳，或者在工作、生活中遇到挫折和困难时，及时谈心、理顺情绪、帮助解决。

（八）加强农村党员队伍建设

党员是党的肌体的细胞，农村有3500万名党员，超过全国党员总数的1/3，是我们党在农村的基本队伍。要认真做好农村发展党员工作，加强农村党员教育管理监督，充分发挥农村党员先锋模范作用。

1. 重视发展党员工作

针对农村党员队伍结构老化、创业能力不强的现状，争取发展创业型人才入党作为发展党员工作的重点，通过从乡土人才中选培、从复员军人中推优、从优秀外出务工返乡人员中吸纳等途径，将农村“田秀才”“土专家”“小老板”以及外出务工、创业有成的“打工族”纳入组织培养视野，建立创业型人才信息库，实行动态管理。同时，变被动发展为主动出击，变被动吸收为主动吸引，对创业型人才库中年纪轻、有文化、能力强的青年，加强教育引导，加大培养力度，把农村“本土人才”和外出务工创业的“流动人才”紧紧凝聚在党组织周围，促进他们尽快成长、成熟。严把“审查关”，在审查过程中，重点做好政治审查、入党动机审查、思想觉悟审查、作风品德审查等，确保发展党员质量。

2. 加强本领培训

农村党员是广大群众中的优秀代表，其综合素质的高低直接影响着村域经济的发展进程。要组织党员认真学习和忠实践行习近平新时代中国特色社会主义思想，推进“两学一做”学习教育常态化制度化，县、乡两级党委要加强农村党员教育培训。依托县委党校、职教中心和远程教育平台，实施农村党员创业技能培训工程，实行“菜单式”培训，体现培训的实用性需求；依托乡镇党校，组织农业技术人员与农村党员进行面对面的培训，开办“田间课堂”，乡镇党委每年至少对全体党员分期分批集中培训一次。通过强化技能培训，解决农村党员普遍存在的创业无技能、发展缺动力等问题，引导和激励农村党员主动投身创业实践。

3. 促进作用发挥

农村党员，是党在基层一面面鲜红的旗帜，是党联系农村群众的桥梁和纽带，是发展农村经济、推动农村社会全面进步的骨干力量。要着眼推动党员发挥作用，组织开展党员联系农户、党员户挂牌、承诺践诺、设岗定责等活动，为党员发挥作用创造条件。鼓励农村党员带头创办、领办农村专业合作社，发展各种类型的新经济组织，提升农民的组织化程度，采取政府扶持、党员示范等办法帮助群众发展生产。开展“争做新时期合格共产党员”“奉献农村，服务社会”“我为党旗添光彩”“党员奉献日”“一面党旗一面旗帜”“一个党员一盏灯”“党员致富带头人”等主题活动，引导党员积极参与，引导他们发挥先锋模范作用。

三、加强农村基层党组织建设领导和保障

党管农村工作是我们党的一项优良传统，重视并抓好农村基层党组织建设是党员领导干部的政治责任。抓基层、强基础不能只靠基层自身，需要各级党委把责任扛在肩上，坚持人往基层走、钱往基层投、政策往基层倾斜，形成大抓基层的鲜明导向。要从巩固党的执政基础的高度出发，切实把加强农村基层党组织建设作为管党治党的重要任务抓紧抓好，采取有力措施，强化责任保障，不断增强党员干部特别是县、乡、村党组织书记抓农村党支部建设的本领，推动农村基层党组织全面进步、全面过硬。

（一）强化责任落实

各级党委特别是县级党委在抓农村基层党组织建设上肩负主体责任，乡镇党委在抓村级组织建设上负有直接责任。要着力加强和改进对农村基层党建工作的领导，强化各级党组织书记主业主责意识，调动“以最大力度抓最大政绩”的积极性，逐步形成层层落实、齐抓共管的工作格局。有效整合组织资源，进一步健全县（市、区）统一领导，组织、纪检、宣传、财政等部门共同参与、分工负责、齐抓共管的党建工作格局。组织部门要定期研究、检查、指导、督促农村基层党组织建设工作，注重对新情况、新问题的研究和新经验的总结，分析当前农村基层党组织建设工作的成功经验和存在问题；其他相关部门也要切实找准自身业务工作与基层党建工作的结合点，同步发力、同频共振，保证农村基层党组织建设各项重点任务的落实。

（二）强化抓乡促村

抓村必先抓乡，强村必先强乡。要保证乡镇工作力量，配强乡镇党务力量，持续加强基本队伍、基本活动、基本阵地、基本制度、基本保障建设，整顿软弱涣散村党组织，整乡推进、整县提升。加强乡镇党委建设，健全乡镇党委议事规则，提高乡镇党委抓党建、谋发展、惠民生的能力。强化乡镇抓村的直接责任，建立定期分析研判村级组织建设工作制度，每季度至少召开一次专题会议研究部署基层党建工作。严格落实县乡党委书记抓党建工作“联述联评联考”制度，突出主责主业意识，牢固树立“重视基层、加强基层、服务基层”理念，加大资源、人力、物力向基层一线的投入倾斜力度，全力支持农村基层党组织开展各项重点工作。

（三）强化基础保障

切实强化问题意识、突出问题导向，针对农村基层党建工作中的薄弱环节和突出问题，拿出务实举措、研究管用办法，着力推动人财物向基层倾斜，努力在破解难题、打牢基础上有所突破、取得实效。健全以财政投入为主的稳定的村级组织运转经费保障制度，落实村干部基本报酬、村级组织办公经费、服务群众经费、党员活动经费、正常离任村干部生活补贴，建好管好用好村级组织活动场所等。加大农村党建投入，推进阵地建设，让党旗在农村高高飘扬。舍得向农村党建投入，不能出现村委办公没场所、村委会交不起电费等情况。着力解决基层组织经费不到位、基层干部报酬待遇不落实等问题。按照因地制宜、突出特色、整合资源、综合便捷的原则，把村级党组织活动场所建成集村委办公、党员教育、卫生、文化娱乐于一体的村级综合党群服务中心。

延伸阅读

安徽滁州：充分发挥党的组织优势 大力发展壮大村级集体经济

近年来，安徽滁州深入贯彻习近平总书记在小岗农村改革座谈会上的重要讲话精神，不等不靠、先行先试，坚持和加强农村基层党组织领导，努力做大做强村级集体经济，不断增强党组织凝聚服务群众的能力。2019年，全市1034个村集体经济收入较上年翻一番，全部消除5万元以下薄弱村，10万元以上村达70%。

坚持党委统筹，强化组织领导。市委把扶持壮大村级集体经济作为抓党建促脱贫攻坚、促乡村振兴的一项重要任务，紧紧抓在手上。一是成立专班。市县乡均成立由党政主要负责同志任组长的领导小组，抽调专人集中抓。市委定期召开会议研究，建立市县党政班子成员包村联系制度，帮扶指导集体经济发展。二是编制规划。市委制定发展集体经济3年规划，明确用地安排、资金项目、税费减免等扶持政策，市财政每年安排不少于1500万元涉农资金扶持壮大村级集体经济，确保到2021年所有村集体经济收入达到10万元以上。指导逐县逐乡编制实施方案，加强资源要素统筹，培育发展主导产业，引领集体经济发展。三是加强督导。对中央财政重点扶持的158个村，在县乡村申报基础上，由组织、财政、农业等部门逐村查看、集中会审，确保项目可行、资金安全。开展县乡党委书记抓基层党建工作季度述职，将集体经济推进情况作为重要内容。每年评选集体经济增量、增幅“双十佳”村，营造比学赶超氛围。

坚持党建引领，凝聚发展合力。市委把发展集体经济作为党组织提升影响、整体加强的重要举措，推动基层党组织带领农民抱团发展。一是发挥村级主体作用。组织农村党员群众开展“集体经济发展谁来干、怎么办”大讨论，通过召开党员会、群众会，让党员群众议项目、谋产业。由村党组织牵头，采取“党组织＋合作社（公司、协会）＋农户”模式，把党员群众绑在一起干。目前，全市建立产业党组织1000多个，培育新型农业经营主体1.68万家，348万农民入股，人均收入增加15%。二是开展村企党组织结对共建。实施“党建引领助振兴、村企联建促脱贫”三年行动计划，把企业先进理念、技术、管理经验及优秀人才引入农村，激活集体经济发展动力。去年全市首批村企结对200个，带动村均增收10.9万元。三是探索党建引领信用村建设。通过村党组织对农户进行乡风文明评议和信用评定等方式，把金融机构和农民联结起来，实现信息变信用、信用变信贷，引导金融机构创新免抵押的“集体贷”产品，为22个村、2万农户授信12亿元。

强化激励约束，提振发展干劲。市委出台激励村干部干事创业12条举措，并注重以制度管钱管事。一是提升发展本领。每年举办村党组织书记发展能力轮训班，选派100名村书记到经济强村跟班学习，组织100名村干部参加学历教育。二是加强正向激励。安排20名集体经济发展好的村书记列席乡镇领导班子会议，在研究讨论经济社会发展等事项中出谋划策，适当提高报酬待遇。去年全市财政拿出近千万元，按增收额的10%-20%奖励发展集体经济好的村干部，个人奖励最高达4万元。三是严格监督管理。把集体经济发展事项纳入村级事务“小微权力清单”，实现巡察全覆盖。全面落实“四议两公开”制度，发挥村务监督委员会作用，加强对集体经济发展项目资金、经营管理全过程监督，有效防止集体资产流失。对工作不力、出现严重问题的严肃追责问责。

（节选自《充分发挥党的组织优势 大力发展壮大村级集体经济》，
《中国组织人事报》2020年4月22日）

第四章

深化城市基层党建工作

城市工作在党和国家工作全局中举足轻重，是各级党委工作的重要阵地。加强和改进城市基层党建，是夯实党在城市执政基础、推进城市治理体系和治理能力现代化的核心要义。城市基层党组织是党在城市全部工作和战斗力的基础，是城市基层各类组织、各项工作的“主心骨”。加强和改进城市基层党建，首要任务是强化街道社区党组织领导作用，让党建引领基层治理成为重要抓手。党对城市基层的领导，首先是通过街道社区党组织的领导来实现的。要明确街道党组织抓党建、抓治理、抓服务的主责主业，赋予其相应职责职权，整合职能统筹设立内设机构，加强对社区党组织的工作支持和资源保障。注重强化系统建设和整体建设，推进街道社区党建、单位党建、行业党建互联互动，条条和块块双向用力，形成区域统筹、条块协同、上下联动、共建共享的城市基层党建工作新格局。把基层党建同基层治理紧密结合起来，强化政治引领，构建党组织统一领导、各类组织积极协同、广大群众广泛参与的基层治理体系，真正实现人民城市人民建、人民城市人民管。加强和改进城市基层党建，关键在于强化组织领导、从严抓好落实。各级党委尤其是市、区两级党委，要把城市基层党建牢牢抓在手上，定期进行专题研究，解决重点难点问题，力戒形式主义、官僚主义。健全党委统一领导、组织部门牵头负责、有关部门和行业系统齐抓共管的领导体制和责任机制，不断提升基层党建、基层治理、服务群众的能力水平。

《中国共产党组织工作条例》围绕增强党组织政治功能和组织力，就全面加强包括城市基层党建在内的各层级各领域党组织建设，形成上下贯通、执行有力的严密组织体系，作出了明确规定。当前，要适应城市化快速发展的趋势，积极探索城市党建工作的新路子，为建设和谐宜居、富有活力、各具特色的现代化城市，走出一条中国特色城市发展道路，提供坚强组织保证。

一、加强城市基层党建工作的主要举措

创新社会治理重心在街道社区，加强城市基层党建重心也在街道社区。抓好城市基层党建，深化城市基层党建系统建设和整体建设，需要打破常规、创新思路，树立大党建理念，坚持“一盘棋”思维，整合党建、人才、信念以及各业社会资源，凝聚街道社区、驻区单位、新兴领域等各方面合力，打通基层党建与基层治理的关节，逐步构建党组织领导、纵横向联动、网络化管理、组团式服务、信息化支撑、社会化参与的城市基层党建工作新格局。

（一）树导向，推动治理和服务力量向基层下沉

积极适应城市治理体系和治理能力现代化带来的新变化，坚持大抓基层、夯实基础的鲜明导向，以强化街道党（工）委职能作用为突破口，推动工作力量向社区下沉、职权资源向社区下放，把治理和服务力量放到基层，明确街道社区职责，优化街道社区机构设置，激发基层党组织活力。

1. 推动工作职能下沉

街道党（工）委在辖区内发挥领导核心作用，重新对街道党（工）委、办事处和社区的职能进行界定，街道主要行使社区建设的统筹规划、协调资源、监督管理、指导服务和综合治理职能，其承担的社会治理和公

共服务职能及与之相关的事务性工作下放到社区。按照重心下移、权责一致原则，赋予街道党（工）委相应的职责职权。区（县、市、旗）职能部门派驻街道机构负责人的考核考察和选拔任用，应当征求街道党（工）委意见；城市规划制定实施中涉及街道的相关内容，应当听取街道党（工）委意见；涉及街道的公共事务，一般由街道党（工）委综合管理。深化街道管理体制改革，优化机构设置和职能配置，充分发挥街道党（工）委统筹协调各方、领导基层治理的作用。推动街道党（工）委聚焦主责主业，集中精力抓党建、抓治理、抓服务。直辖市、副省级城市、省会城市及经济社会发展水平较高的城市，应当全面取消街道承担的招商引资、协税护税等工作任务，暂不具备条件的可先在中心城区实行，再逐步推开。探索设立社区服务站，全面承接区直部门和街道办事处下放的社会治理和公共服务职能及与之相关的事务性工作，强化社区居委会自治功能，形成在社区党委领导下的社区党务、政务、居务既相对独立、又相互融合的工作局面，构建起“一委一站一居”新型社区治理模式。依法确定社区工作事项，上级部门不得把自己职责内的工作转嫁给社区，确需社区协助的，须经区（县、市、旗）党委和政府严格审核把关，并提供必要的经费和工作条件。推进社区减负增效，专项整治社区检查考核评比过多过滥问题，建立居民群众满意、驻区单位满意的服务评价制度。

2. 推动工作人员下沉

按照“精减上层、充实基层”的原则，在保持编制稳定的情况下，从党政机关、企事业单位选拔部分干部带编到居委会工作。坚持“因事设岗、因岗设人”的原则，将街道党（工）委内设机构精简整合为党政办公室、社区党建办公室、社区管理办公室、社区服务办公室、社区平安办公室、社区自治办公室，精简街道办事处内设科室和领导职数，最大限度地将街道办事处工作人员选派到社区，确保社区组织工作力量。有条件的地方，探索将派驻街道工作力量的指挥调度、考核监督等下放给街道。整合街道党政机构和力量，统筹设置基层党建、公共管理、公共服务、公共安全等综合性机构。除机构编制专项法律法规明确规定外，上级职能部门不得要求街道对口设立机构或加挂牌子。积极推进社区党务工作者向专职化、专业化发展，除党组织书记外，设置党委的社区要有一至二名专职党务工作者，其他社区至少有一名专职党务工作者。街道根据实际需要，可再自主设立二个工作机构。街道统一设立社区党建服务中心，面向区域内所有党组织和党员群众开展服务。

3. 推动组织领导下沉

注重统筹管理、严格评价考核，建立统一协调的组织领导机制。突出基层社会治理的系统性，对相关职能部门进入社区的工作事项实行事前审核准入、事中监督管理、事后考核评价，总结推广社区建设经验，形成整体工作合力。针对条块不顺畅、权责不统一的问题，向街道党（工）委下放“五项权力”，即对区职能部门派出机构负责人的人事考核权、对区职能部门派出机构负责人的征得同意权、街道规划参与权、综合管理权、对区域内事关群众利益的重大决策和重大项目的建议权，真正使基层党组织有职有权有物。健全与职责相适应的考评体系，对街道的检查考核，由区（县、市、旗）党委和政府统筹安排，上级职能部门一般不对街道进行直接考核，确需开展的按一事一报原则报批。

4. 推动资金投入下沉

按照“强基层、打基础、可持续”的思路，坚持人往基层走、钱往基层投、政策向基层倾斜。加强对社区的工作支持和资源保障，统筹上级部门支持社区的政策，整合资金、资源、项目等，以社区党组织为主渠道落实到位。采取向社会组织、市场主体、民办社工机构购买服务等方式，丰富社区服务供给，提升专业化服务水平。对社区内有关重要事项决定、资金使用等，要发挥社区党组织的主导作用。制定社区工作经费使用管理办法，把各部门关于社区的政策、资金、项目整合起来统筹使用，建立以财政投入为主、鼓励社区自主创收和社会公益支持为辅的社区经费保障体系，拓宽经费来源渠道，树立多元化的社区经费保证机制，建立党建工作经费专用账户，加强资金管理，明确社区党建专项经费用于社区党组织阵地建设、奖励表彰、党内帮扶等工作，严禁挪用。新建、改建小区的社区办公和活动“两室”用房，由房地产开发企业按照国家规定的标准无偿提供，老旧小区通过改扩建、购买、置换和分散设置的方式整合建设，建设资金市、区按照比例列入两级财政预算，切实加强基层基础保障。

（二）讲共享，推进街道社区与驻区单位共建互补

街道社区与驻区单位如果不能互联互动、共建互补，就会成为制约城市基层党建发展的瓶颈。驻区单位往往具有关系互不隶属、层级高低不同、涉及领域很广、相互之间很少交流等特点。要通过组织纽带把双方紧密联系起来，通过资源共享把双方积极性调动起来，通过活动共联把双方优势发挥出来，实现了街道社区与驻区单位共建互补。

1. 强化共驻共建意识

目前，街道社区与驻区单位共建互补主动意识、能动意识仍显不足，参与热情不足、参与率不够高、参与情况不平衡等。参与内容多局限于卫生清洁、治安联防、文体娱乐等非政治性的活动，而涉及社区选举、社区公共事务决策、公共服务项目选择等内容的政治性参与较少，驻区单位为社区居民所提供的各种直接、具体和人性化的公共服务还没有完全到位。推进街道社区党建、单位党建、行业党建互联互动，街道社区与驻区单位必须共同担负起加强基层党的建设、创新社会治理、推动城市发展的责任，打破行政隶属的壁垒，将驻区单位通过党组织的纽带连接起来，实现驻区单位党建与街道社区党建有效联动。以街道社区党组织为主导，建立开放性的互联互动纽带，通过签订共建协议、干部交叉

任职、人才结对培养等加强组织共建，通过共同开展活动、加强党员教育等推进活动共联，通过整合盘活信息、阵地、文化、服务等实现资源共享。

2. 健全完善互补格局

推进共建互补，一个关键性问题就是打破行政隶属壁垒，推动党建体制由条块分割向条块结合转变。要把辖区内有一定影响的驻区单位党组织负责人，选聘为街道党（工）委和社区党组织兼职委员，实现交叉任职，通过组建街道大工委、社区大党委，探索构建以街道党组织为核心、社区党组织为基础、驻区单位党组织共同参与的共建互补协调机制。探索在区、街、社区三个层面成立常设工作机构或联络站，统筹负责区域内共建互补工作，统揽全局、协调各方。建立健全定期例会、工作通报、定期走访等制度，通过召开工作联席会、情况通报会、综合分析会等，定期专题研讨共建互补工作，总结经验，破解难题，促进“共建互补”工作有序运行。实行目标管理，通过签订共建责任书等方式，进一步明确共建互补工作目标和方向。探索以块为主、条块融合、双向用力的具体抓手，健全双向压实责任、双向沟通协商、双向考核激励、双向评价干部的工作机制。行业系统部门要主动融入驻地中心任务和党建工作，定期与街道社区党组织沟通会商，共同解决问题。

3. 找准利益共同需求

共建互补能不能开展得起来，关键是能否找准利益结合点、提高利益关联度，使街道社区、驻区单位在相互受益、共同发展中增强共建互助的内在动力，增强共建互补的成效。要在深化载体活动中寻找突破口，围绕实现共同目标、共同需求、共同利益，街道社区牵头组织开展实事共办、难题共解等接地气的载体活动，吸收驻区单位参加，同心协力，齐抓共管，形成合力。在发挥各自优势中找准结合点，街道社区党组织要发挥组织优势和政治优势，通过牵线搭桥，让驻区单位与服务对象面对面沟通、心贴心交流，让更多的百姓理解和支持驻区单位工作；驻区单位要充分发挥自身的资源优势，从人才、技术、物资、资金、教育、阵地等方面，帮助解决街道社区自身无法破解的民生大事、发展难题，让街道社区在共建互补中得到实惠。在服务百姓上找到共同点，街道社区和驻区单位职责任务各不相同，但宗旨使命都是为人民服务，以服务群众为共同追求和价值取向，凝聚服务群众合力。

4. 创新共建互补内容

适应时代变化，采取更加灵活新颖的方式，通过结对共建、联点扶建、派驻帮建、项目带建等方式，积极探索街道社区与驻区单位党组织共建互补、活动共同开展和党建资源共享的新途径新渠道，不断拓展共建互补的深度和广度，推动党建融合、工作融合、感情融合。探索建立驻区单位党组织和党员到社区“双报到”制度，实行驻区单位和党员参与社区活动“双报告”制度，引导驻区单位和党员为社区治理献计出力。坚持双向服务制度，街道社区党组织要主动上门，为驻区单位提供力所能及的服务，驻区单位要积极支持街道社区各项工作，在职权范围内提供便利，在双向服务中实现互利双赢。要进一步丰富拓展共建互补的内容，在范围上由单一党建向多样化服务拓展，由一般性合作共建向专业性、精细化、个性化方向发展，实现班子联建、干部联挂、党员联训、人才联育、活动共联等，推进政企资源与社会资源和谐共振，推动信息、阵地、文化、服务等各类资源共享共赢。

（三）抓组建，扩大城市新兴领域党建工作覆盖

非公有制经济组织和社会组织迅速发展，主要聚集于商务楼宇、产业园区、商圈市场和“线上网上”等，为城市基层党建工作提出了新课题新任务。要着力加强薄弱部位和薄弱环节，针对城市社区构成复杂、不

同地区行业阶层的人聚居一处的新情况，从推进党的组织和工作覆盖入手，抓住薄弱环节，补齐工作短板，精准做好楼宇、园区、商圈、互联网党建工作。

1. 推进商务楼宇党建覆盖

商务楼宇作为“竖起来的社区”，非公有制经济组织和社会组织多，流动党员多；商务楼宇党建工作是街道社区党建工作的延伸和拓展，工作情况更加复杂，工作基础更加薄弱，容易成为基层党建工作的盲点和薄弱环节。要根据商务楼宇产权单位、物业公司和驻楼宇单位的具体情况以及党员队伍的实际情况，按照便于党员参加活动、发挥作用的原则，采取单独建、依托建、联合建等方式，因地制宜设立商务楼宇党组织并由街道党（工）委直接管理。对暂时不具备建立商务楼宇党组织条件的，可以依托工会等群团组织或者选派党建工作指导员开展工作，条件成熟后联合建立党组织。要在听取党员意见的基础上将党员就近划入党组织管理，及时接纳流动党员参加党的活动。

2. 推进各类园区党建覆盖

坚持将扩大非公有制企业和社会组织党组织的有效覆盖作为园区党建工作的首要任务，确保党组织组建一个、稳固一个，为园区党建工作顺利开展奠定坚实基础。要在覆盖形式上提高单建率，集中时间、人员和精力，切实加大非公有制企业和社会组织单独建立党组织的工作力度，积极帮助指导具有正式党员三人以上的非公有制企业和社会组织单独建立党组织。在区域覆盖方面，要打破过去在不同单位之间、领域之间的党建工作界限；在行业覆盖方面，要进一步发挥政府行业主管部门以及行业协会等有关机构的职能作用，加强对行业内非公有制企业和社会组织的帮助指导；在产业覆盖方面，要进一步探索在产业链上建立党组织的方式方法，构建以条带面的党建工作机制。坚决防止和克服“为建而建”的组织覆盖思想，充分考虑新建党组织的班子组成、人员素质、态度决心等影响党的工作开展的各种因素，真正使党组织建得起、建得牢、建得好。

3. 推进商圈市场党建覆盖

商圈市场是小微企业和个体工商户众多的区域，要着力推动在商圈和市场管理公司建立党组织。依托工商、税务等监管部门，将党组织和党员等党建工作情况纳入企业“登记申报、年检年报”范围。同时通过抓党员示范户，带动其他商户。分层次设置机构，扩大商圈党建覆盖面。一方面，建立纵向到底的组织机构，根据商圈内各经济主体相对松散、党员分散、活动缺乏规律性的实际情况，分别成立各类市场党支部，再按“行业相近、便于活动”原则划分党小组。同时，针对商圈流动党员较多这一实际情况，还专门设立了流动党员党支部，确保商圈党建覆盖到每一位党员。另一方面，建立横向到边的共建网络，按照“组织共建、工作共进、活动共创”的目标，同步推进商圈内群众性团体建设，建立工会、妇联、共青团等群团组织，形成以党组织为核心，党、工、团、妇联动共建，共同推进党建的工作局面。

4. 推进网络媒体党建覆盖

汹涌的网络言论以前所未有的面貌和特点呈现，如何将其纳入有序的政治参与轨道，已成为亟待解决的新问题。要推动网站党组织的建设和发展，以新闻信息、电子商务、互联网金融、社交媒体、网络游戏等企业为重点，积极有序推进组织设置和工作覆盖，实现党组织在商业网站有序发展。促进互联网宣传管理工作，以党建促企建，在网站日常运营中坚持党的舆论方针政策。各级网信办、新闻办等部门负有业务监管和党建指导双重责任，街道社区党组织负有党建工作兜底责任。在新闻门户、网络社交、电子商务、网络游戏等互联网企业，具备条件的单独建立党组织，暂不具备条件的建立联合党组织，加强互联网企业党员教育管理，壮大互联网企业党员队伍，真正做到党员、群众在哪里，党建工作就要跟进到哪里，这样才能确保党的执政基础不断巩固。同时，注重通过网络，阐述党的大政方针、讲述红色故事、宣传先进典型，使党员群众在“微时间”中受教育、从小故事中悟大道理、从先辈先进中感受信仰力量。

（四）重治理，提升党建引领基层治理工作水平

坚持把党的建设放在首位，以党的建设贯穿、保障、引领基层治理。坚持政治引领和组织引领，加强党对基层各类组织的组织领导，引导各类组织做好群众工作并在服务中凸显党组织的地位，把党组织的意图变成各类组织参与治理的举措，把党组织的主张转化为群众的自觉行动。

1. 健全党组织领导下的社区居民自治机制

在社区党组织领导下，以社区居民委员会和居务监督委员会为基础，完善协同联动的社区治理架构。强化党组织领导把关作用，规范社区“两委”换届选举，防止不符合标准条件的人选进班子。全面推行社区党组织书记通过法定程序担任社区居民委员会主任、“两委”班子成员交叉任职。依法依规稳妥开展非户籍常住居民和党员参加社区“两委”换届试点，拓展外来人口参与社区治理途径。推进在业主委员会中建立党组织，符合条件的社区“两委”成员通过法定程序兼任业主委员会成员。通过发展党员、引导物业服务企业积极招聘党员员工、选派党建指导员等方式，加强社区物业党建联建，延伸党的工作手臂。建立党建引领下的社区居民委员会、业主委员会、物业服务企业协调运行机制，充分调动居民参与积极性，形成社区治理合力。

2. 领导社会力量参与基层治理

社会力量如何组织动员、社会活力如何有序激发是基层实践之中始终需要关注和研究的重要课题。在社会问题倒逼治理创新的形势下，应

对群团组织的价值理念、功能定位、工作方法等进行一系列创新，将其在政治资源、群众基础、组织网络、品牌打造、人才集聚等方面具有的独特优势与现代基层治理体系充分融合，从而有序激发社会活力。坚持党建带群建，党组织通过给群团组织派任务、提要求，促进党组织和群团组织资源共用、功能衔接。健全社会组织参与治理机制，培育公益性、服务性、互助性社会组织和群众活动团队，引领各类社会组织专业规范运作、依法依规办事。推动党的建设有关要求写入社会组织章程，善于使党组织推荐的人选通过法定程序成为社会组织负责人，善于使党组织意图成为社会组织参与治理的行动，支持党组织健全的社会组织有序承接政府转移职能和有关服务项目。

3. 推深做实网格党建

网格党建是根据社区管辖范围，将基层党组织纳入“网格党建”模式，科学教育并引导党员，联系并服务好群众，广泛参与社会治理创新。根据地域、居民、驻区单位、党组织和党员等情况，调整优化网格设置，整合党建、综治、城管等各类网格。将党支部或党小组建在网格上，选优配强党支部书记或党小组组长，建强专兼职网格员队伍，随时随地了解群众需求和困难。加强网格资源配置，把公共服务、社会服务、市场服务、志愿服务下沉到网格，精准投送到千家万户。建立街道社区党员干部包联网格、走访群众制度，打通联系服务群众“最后一公里”。

4. 建设覆盖广泛、集约高效的党群服务中心

综合区位特点、人群特征、服务半径等因素，整合党建、政务和社会服务等各种资源，统筹建设布局合理、功能完备、互联互通的党群服务中心，打造党员和群众的共同园地。重点依托街道、社区综合服务设施建好街道、社区党群服务中心（站点），区（县、市、旗）有关部门要把服务窗口下移到街道、社区，推行“一站式”服务和“最多跑一次”改革，让党员群众在家门口就能找到组织，享受便利服务。依托楼宇、园

区、商圈、市场或较大的企业，建设特色鲜明、功能聚焦的区域性党群服务中心（站点）。加强规范化建设，配备专职工作人员，完善工作保障和运行机制，真正把各类党群服务中心建设成为党领导城市治理的坚强阵地和服务党员群众的温馨家园。

二、健全城市基层党建上下联动体系

城市基层党建是一项系统工程。在基层党建整个链条中，哪个环节出了问题，都会影响正常运转。有些问题表现在下面，根子在上面。头痛医头、脚痛医脚，往往事倍功半。要按照条块结合、优势互补的原则整合党建资源，把市、区、街道、社区四级党组织联动起来，确保各项工作落地生根。

（一）健全上下联动组织体系

构建市、区、街道、社区四级联动机制，把城市基层党建作为一项系统工程，形成有机衔接、有序推进、有效运转的四级联动组织体系、责任体系、制度体系，合力推进城市基层党的建设。逐级明确党建工作职责任务，市委抓好规划指导，协调解决重大问题；区（县、市、旗）委提出思路目标，具体指导推动，发挥“一线指挥部”作用；街道党（工）委抓好社区党建，统筹协调辖区内各领域党建工作，整合调动各类党建资源，强化“龙头”带动；社区党组织落实上级党组织部署的各项任务，兜底管理辖区内小微企业和社会组织党建工作。逐级健全党建联席会议制度，明确成员单位职责，定期沟通、上下协同解决问题。上一级党建联席会议应当吸收下一级党组织成员参加，并强化对下一级党建联席会议的指导。街道、社区党建联席会议负责人，可由上级党员领导干部兼任。建立上级党组织对下级党组织的调度通报、动态管理、督促检查和跟踪问效制度。

（二）健全上下联动责任体系

区（县、市、旗）委履行第一责任，对全区党建工作进行定期研究，提出思路，制定政策，加强指导；区委主要负责同志和党员领导干部建立基层党建联系点，每人重点联系一个社区党组织，定期开展“解剖麻雀”式的蹲点调研，定期分析研判基层党建状况，研究解决党建工作中的困难和问题。街道党（工）委履行直接责任，在抓好自身建设的同时，统筹抓好社区党建、驻区单位党建、非公有制经济组织和社会组织党建，定期组织基层党组织书记参加业务培训，按期做好社区党组织换届工作。社区党组织履行具体责任，认真贯彻落实上级党委部署的各项任务，严格党内组织生活，坚持“三会一课”制度，定期组织党员开展活动，做好发展党员和党员教育管理工作，加强阵地建设、强化政治功能，实行党员入户、联系服务群众，履行辖区内小微企业和社会组织党建工作兜底管理职责。探索以块为主、条块融合、双向用力的具体抓手，健全双向压实责任、双向沟通协商、双向考核激励、双向评价干部的工作机制。行业系统部门要主动融入驻地中心任务和党建工作，定期与街道社区党组织沟通会商，共同解决问题。

（三）健全上下联动网络体系

整合各级党建信息平台、政务信息平台、城市管理服务平台等，实现多网合一、互联互通，促进党建工作与社会管理服务深度融合。推广“互联网＋党建”“智慧党建”等做法，利用大数据做好党建工作分析研判，利用微信、微博、移动客户端等新媒体，丰富党建工作内容和形式，巩固和扩大党的网上阵地。创新管理服务手段，树立“互联网＋”理念，把现代信息网络技术运用到基层党建工作。区级层面普遍建立信息管理服务系统，终端延伸到街道和社区，整合各部门各单位信息资源，建立大数据库，实现三级信息互联互通，在党组织与群众、可享资源与资源需求之间架起一座桥梁。无论在区里，还是在街道、社区，公共管理、公共服务、群众诉求、办理情况、党建信息等都一目了然。形成区域互动、数据共享、信息共联的基层信息化格局，做到情况动态掌握、资源有效利用、诉求及时回应、问题快速处理、服务精准有效、管理扁平高效，为基层党建插上信息化“翅膀”。

（四）健全上下联动制度体系

建立基层党建述职评议考核制度，厘清任务清单、问题清单、整改清单。建立基层党建调度通报制度，下级党组织及时报告情况，上级党组织及时通报情况。建立基层党建动态管理制度，每年对社区党组织进行排查，对排名靠后的特别是软弱涣散党组织进行整顿。建立督促检查制度，经常以不同形式开展检查抽查，及时发现和解决问题。建立跟踪问责问效制度，对履行责任不到位、工作出现问题的党组织书记进行约谈，问题严重的进行组织调整或处理。通过制度安排，真正让各级党组织联起来、动起来，上下共同发力，整体系统推进，一级抓一级，形成一盘棋，从而使组织联系更加紧密、社会动员更加有力、推动工作更为顺畅、服务群众更为有效。

三、着力建设素质优良的社区骨干队伍

建设一支素质优良的专业化社区工作者队伍，对加强城市基层党建至关重要。结合机构改革强化力量配备，在编制、职数、待遇等方面加大对街道社区的政策倾斜力度，形成在基层集聚人才、在一线创业成长的鲜明导向。

（一）健全选任机制

注重吸引政治觉悟高、热爱社区事业、热心服务群众、具有一定专业素养的人才到社区工作，建设一支数量充足、结构合理、管理规范、

素质优良的社区工作者队伍。立足政治素质高、文化程度高、工作水平高、年龄结构优的目标，坚持把年龄轻、素质好、工作能力强和有一定社区工作经验的优秀人才选拔到社区党群工作者队伍中。制定社区党群工作者队伍的来源、职业定位、岗位要求及准入机制，提升党群工作者的职业形象、社会地位和功能作用。重点选优配强社区党组织书记。把社区书记队伍建设纳入干部队伍、人才队伍建设总体规划，结合社区“两委”换届，打破地域、身份、职业界限，通过“三个一批”选优配强社区书记，即从社会选聘一批优秀党务工作者，从机关和事业单位选派一批优秀年轻干部，从社区工作者中选拔一批优秀党员担任社区书记。积极鼓励大学生，特别是吸纳政治素质好、有公益心、热心社区事务、有社会学专业背景的大学生，作为居民区派遣人员加入社区党群工作者队伍，建立社区党群工作者人才库，储备一批社区党务人才。

（二）优化培训机制

要以建立和完善培训体系为基础，形成以区委党校为主阵地的培训模式。区（县、市、旗）委组织部和街道党（工）委、社区实施对培训的规划、组织、协调、监控，对培训质量和效益进行考评。新招聘的社区工作人员应由区和街道进行岗前培训，接受基础理论、基本实务、基本技能培训，并进行社区工作资格考试，经考核合格后持证上岗。对任职期间的社区党组织主要负责人，届内各类培训累计不少于 30 天。定期组织技能测试、综合考核，并及时调整和充实新鲜血液，努力把这支队伍塑造成兼备党务工作与社会工作双重技能的队伍，以适应日新月异的社区党建需求。

（三）强化保障机制

健全社区工作者职业体系，设立岗位等级序列，按规定落实报酬待遇，形成正常增长机制。建立正向激励机制，加大表彰奖励力度，增强职业荣誉感，引导基层干部努力担当作为。坚持把社区专职党群工作者的薪酬与其社区工作年限及社区居民满意率结合起来，建立起社区党群工作者的薪酬自然增长机制，从根本上稳定社区党群工作者队伍。综合考虑所处行业薪金状况、社会工资总体水平、地区经济增长程度、岗位差别等因素，保证薪金制度有一定的弹性、梯度和上升通道，既增加就业安全感，也体现党群工作者的成长进步。事业人员的基础薪酬应与各单位现有事业人员同步，逐步缩小与街道内其他事业编制人员收入差距，各街道之间的标准也实现统一。聘用制人员的平均月收入，在现有基础上每年实行增长机制。改变现有“一刀切”的薪酬状况，在考评结果的专项奖励中拉开档次和差距，给以社区党群工作者有效的激励。健全财政投入保障机制，落实社区运转经费、党建工作经费、服务群众专项经费、服务设施和社区信息化建设经费，提升社区场所阵地服务承载能力。

（四）完善激励机制

通过建立资质认定、职称评定、等级晋升等各种激励机制，提高社区党群工作者的政治地位、经济待遇和职业声望，增强社区党群工作对社会人才的吸引力。加大从优秀社区工作者中招录（聘）公务员或事业单位工作人员、选拔街道干部力度。设立职业上升通道，探索把社区党组织书记纳入事业编制，可考虑对连续任职满两届、表现优秀的社区党组织书记，经过规定程序纳入事业编制，在岗退休的享受事业编制退休待遇，中途离开书记岗位的人走编留。暂不符合事业编制条件的社区党组织书记，享受事业人员工资待遇。加大从社区党组织书记中定向招录公务员和事业编制人员力度，公开选拔优秀社区党组织书记担任街道领导干部。鼓励社区党群工作者经组织同意参加社工职业资格考试或政工系列职称评定，按已有的政策给予相应的职称津贴，切实解决社区工作者的体制问题、身份问题、待遇问题、出路问题，增强了他们的“尊严感”“荣誉感”“获得感”“成就感”。

延伸阅读

上海黄浦区：树立“大数据”理念 实现党建引领下的社区治理创新

中共上海市黄浦区瑞金二路街道党工委在强化基层党组织作用思路的指引下，为更好提升党建工作成效，丰富传统治理手段，以打造党建引领下的社区治理综合平台为契机，针对社区治理中部分数据分散，精准度不高，交互不畅等问题，运用“大数据”思维，开发了社区治理数据库。社区治理数据库围绕“IDEA”设计思路，开发了查询（Inquiry）、分析（Analyzation）、会诊（Diagnoses）、应急（Emergency）四大功能。以汇集街道各工作数据为基础，以黄浦区人口信息库、网格管理平台、“12345”市民服务热线等业务平台提供的数据为依托，以手机应用、小区视频监控、GIS 动态地图等采集的动态数据为补充，突显社区治理中“人、事、部”三大元素，使党建工作在引领社区治理的手段运用中，更加具有针对性，提高施策精准性。

（一）分类梳理，清晰个体，深化数据的查询功能

通过打破街道各项工作的信息边界，对各类社区数据重新予以梳理、关联和管理，并以标签化方式实现数据的精准定位，清晰生活和工作在社区人群的行为特征。一是进行数据梳理。汇总八个办公室各类工作项目，并按项目对应形成数据子库，一个数据子库即为一个标签。二是进行数据查询。针对不同查询需求，设定模糊和复合 2 种查询模式，在模糊查询中输入姓名、身份证号或地址即可查询相关信息；复合查询中通过叠加不同字段或标签，满足子库与子库间的复合查询，准确定位查询结果。三是进行数据管理。增强数据开放性，按需增加数据子库和相应标签。目前，数据库数据总量已达 977199 条，已累计生成人口标签 59 个、事件标签 30 个、部件标签 5 个，总计 94 个数据标签，其中党建标签 14 个，重点涵盖党员、党组织基本信息，区域化党建联建单位，党组织活动等党建工作的方方面面。

（二）科学分析，精准施策，强化数据的交叉对比

数据库对党员党龄、居民区党员占比、“两新”单位组织覆盖、老龄人口情况、外来人口管理等基层党建和社区治理中关注度高、影响面大、变化性快的43项重点数据进行了科学分析。深度挖掘数据背后的价值，完善问题的发现机制，使基层党建工作和社区治理更有针对性，两者结合更加紧密。一是分类展示，将党建工作情况和社区综合情况进行集中展示，对各项工作进行细化分析。二是交叉比对，将党建工作和社区治理的工作数据，进行关联比对，找出工作关联性。三是强化互动，将党员、党组织、共建联建单位、驻区单位、“两新”单位等党建工作数据同GIS地图展示相结合，通过动态撒点、复合点选的方式，直观展示基层党建工作状态。通过网格案件类型分析、GIS地图和实时监控，针对瑞金医院周边区域无证设摊、机动车乱停放、医托等问题，配合区域化党建联建项目瑞金医院联勤联动站，及时调配各方力量，降低发案率，提高管理成效。

（三）整合资源，强化会商，拓宽数据的广泛应用

针对社区综合性问题，由主办部门线上发起“会诊”，通过协办部门数据共享，参与“综合施策”，让协商更便捷，过程更清晰，提升了疑难问题的处置效率，形成了一批可复制、可推广的典型案例。通过会诊的开放性，可以随时发挥党建的引领作用，在问题的解决过程中，一方面，可以利用共建联建平台内的社区党建资源，共同参与问题的解决，另一方面，也通过党建指导下的自治共治建设，将好的、成熟的案例推广出去。如为解决南昌路雁荡暴露垃圾网格案件发生率较高的问题，社区管理办发起线上会诊，召集党建办、社区自治办、雁荡社区、绿化市容所五方共同会商，通过对数据库分析发现沿街店面的装修是产生问题的主要原因，且居民对暴露垃圾进行自治的愿望非常强烈。根据这一情况，在党建办和自治办指导下，成立了“乐安坊”居民自治组织，并在行政力量支撑下，共同做好暴露垃圾的管理工作。

（四）创新技术，方便快捷，打造全天候的服务体系

配套数据库开发的“黄浦瑞金”手机APP具有数据实时采集、自动采集、强化沟通的功能优势，同时，将移动数据同数据库对接，也提升了数据库的完整性、及时性和高效性。目前，APP已经形成了“政务厅、党建党群、养老服务、自治活动、文明曝光台和便民服务”六大功能板块，开发了“扫一扫”数据采集应用，可以及时了解党员、居民活动和社区情况，积极拓展信息传递、意见征集的渠道，动员党员和居民群众广泛参与到社区治理中来。同时，通过APP及时进行“双报到”，加入线上“三会一课”，进行组织生活。通过“扫一扫”功能，将党员、党组织参与的相关活动，对接数据库进行全程记录。形成个性化的“党员档案”“组织档案”，清晰党员和党组织在社区治理中的参与力度，形成有说服力的考核依据。强化了基层党建工作的组织管理作用，有利于充分发挥党员、党组织在参与社区治理中的作用。

（《上海黄浦区：树立“大数据”理念 实现党建引领下的社区治理创新》，人民网，2017年8月9日）

第五章

推动机关企事业单位党组织充分发挥作用

习近平总书记强调，“党的领导落实到基层还有不少‘中梗阻’”，并对国有企业、高校等党建工作存在的突出问题，要求“进行系统梳理，理顺体制，完善机制，把党的领导贯彻落实到位，把党的建设落到实处”。要认真解决这些问题，推动机关企事业单位党组织发挥作用。国有企业党建重点是贯彻《中国共产党国有企业基层组织工作条例（试行）》，持续推动全国国有企业党的建设工作会议30项重点任务落实，筑牢党执政兴国的重要支柱。聚焦解决国有企业二级以下企业党建工作“层层递减”问题，推动各级企业特别是一级、二级企业领导班子成员，层层建立基层党建工作联系点，推进人事管理和基层党建由一个部门抓、一个领导管。机关党建重点是贯彻《中国共产党党和国家机关基层组织工作条例》、中央和国家机关党的建设工作会议精神，聚焦解决机关党建“灯下黑”“两张皮”问题，推动部门党组（党委）履行主体责任，努力建设风清气正的政治机关。高校党建重点是贯彻部属高校党的建设和思想政治工作座谈会精神，推动地方党委履行属地管理责任、主管部委结合领导班子建设履行管党责任。公立医院党建重点是贯彻《关于加强公立医院党的建设工作的意见》，特别要理顺公立医院党建工作领导体制，完善议事规则。总结宣传医疗卫生系统党组织和党员医务工作者的先进事迹，以此为契机，加强医院党组织和党员队伍建设。非公企业和社会组织是扩大基层党的组织覆盖和工作覆盖的重点所在。要深入开展摸底排查，多措并举扩大覆盖，坚持抓“龙头”示范带动，进一步严密党的组织体系。

农村工作和城市工作是各级党委工作的两大阵地，二者相辅相成、缺一不可。《中国共产党组织工作条例》着眼提升党的组织和工作覆盖质量，就大力加强农村、城市等各领域基层党组织建设，形成纵向到底、横向到边、合纵连横的“大党建”格局，作出了明确规定。我们要在整体推进农村、城市两大阵地基层党建，系统梳理，理顺体制，完善机制，分类加强企业、机关、事业单位、非公企业和社会组织等专业领域基层党建，切实疏通党的领导落实到基层过程存在的“中梗阻”，把党的领导贯彻落实到位，把党的建设落到实处。

一、加强机关党建工作

机关党的建设是机关建设的根本保证。党和国家各级机关地位重要，肩负的责任重大，机关党的建设对其他领域党建起着表率和风向标作用。“欲筑室者，先治其基。”要贯彻《中国共产党党和国家机关基层组织工作条例》、中央和国家机关党的建设工作会议精神，切实加强和改进机关党的工作，全面提高机关党的建设质量，充分发挥机关基层党组织作用，建设让党中央放心、让人民群众满意的模范机关。

（一）坚持把政治建设摆在首位

加强机关党的基层组织建设，必须把政治建设摆在首位，建设让党中央放心、让人民群众满意的模范机关，为坚持和完善中国特色社会主义制度、推进国家治理体系和治理能力现代化服务。要以习近平新时代中国特色社会主义思想为指导，强化理论武装，增强“四个意识”、坚定“四个自信”、做到“两个维护”，自觉地在思想上政治上行动上同以习近平同志为核心的党中央保持高度一致，把党中央的各项决策部署落到实处。把不忘初心、牢记使命作为加强党的建设的永恒课题和全体党员干部的终身课题，形成长效机制，锤炼党员干部忠诚干净担当的政治品格，有计划地对年轻干部进行理想信念宗旨教育。严明党的政治纪律和政治规矩，严肃党内政治生活，发展积极健康的党内政治文化。加强对党忠诚教育，落实“四个服从”，严格执行重大事项请示报告制度。提高政治能力，强化政治担当，强化制度执行力，推动党的主张和决策部署转化为本单位本领域的政策法规、制度措施，提升治理效能。发扬斗争精神，有效防范化解风险。坚持全心全意为人民服务的根本宗旨，贯彻党的群众路线，完善党员干部联系群众制度，为群众办实事、解难事。对机关工作人员进行政治理论教育，爱国主义、集体主义、社会主义教育，形势政策教育，纪律和廉政教育，政治品德、职业道德、社会公德、家庭美德教育，引导机关工作人员弘扬优良传统作风，保持为民务实清廉的政治本色。

（二）建强机关党的基层组织体系

本固才能枝荣，根深才能叶茂。加强机关党的基层组织建设，关键是建强机关党的基层组织体系，让基层组织的经脉气血畅通起来，让党支部强起来。要处理好党建和业务的关系，坚持党建工作和业务工作一起谋划、一起部署、一起落实、一起检查，解决好“两张皮”问题，做到深入融合、相互促进，切实增强党建工作的针对性和有效性。要推进党支部标准化、规范化建设，严格党员教育管理，强化机关基层党组织的日常监督，引导党员干部严格按照制度履行职责、行使权力、开展工作，防止制度成为“橡皮筋”“稻草人”。要选拔政治强、业务精、作风好的干部从事党务工作，加强教育培训，提高素质能力，把党务干部培养成为政治上的明白人、党建工作的内行人、干部职工的贴心人，为加强机关党建提供坚实组织和人才保障。机关党的基层委员会和不设党的基层委员会的总支部委员会的书记，应当由本单位党员负责人担任。党员人数和直属单位较多的机关党的基层委员会，设专职副书记。党支部书记原则上由本单位党员主要负责人担任。书记、副书记在任期内职务变动，应当征得上级党组织同意。机关党的基层委员会应当设立机关党的纪律检查委员会。机关党的纪律检查委员会书记由机关党的基层委员会副书记担任。机关党的总支部委员会和支部委员会设立纪律检查委员。机关党的纪律检查委员会在同级机关党的基层委员会和上级机关纪检监察工作委员会双重领导下进行工作，接受派驻纪检监察组的业务指导和监督检查。

（三）牵住党建工作责任这个“牛鼻子”

抓好抓实机关党的基层组织建设，必须牵住党建工作责任这个“牛鼻子”，形成抓党建工作的合力。机关党建责任主体包括各级党委、机关工委、机关纪检监察工委、单位党组（党委）、派驻纪检监察组以及机关党委、机关纪委，要进一步明确各自职责，理顺工作关系，解决机关党建“灯下黑”“两张皮”问题。机关党组（党委）要牢固树立抓机关党建是本职、不抓机关党建是失职、抓不好机关党建是渎职的理念，把机关党的建设摆在重要位置来抓，加强对本单位党的建设的领导。党组（党委）主要负责同志要履行第一责任人责任，带动班子其他成员落实好“一岗双责”，机关工委要指导督促党组（党委）落实机关党建主体责任，共同锻造模范机关、过硬队伍，不断提高机关党的建设质量。机关党建工作在各级党委领导下，由同级机关工委统一领导、单位党组（党委）具体领导和管理。机关工委加强对所属机关党的工作的统一领导，指导督促党组（党委）履行机关党建主体责任。党组（党委）要领导机关和直属单位党组织的工作，每年通报抓机关党建工作情况、接受评议，同时加强对党组织关系实行属地管理的下级单位、归口领导或管理单位党建工作的指导。将落实机关党建责任、加强机关党建工作情况纳入各单位领导班子以及领导干部考核内容，开展党组织书记抓基层党建述职评议考核工作。

二、加强国企党建工作

国有企业是中国特色社会主义的重要物质基础和政治基础，是我们党执政兴国的重要支柱和依靠力量，承担了大量社会功能和责任，提供了大量的就业岗位，维护了国家的政治经济稳定。搞好国有企业不仅是重大的经济问题，而且是重大的政治问题。

（一）国有企业必须始终坚持党的领导

坚持党的领导、加强党的建设，是我国国有企业的独特优势。长期以来，国有企业党组织作为执政党的基层组织，担负着重任：着眼大局，牢牢把握企业改革发展的正确方向；教育监督干部，锤炼思想政治素质高、专业领域业务强的人才队伍，帮助一批经济领域的执政骨干迅速成长；联系群众，全心全意依靠工人阶级，充分依靠和调动职工群众的积极性和创造性，不断增强企业凝聚力和战斗力；等等。国有企业党委（党组）发挥领导作用，把方向、管大局、保落实，在公司治理中发挥着不可替代的作用，这恰恰是国有企业有别于其他所有制企业的重要优势。坚持党对国有企业的领导不动摇，一定要保证党和国家方针政策、重大部署在国有企业贯彻执行；坚持服务生产经营不偏离，把提高企业效益、增强企业竞争实力、实现国有资产保值增值作为国有企业党组织工作的出发点和落脚点，以企业改革发展成果检验党组织的工作成效和战斗力；坚持党组织对国有企业选人用人的领导和把关作用不能变，着力培养一支宏大的高素质企业领导人员队伍；坚持建强国有企业基层党组织不放松，确保企业发展到哪里、党的建设就跟进到哪里、党支部的战斗堡垒作用就体现在哪里，为做强做优做大国有企业提供坚强组织保证。

（二）坚持把党对国有企业的领导落到实处

坚持党对国有企业的领导不动摇，要在组织方面进行落实。确保党组织的领导核心地位，是在一个核心的前提下，组织上分立设置、人员上交叉任职、职责上明确边界，即同步建立党的组织机构和公司治理的组织架构，而不是在实践中将企业政治建设和经营工作割裂开来。要重点推进党委（党组）和董事会建设，在公司制的治理关系中，建立健全权责对等、运转协调、有效制衡的决策、执行和监督机制，充分发挥董事会的决策作用、监事会的监督作用、经理层的经营管理作用。关系企业政治方向和重大战略性的决策，党委（党组）要发挥领导核心作用，在事关方向和全局的事项上行使决定权和监督权，例如企业的经营方针、中长期规划、年度预决算事项、重要的规则制度等，须经党委（党组）讨论把关，并负责监督经理层的执行落实，提出考核奖惩意见。从而保证党组织的领导作用的发挥。坚持党管干部原则，保证党对干部人事工作的领导权和对重要干部的管理权，坚决遏制选人用人上的不正之风，营造风清气正的良好政治生态。加大市场化选聘力度，探索实行职业经理人制度，扩大选人视野，拓宽人才来源。完善激励约束机制，对国有企业领导人员，既要从严管理，又要关心爱护，让他们放开手脚干事、甩开膀子创业。抓紧制定中央企业和地方国有企业前置研究事项清单示范文本，督促指导各企业尽快完成制定修订工作。

（三）加强国有企业党的建设

加强国有企业党的建设，是坚持党对国有企业领导的坚强保证。坚持党建改革发展同步谋划，凡是国有企业在重组、歇业、整合、关闭等改革中都要做到党的组织及工作机构同步设置、党组织负责人及党务工作人员同步配备、党的建设同步谋划、党的工作同步开展，实现体制对接、机制对接、制度对接和工作对接，充分发挥党组织的领导核心和政治核心作用、基层党组织战斗堡垒作用和党员先锋模范作用。切实加强基层党组织建设，着力解决党的组织和工作覆盖不到位的问题，按照全面覆盖、有效覆盖的要求，在集团、控股企业、上市公司、参股和混合所有制企业、投资项目等国有企业各个层面，构建严密的组织网络，全面解决党组织“应建未建”的问题。聚焦解决国有企业二级以下企业党建工作“层层递减”问题，推动各级企业特别是一级、二级企业领导班子成员，层层建立基层党建工作联系点，推进人事管理和基层党建由一个部门抓、一个领导管。抓紧落实“把党支部书记岗位作为培养选拔企业领导人员的重要台阶”“把党务工作岗位作为培养企业复合型人才的重要平台”等要求，推动各企业拿出具体制度举措。建立健全国企党的建设工作机构，本着精干、高效、协调和有利于加强企业党的工作的原则，根据国有企业的规模、党员人数和工作需要等不同情况，设置国有企业党组织内部机构。加强党务工作干部与其他岗位干部轮岗、与同一单位不同板块的党务工作干部交流，注重从党务工作干部中选拔培养业务骨干。严格落实同职级、同待遇政策，推动党务工作人员与其他经营管理人员双向交流。强化组织领导，落实各级党委组织领导责任、部门指导督促责任、企业党委主体责任，建立、加强和改进国有企业党建工作的任务清单，明确完成时限和实施路径，定期督查考核、跟踪问效，把国有企业党建工作成效转化为实实在在的发展优势。

三、加强高校党建工作

高校肩负着学习研究宣传马克思主义、培养中国特色社会主义事业建设者和接班人的重大任务。加强党对高校的领导，加强和改进高校党的建设，是办好中国特色社会主义大学的根本保证。各级党委和宣传思想部门、组织部门、教育部门要加强对高校党的建设工作的领导和指导，坚持党的教育方针，坚持社会主义办学方向，加强和改进思想政治工作，切实把党要管党、全面从严治党落到实处。

（一）坚定高校办学正确政治方向

办中国特色社会主义高校，方向问题始终是根本问题。高校全面贯彻党的教育方针，必须坚持党对高校的领导，用习近平新时代中国特色社会主义思想武装师生，把正确的政治方向贯穿到办学育人的全过程。始终把党的政治建设摆在首位，依托校院两级中心组学习、教职工政治理论学习等制度，持续深入推进习近平新时代中国特色社会主义思想学习教育，引导党员干部和广大师生增强“四个意识”、坚定“四个自信”、做到“两个维护”，确保在政治立场、政治方向、政治原则、政治道路上同以习近平同志为核心的党中央保持高度一致。自觉把学校发展方向同建设现代化强国的现实目标和重点任务紧密联系到一起。按照习近平总书记提出的“四个服务”“四个坚持不懈”要求，紧扣“面向国家重大战略需求，面向经济社会主战场，面向世界科技发展前沿”，推动办学理念更新，健全需求响应机制，加速产教融合进程，提高办学适应社会需求的主动性，提升服务经济社会发展的能力。聚焦立德树人根本任务，切实把加强和改进思想政治工作的责任扛起来，树牢正确的政治方向和价值导向，以培育和践行社会主义核心价值观为主线，全方位加强课程育人、科研育人、实践育人、文化育人、网络育人、心理育人、管理育人、服务育人、资助育人、组织育人等体系建设，推动形成“大思政”工作格局，培养德智体美劳全面发展的社会主义建设者和接班人。

（二）提升高校基层党组织组织力

高校基层党组织是党在高校全部工作和战斗力的基础。要聚集“上热中温下凉”的问题，深入抓基层打基础，突出强化高校基层党组织政治功能，积极拓展服务功能，着力提升组织力，充分发挥高校基层党组织在贯彻党的教育方针、服务学校中心工作、团结发动师生等方面的战斗堡垒作用。要优化基层党组织设置，以有利于组织生活、有利于作用发挥、有利于服务学生成长成才为导向，扩大改革试点，将院系教职工支部全面建在教研室、科研团队，将学生支部建到学生社团，在每栋宿舍成立党员宿舍工作部，着力解决教职工党支部建设虚化和学生宿舍党建缺位等问题，实现高校基层党组织设置重心下移、全面覆盖、有效覆盖。加强基层党组织带头人队伍建设，推进教师党支部书记“双带头人”培育工程，优先配齐配强分党委（党总支）书记，同步加强与教学科研骨干队伍的联动建设，注意把有条件的党务工作者培养成教学科研骨干，把院部行政负责人、教学科研骨干培养成基层党组织负责人，逐步实现基层党组织带头人既精通党建也熟悉业务。注重强化基层党组织功能，深入推进“两学一做”学习教育常态化制度化，巩固“不忘初心、牢记使命”主题教育成果，坚持从落实“三会一课”等基本制度严起，强化基层党组织政治功能。广泛开展新老党员结对帮扶、师生党员社区服务登记、师生支部与社企结对共建等基层党建创建。深入实施党员“双培”工程，不断提高发展青年教职员工和大学生党员质量。

（三）强化高校党委领导核心作用

高校党委承担着管党治党、办学治校的主体责任，履行把方向、管大局、作决策、抓班子、带队伍、保落实的领导职责。面对新时代高等教育改革发展新任务，高校党委要以习近平新时代中国特色社会主义思想为指导，增强发挥领导核心作用的思想自觉和政治担当，坚持从完善领导机制入手，保障和加强党对学校工作的全面领导。健全班子自身能力建设机制，建立健全党委班子成员带头抓学习、带头作调研、带头改作风等制度，打造信念坚定、政治可靠，严守党规、依法治校，作风优良、清正廉洁，改革创新、敢于担当，能力过硬、实绩突出的领导班子。健全党委科学规范决策机制，贯彻落实党委领导下的校长负责制，健全党委和行政工作规则、党委会和校长办公会议事规则、“三重一大”事项决策实施办法等，落实党政主要负责人不直接分管人财物等要求，保证校长依法行使职权，独立负责地开展工作，实现党委统一领导、党政分工合作、充分协调运行。推动各地各高校对照《普通高等学校党委常务委员会会议和校长办公会议议事规则示范文本》抓好修订工作，研究制定高校院（系）党组织会议、党政联席会议议事决策规则示范文本。健全压力传导机制，建立健全党建工作问题清单、任务清单、责任清单，细化界定党委（党总支）主体责任、书记第一责任、班子成员“一岗双责”、纪检机关专责和党委部门职能责任等。贯彻好党管干部原则，坚持正确选人用人导向，突出政治标准，加强专业能力、专业精神培养，将好干部标准落到实处。加大选派优秀年轻党员干部到地方挂职锻炼、到企业实践研修，注重在基层一线发现、培养和选用年轻干部。落实辅导员“双重身份”“双线晋升”，推进辅导员队伍专业化职业化建设。

四、加强公立医院党建工作

公立医院是我国医疗服务体系的主体，是党领导的卫生健康战线的生力军，是党联系人民、服务群众的重要窗口。当前公立医院党的领导体制机制同全面加强党的领导、全面从严治党的要求还不完全适应，同全面深化公立医院综合改革、健全现代医院管理制度的要求还不完全适应，公立医院党的建设方面还存在一些薄弱环节，迫切要求我们贯彻加强公立医院党的建设工作的意见，特别要理顺公立医院党建工作领导体制、完善议事规则，切实加强公立医院党的领导和党的建设工作。

（一）实行党委领导下的院长负责制

公立医院实行党委领导下的院长负责制。党委等院级党组织发挥把方向、管大局、作决策、促改革、保落实的领导作用。院长在医院党委领导下，全面负责医院医疗、教学、科研、行政管理工作。党委会议由党委书记召集并主持，研究和决定医院重大问题，不是党委委员的院长、副院长可列席党委会议。院长办公会议是医院行政、业务议事决策机构，由院长召集并主持。重要行政、业务工作应当先由院长办公会议讨论通过，再由党委会议研究决定。健全医院党委会议、院长办公会议等议事决策规则，明确各自决策事项和范围，不得以党政联席会议代替党委会议。实行集体领导和个人分工负责相结合的制度，凡属重大问题都要按照集体领导、民主集中、个别酝酿、会议决定的原则，由党委集体讨论，作出决定，并按照分工抓好组织实施，支持院长依法依规独立负责地行使职权。重大问题在提交会议前，党委书记和院长要充分沟通、取得共识。加强党务、院务公开，强化民主管理和民主监督。

（二）加强医院领导班子和干部队伍建设

加强公立医院党的建设，领导班子是关键。要把医院领导班子和干部队伍建设摆在突出位置，发挥引领作用，选优配强领导班子。根据《事业单位领导人员管理暂行规定》《公立医院领导人员管理暂行办法》，按照干部管理权限和政治强、促改革、懂业务、善管理、敢担当、作风正的标准，选优配强医院党政领导班子成员。党委书记和院长要由胜任岗位职责所必需的专业知识和职业素养、熟悉医疗卫生行业发展情况和相关政策法规、有先进的医院管理理念和实践经验、符合深化医药卫生体制改革和健全现代医院管理制度需要、业界声誉好的人担任。推动落实公立医院领导人员任期制和任期目标责任制，完善领导人员交流制度。医院领导人员要确保把主要精力和时间用于医院管理，允许实行院长聘任制，推进职业化建设。定期轮训公立医院领导班子成员，坚持医院领导班子理论中心组学习制度。医院党委要按照干部选拔任用有关规定，制定公立医院内部组织机构负责人的选拔任用流程和规定，把好思想政治关，注重专业能力、专业精神。健全干部培养教育、交流锻炼和监督约束制度，完善考核评价体系。完善人才使用和引进管理办法，建立医院领导班子成员联系高层次人才制度。搭建不同层次人才发展平台，探索建立以需求为导向，以医德、能力、业绩为重点的人才评价体系。

（三）着力提升公立医院基层党建工作水平

公立医院章程要明确党组织的设置形式、地位作用、职责权限和党务工作机构、经费保障等内容要求，明确党委研究讨论医院重大问题的机制，把党的领导融入医院治理各环节，使党建工作要求得到充分体现。医院内设机构党支部要突出政治功能，加强对党员的直接教育、管理、监督，做好组织、宣传、凝聚、服务群众工作。参与内设机构重大问题的决策，保证内设机构行政负责人充分行使职权。严格执行“三会一课”、组织生活会、民主评议党员等制度。推进党组织和党的工作全覆盖，坚持应建尽建，确保党组织全面覆盖医院各内设机构及所属各单位。党支部书记一般应当由内设机构负责人中的党员担任，内设机构主要负责人和党支部书记由一人担任。做好发展党员和党员教育管理工作，把政治标准放在首位，注重发展医疗专家、学科带头人、优秀青年医务人员入党。创新党组织活动内容方式，推动党组织活动与医院工作有机融合，充分发挥党员先锋模范作用。在新冠肺炎疫情防控中，各级医院党组织和广大医务工作者冲锋在前，发挥了火线上的中流砥柱作用，立了首功。要总结宣传医疗卫生系统党组织和党员医务工作者的先进事迹，以此为契机，加强医院党组织和党员队伍建设。

五、加强非公企业和社会组织党建工作

非公企业和社会组织是党的工作和群众工作的重要阵地，是党的基层组织建设的重要领域。全面落实中央关于加强非公企业和社会组织党建工作的部署要求，坚持全面从严治党，坚持继承与创新结合，健全与落实并重，通过规范组织设置、规范队伍建设、规范组织制度、规范载体创新、规范保障举措，不断扩大党的组织覆盖和工作覆盖，努力使党组织设置更加科学，党建力量更加壮大，党建制度更加完善，党组织和党员作用发挥更加明显，党建工作保障机制更加健全，党建工作水平明显提高。

（一）提升“两个覆盖”质量

非公企业党建按照“属地管理为主、行业管理为辅”的原则，社会组织党建按照“行业管理为主、属地管理为辅”的原则，合理划分非公企业和社会组织党组织隶属关系。对一些难以确定隶属关系的企业党组织，由县委组织部与有关党组织协商后，委托有关部门或单位党组织管理。科学设置党组织，是提高非公企业和社会组织党组织和党的工作覆盖质量的前提。要按照“一企一策”“一社一策”的要求，采取多种方式，切实扩大党的组织覆盖面。一是单独建，凡有三名以上正式党员的，都要按照党章规定，经上级党组织批准，单独建立党组织。二是派驻建，有二名正式党员的，上级党组织可选派一名负责人，组建孵化党组织。待正式党员达到规定要求后，单独建立党组织。三是联合建，有二名以下正式党员的，可以按照行业相近、产业相通的原则，依托业务主管部门或同类型规模较大的非公企业和社会组织，联合建立党组织；可以按照区域相邻、就近就便的原则，在街道、园区、楼宇等统一建立党组织。对没有党员的，要通过选派党建工作指导员和建立工会、共青团、妇联等途径，做好联系职工群众、培养推荐入党积极分子等工作，条件成熟时及时建立党组织。鼓励党员把组织关系转入到非公企业和社会组织党组织中。对暂时不能转移组织关系的，要按照“一方隶属、参加多重组织生活”的原则，可以不转组织关系，但要通过建立特设党支部、兼合党支部、拓展党支部、功能党支部、临时党支部等形式，将党员纳入有效管理。

（二）增强班子和队伍活力

结合非公企业和社会组织的党组织设置，同步健全党组织班子，特别是要按照“守信念、讲奉献，重品行、懂经营，会管理、善协调，热爱党务工作和熟悉群众工作”的标准，通过内选、外聘、推荐、选派等多种方式，选优配强非公有制企业党组织书记。推行党组织班子与管理层成员“双向进入、交叉任职”，凡符合条件的董事会、监事会和经理层中的党员负责人，一般应通过法定程序担任党组织领导班子成员。要采取“一对一”或“一对多”的方式，选派政治素质高、责任心强、熟悉党建业务的党员干部担任非公企业和社会组织的党建工作指导员，确保实现全覆盖。党建工作指导员具体负责非公企业和社会组织的党组织组建、党员教育管理、帮建群团组织等工作，每半月至少到所联系的党组织指导开展一次活动。非公企业和社会组织党组织要明确一名党组织班子成员负责党务工作，并配备一名专兼职党务工作人员。提倡党员在工作期间佩戴党徽，在工作岗位、设备等显著位置设置党员标识。组织党员争当党员示范岗、争建党员责任区和争当先锋党小组（车间、科室），把业务骨干培养成党员，把党员培养成业务骨干，把业务骨干中的优秀党员培养成单位中层领导直至高层领导。

（三）提升党的组织生活

着力推进“两学一做”学习教育常态化制度化，切实用好“三会一课”等基本制度。结合形式发展和工作实际，广泛组织党员开展情景式党课、班前班后“微课堂”、学习小组等活动，充分调动激发广大党员的参与热情。积极运用好微信、微博、客户端等“两微一端”新媒体，打造“指尖上的课堂”，定期发布和推送学习内容，组织党员开展线上学习、交流互动，切实增强学习教育的吸引力和感染力，不断扩大学习教育覆盖面。落实主题党日制度，原则上在每月的第一个周五开展党组织主题党日活动。主题党日主题一般由非公企业和社会组织党组织自主确定。主题党日的内容主要是党员教育、党务公开、民主议事和志愿服务等方面。定期召开组织生活会，每年至少开展一次党员组织生活会，会前应广泛征求党员群众的意见建议，开展党组织书记与班子成员、班子成员与党员谈心谈话；会上查摆问题，开展批评和自我批评，深入查找党组织和党员自身存在的突出问题，明确努力方向和整改措施；会后制定整改措施，逐一落实。做好民主评议党员工作，每年开展一次民主评议党员，在党员个人自评的基础上，参会党员进行互评，评议结果报上级党组织备案。对评议不合格的党员要进行教育转化，要求其限期整改，对帮教仍不转化的，按照党内有关规定严肃处置。要重视在生产、工作第一线和青年中发展党员，注重把生产经营骨干培养成党员。严格工作程序，严格标准条件，严格制度规范，实行全程票决、全程公开、全程纪实，做到成熟一个、发展一个，保证发展党员质量。对党员参加组织生活、发挥作用等情况，实行量化管理，将积分情况作为评先树优的重要依据。

（四）加大保障力度

按照“有场所、有设施、有标志、有党旗、有书报、有制度、有公示牌、有党建成果展示栏”的“八有”基本标准，完善党员活动阵地，满足党员活动需要。单独组建的党支部要单独建立活动场所。联合组建的党支部可依托较大的一家企业或社会组织建立活动场所。挂靠组建的党支部可与挂靠的企事业单位、村党组织场所共用、资源共享、活动共办。在活动场所建设上，要注重与生产经营特点相结合、与文化建设相结合、与宣传企业和社会组织相结合，彰显时代特色。完善档案资料，认真填好《党支部工作手册》，切实做到内容详尽，逻辑清楚，字迹工整。同时，要完善相关工作台账，包括各级党组织文件、年度工作计划和总结、先进事迹材料、党费收缴明细、请示批复等资料。要分类收集和整理好各项党建活动的文字、影像档案资料，做到一月一收集，一季一整理，一年一归档。建立健全经费保障机制，将非公企业和社会组织党组织工作经费纳入企业管理费用，对于不超过职工年度工资薪金总额1%的部分，非公企业可据实在企业所得税前扣除。探索建立党费拨返制度，将非公企业和社会组织党员交纳的党费适当返还给非公企业和社会组织党组织，用于开展党建活动。探索采取企业赞助、党员自愿捐助等方式，多渠道解决经费问题。

（五）加强组织领导

各级党组织要把加强非公企业和社会组织党建工作，作为促进党建与发展互利双赢的重要载体和有力抓手，并将其纳入党建工作目标责任，摆上重要议事日程。非公企业和社会组织党（工）委要履行好组织协调职责，深入调查研究，整合资源力量，制定具体方案，抓好工作落实，把该项工作作为单独部分纳入履行基层党建工作责任述职评议重要内容。非公企业和社会组织党组织要切实增强抓好党建工作的主动性和积极性，实现党建工作与生产经营协调发展、同步推进。对党建工作不重视、党组织和党员作用发挥不好的非公企业和社会组织负责人，一律不得推荐提名为各级“两代表一委员”，一律不得评为“劳动模范”等各类先进。各有关责任主体单位要认真分类梳理、制定方案计划、研究具体措施，落实好各项重点工作任务。要大力选树典型，实现以点带面，全面推进。及时总结和推广非公企业和社会组织党建规范化建设的成功做法和新鲜经验，使非公企业和社会组织党组织及党员学有榜样、赶有目标。充分发挥新闻媒体作用，加大宣传力度，努力营造有利于非公企业和社会组织党建工作的良好氛围。

延伸阅读

北京海淀：创新两新组织党建云模式 深播基层红色阵地红种子

北京市海淀区海淀街道红帆党群服务中心以习近平新时代中国特色社会主义思想和党的十九大精神为指导，认真贯彻全国组织工作会议精神，全面落实新时代党的建设总要求，突出政治功能，以提升基层党组织组织力为重点，总结交流和宣传基层党建工作的好做法和好经验，推动基层党建全面进步、全面过硬。

1. 提出党建云模式概念，建设党建红色阵地

在街道党工委直接领导下创设的红帆非公党建阵地包括一个中心、一个红帆书屋、五个中心站，辐射 25 个楼宇工作站（“1+1+5+25” 工作法）。一个中心就是 e 世界红帆党群服务中心，五个中心站就是位于创业公社、互联网金融中心、左岸工社、理想国际大厦和中关村大厦的五个中心工作站。

海淀街道依托红帆党建阵地构建了“1+1+5+25” 的商务楼宇工作站网格化管理体系，我们把这个网格管理体系形象地命名为：“两新” 党建云模式。即，把商务楼宇作为“竖立的社区” 进行管理，实现了街道党工委、红帆中心站和楼宇工作站三级联动的非公党组织覆盖与党的工作覆盖的有机结合，形成了立体式、跨领域、全覆盖的商务楼宇党建工作网络体系，构筑了辖区非公党建工作的新格局。

在“三级联动”“两个覆盖” 的强力组织之下，“两新” 组织的党建工作得以迅速展开。“两新” 组织纷纷建立红色党建阵地，学习宣传贯彻十九大精神，宣传党的方针、路线、政策，治党、治国理念。

2. 树红色党旗，建组织；严把组织关，强组织

（1）树红色党旗，建组织。红帆党群服务中心坐落在商务楼宇中，党建主题园成为企业员工的休闲、交流的平台。党建统领，辅以社会工作、工会工作、共青团工作、妇联工作、法律工作、统战工作“七站合一”，辐射带动理想大厦等 9 个楼宇工作站，覆盖 22 个商务楼宇的党建工作。6 名党建指导员和 5 名楼宇专职社工采取分层包片、集中突破、不留死角的方式，采取逐楼宇、逐街区“拉网式” 方法，对辖区内的非公企业进行摸排调查，按照“六清” 要求，做到“一楼一账，一企业一表”，为开展好“两个覆盖” 工作，提供精准依据。

经过不断的走访，我们区域已建成党委 3 个，独立党支部 38 个，联合党支部 32 个，覆盖党员 1365 人。这一千多名党员像一千多颗红色的种子，

团结在红色的党旗下，分落在中关村西区“两新”组织中，一名党员一面旗，凝人心聚人气，把更多的企业党员、员工团聚在党建平台上，在这里，红帆党群服务中心成为党员的红色之家，开展各项暖心服务，为志愿服务提供展示舞台、为交流学习搭建平台。

（2）严把组织关、强组织。在“两新”党组织建设中，党建指导员悉心指导，从找党员，选书记，了解企业运营状态，到提升“两新”党组织组织力为重点，以党支部规范化建设为抓手，以党的组织和工作的有效覆盖为基础开展工作。

我们坚持“双培”计划，将两新组织中的优秀党员和书记推荐到企业管理层，将企业高级管理人员发展为党员助推基层党建工作，提升党组织的话语权和组织力。在“两新”组织中发展、培养党员 25 名；2018 年有 10 名“两新”党组织书记进行述职引起强烈反响。同时开展“两新”党组织书记工作经验交流会、以学习十九大精神为主题的“怎样当好党支部书记”的培训交流会、“两新”党组织书记交流的红帆沙龙等活动，提高党支部书记领导力与组织力，增强党组织的凝聚力。

中关村西区创新创业企业云集，在建党组织时严把关，多联系，把企业当做真正的党建“合伙人”，为企业分忧解难搭平台，未发生过有党组织的企业失踪情况。特别是 P2P 企业受到冲击时，建立党组织的金融企业主动向组织说明自身运营情况，并表示一定遵守国家法规合法经营。保障了企业的健康发展。

3. 加强自身学习，指导“两新”学习

（1）红帆党建团队的党建指导员和商务楼宇党建社工加强自身学习。认真学习党章、深入学习贯彻习近平新时代中国特色社会主义思想和党的十九大精神，“牢记四个意识”，始终对党忠诚，坚定“四个自信”，勇于担当尽责，认真践行“两个维护”。

（2）“不忘初心，牢记使命”主题教育——以中国共产党创业史为主题的党建主题展厅接待辖区内“两新”组织，“两新”组织从中国共产党的创业

史中汲取红色基因，传承红色精神。

（3）楼宇党建“飞燕”，做党建“红种子”。党建指导员和商务楼宇党建社工穿梭在商务楼宇中，宣传党方针、政策，指导“两新”组织基层党建工作，像一只只飞燕，带回一张张企业情况表和党员信息表，被楼宇中的朋友们称为“楼宇党建飞燕”。在做好走访企业工作的同时按照“一规一册一表一网”的要求做到党的工作目标清、非公企业清、非公企业台账清、党支部台账清、发展党员工作计划落实清、党员志愿者活动台账清的工作“六清”法做到抓铁留痕，踏石留印。每位党建工作者都是红色宣传员，做活动的“红种子”。

（4）十九大精神宣讲员。在“两新”组织党组织建设工作中，优选“两新”组织党支部书记，作为十九大精神宣讲员进行宣讲活动，同时参加海淀区百姓宣讲团，这些“红种子”的宣讲工作呈现了星火燎原之势。

4. 打造“红种子”品牌，扬新时代红帆

在打磨红色阵地的同时，打造“红帆”党建品牌。通过练好内功将党的基层党建知识传达到“两新”组织中。

（1）建筑标识展示：中关村每天的人流量大，海淀街道在临街显著位置建设红帆党群服务中心标志，建立大型红帆党建标识。

（2）互联网传播：建立工作群号，充分发挥互联网信息来源广、信息容量大、传播速度快速等优势，及时宣传红帆基层党建动态，开展线上、线下党建活动，加强党的思想建设宣传，促进基层党组织间、基层党组织与广大群众之间的互动交流，提升信息发送的多元化。

（节选自北京市海淀区红帆党群服务中心：《北京海淀区海淀街道红帆党群服务中心：创新两新组织党建云模式 深播基层红色阵地红种子》，中国共产党新闻网，2019 年 10 月 18 日）

第六章

加强党员队伍建设

党员队伍的素质能力，决定着党组织的创造力、凝聚力和战斗力，影响着党的执政能力和领导水平。我们党历来高度重视党员队伍建设，进入改革开放新时期，把提高党员队伍素质能力摆在更加突出的位置，不断加大党员教育培训力度，为促进改革发展稳定提供了强大动力。当前，随着改革开放和社会主义市场经济的深入发展，世情、国情、党情发生深刻变化，“四大考验”“四种危险”更加尖锐地摆在全党面前，对党员队伍建设提出了新的任务，迫切要求继续大规模开展党员教育培训，全面提高党员队伍素质能力，推动广大党员发挥先锋模范作用，确保党始终成为中国特色社会主义事业的坚强领导核心。要认真贯彻控制总量、优化结构、提高质量、发挥作用的总要求，坚持标准，严格程序，严肃纪律，确保发展党员工作有领导、有计划地进行。围绕党和国家事业发展开展党员教育培训，坚持把增强党性作为第一任务，将党员理想信念教育与能力建设贯彻始终，在攻坚克难中推进党员教育培训，提高党员教育培训的针对性实效性，全面提升党员队伍素质能力。强化党员管理，严格党内组织生活，严明党的纪律，及时处置不合格党员。各级党委（党组）及其相关职能部门要增强“四个意识”，坚定“四个自信”，做到“两个维护”，把加强党员教育管理工作作为重大政治责任，采取有力措施，狠抓工作落实，特别是推动党支部切实履行好直接教育党员、管理党员、监督党员的职责，在全面提高党员队伍素质能力上取得新进展。

“求木之长者，必固其根本”。党员是党的基层组织最基本的构成要素，党组织的创造力、凝聚力、战斗力，在很大程度上取决于党员队伍建设的状况，取决于党员队伍的先锋模范作用发挥得如何。党的十八大以来，以习近平同志为核心的党中央反复强调，坚持党要管党、全面从严治党，要落实到党员队伍的管理中去。《中国共产党组织工作条例》着眼于发挥党员先锋模范作用，对做好党员发展和党员教育、管理、监督、服务等各个环节工作作出了明确规定。要以习近平新时代中国特色社会主义思想为指导，以党章为根本遵循，坚持严实要求、狠抓任务落实，建设一支信念坚定、政治可靠、结构合理、素质优良、纪律严明、作用突出的党员队伍，不断夯实党的长期执政基础，更好实现党的伟大执政使命。

一、认真做好发展党员工作

党员是党的肌体的细胞和党的活动的主体，党员队伍建设是党的建设基础工程。牢牢把握加强党的长期执政能力建设、先进性和纯洁性建设这条主线，按照控制总量、优化结构、提高质量、发挥作用的总要求，把政治标准放在首位，严格程序、严格把关，着力把各方面先进分子和优秀人才更多吸收到我们党内，努力建设一支信念坚定、政治可靠、结构合理、素质优良、纪律严明、作用突出的党员队伍，夯实党执政的组织基础。

（一）突出发展党员工作重点

重视从青年工人、农民、知识分子中发展党员，优化党员队伍结构。首先，着力在工人中发展党员。在国有企业，重点发展生产一线班组长、业务骨干、技术能手特别是优秀青年工人入党，做到关键岗位、艰苦岗位有党员，实现党员在生产班组的全覆盖。在非公有制企业，重视在生产一线职工、专业技术骨干及经营管理人员中发展党员，积极稳妥做好在出资人中发展党员工作。注重把生产经营骨干培养成党员，把党员培养成生产经营骨干，引导广大职工积极向党组织靠拢。其次，做好在农民中发展党员工作。以村组干部、返乡毕业生、复员退伍军人、务工经商人员、致富能手、农民专业合作组织成员、农村专业技术协会会员和大学生村官为重点，加大发展党员工作力度。注重把致富能手培养成党员，把党员培养成致富能手，做好在思想政治素质好、有文化、有一技之长、能带头致富并带领群众共同致富的优秀青年农民中发展党员工作。注重发展优秀农民工入党，流入地党组织与流出地党组织要加强沟通联系，密切配合，共同做好发展农民工党员工作。再次，重视在优秀青年知识分子中发展党员。学校党组织特别是高等学校党组织要进一步加强在青年教师中发展党员。对政治素质好、道德品行好、以高度的社会责任感坚持教书育人、为人师表的青年教师，要选择党性观念强、业务水平高、在青年教师中有影响的党员专家教授和党员领导干部专门联系培养，及时把他们中的优秀分子吸收入党。做好在科研院所、文化单位、卫生机构以及社会组织等知识分子相对集中地方的优秀青年的发展党员工作，高度重视将科研骨干、学术带头人、留学归国人员中的优秀分子培养成党员。同时，加强在妇女和少数民族中的发展党员工作，继续做好在军人和干部中的发展党员工作。

（二）加强入党积极分子培养教育

对入党积极分子的培养教育工作，历来是各级党组织十分重视的一项基础性工作。这项工作成效怎样，直接影响着党的事业是否后继有人，意义重大。要落实各个环节的责任，入党介绍人的责任、党支部及其书记的责任乃至基层党委组织部门的责任，要坚持长期跟进，关心支持被发展对象的成长成熟，定期听取其思想情况汇报，帮助其解答思想上认识上的误区和偏差，充分发挥政治引路人和思想启蒙者的作用。从不同群体、不同行业入党积极分子的特点出发，开展党的历史和优良传统、党的基本理论和基本知识、党的路线方针政策和形势任务教育以及社会主义核心价值观教育，使他们懂得党的性质、纲领、宗旨，懂得党的组织原则和纪律，懂得党员的义务和权利，端正入党动机。探索实行党校培训与履职尽责、社会实践、志愿服务、谈心谈话等相结合的入党积极分子培养制度，建立动态管理机制，及时调整不合格人员。注意入党积极分子工作岗位变动时的互相衔接。坚持入党前短期集中培训制度。在发展党员的过程中，被发展对象需要经历积极分子、发展对象和预备党员的统一教育培训，培训合格才能进入下一个培养阶段，期间还要受到基层党委、所在党（总）支部的长期培训和教育。这些培训都是被发展对象接受党的教育、树立党员意识的重要途径和渠道，也是被发展对象党的意识、先锋意识形成的重要媒介和手段。

（三）严格资格审核和发展程序

严格做好资格审核工作，是发展党员的第一步，也是最重要的一步，发展对象的政治素质、思想认识高不高，直接决定了发展党员工作的成败。必须把政治标准放在首位，严格按照党章规定的党员标准发展党员，突出先进性，着重看发展对象是否具有坚定的理想信念和良好的道德品行，是否自觉为党的纲领而努力奋斗，是否在生产、工作、学习和社会生活中起先锋模范作用。根据不同群体、行业、岗位的特点，紧密联系实际，从思想政治、能力素质、道德品行、现实表现等方面研究制定党员的具体标准。健全和落实发展对象政治审查制度，凡没有通过政治审查的，一律不能发展入党。支部大会讨论接收预备党员前，基层党委要对发展对象的条件、培养教育情况和入党手续等进行全面审查，还可根据需要听取执纪执法等相关部门的意见，防止“带病入党”。扩大发展党员工作中的民主，采取党员和群众推荐、群团组织推优等方式，在入党申请人中确定入党积极分子和发展对象。党支部在讨论接收预备党员和预备党员转正时，要在适当范围内对发展对象和预备党员的基本情况进行公示，并在支部大会上采取无记名投票方式进行表决。严格工作程序和纪律，在入党积极分子的推荐确定、培养教育，发展对象的政治审查、公示，预备党员的接收、教育、考察、公示和转正等每一个环节，都要严格程序、严格把关。

（四）加强发展党员宏观指导

实行发展党员总量调控。按照慎重发展、均衡发展的要求，积极稳妥地对发展党员数量和结构进行调控，使全国党员数量年均增长控制在适当速度，党员队伍保持适度规模，党员质量不断得到提高，党员队伍结构不断得到优化。坚持有计划有步骤地发展党员，县级以上党（工）委可采取每年确定发展党员数量或增长比例的办法，确保发展党员总量调控目标任务落实到位。制定和落实发展党员规划，根据经济社会发展要求和党员队伍建设需要，加强综合平衡、分类指导，做到有控、有保、有减、有增。基层党委要根据上级党组织的规划和计划，结合本地区本单位实际，研究制定工作方案和落实措施，报上一级党委审批。要建立发展党员工作定期分析制度，每年要对发展党员工作进行检查，及时发现和研究解决发展党员工作中的苗头性、倾向性问题，防止和避免突击发展、长期不发展、发展数量大起大落等不正常现象。强化发展党员工作责任追究制，对不坚持标准、不履行程序和培养考察失职、审查把关不严的党组织及其负责人、直接责任人进行批评教育，情节严重的给予纪律处分。

二、加强党员教育工作

党员教育工作是党的思想建设的重要内容，是党的建设的一项基础工作，是全面提高党员队伍素质、全面从严治党的中心环节。加强党员教育、提升党员素质成为党建工作的重中之重，如何提高学习、交流的针对性和有效性，是目前党建工作的重要课题之一。

（一）突出党员教育的首要政治任务

把用习近平新时代中国特色社会主义思想武装全党作为党员教育管

理的首要政治任务，引导党员充分认识学习贯彻习近平新时代中国特色社会主义思想的重大意义，自觉学懂弄通做实。组织党员读原著、学原文、悟原理，深入学习领会习近平新时代中国特色社会主义思想的核心要义、基本精神、实践要求，掌握贯穿其中的马克思主义立场、观点、方法，增强政治自觉、理论自信、情感融入。建立以学习贯彻习近平新时代中国特色社会主义思想为中心内容的党员教育教材体系，教育引导党员把学习习近平新时代中国特色社会主义思想同学习马克思列宁主义、毛泽东思想、邓小平理论、“三个代表”重要思想、科学发展观紧密结合起来，不断提高马克思主义思想觉悟和理论水平。坚持集中教育和经常性教育相结合，组织培训和个人自学相结合，采取集中轮训、党委（党组）理论学习中心组学习、理论宣讲、组织生活、在线学习培训等方式，形成习近平新时代中国特色社会主义思想学习教育长效机制，推动党员学深悟透、入脑入心。弘扬理论联系实际的马克思主义学风，引导党员把自己摆进去、把职责摆进去、把工作摆进去，学以致用、知行合一，提高政治站位，强化责任担当，增强过硬本领，做好本职工作，自觉做习近平新时代中国特色社会主义思想的坚定信仰者和忠实实践者。党员领导干部应当坚持更高标准、更严要求，全面学、系统学、贯通学、深入学、跟进学，自觉用习近平新时代中国特色社会主义思想武装头脑、指导实践、推动工作，发挥示范带动作用。

（二）抓好党员教育的基本任务

加强政治理论教育，突出党的创新理论学习，组织党员学习党的基本理论、基本路线、基本方略，学习马克思主义基本原理和党的基本知识，引导党员坚定理想信念，增强党性修养，努力掌握并自觉运用马克思主义立场观点方法。突出政治教育和政治训练，严格党内政治生活锻炼，教育党员旗帜鲜明讲政治，提高政治觉悟和政治能力，严守政治纪律和政治规矩，永葆共产党人的政治本色，做到“四个服从”，在思想上政治上行动上同以习近平同志为核心的党中央保持高度一致。强化党章党规党纪教育，引导党员牢记入党誓词，坚持合格党员标准，自觉遵守党的纪律，带头践行社会主义核心价值观，培养高尚道德情操，培育良好思想作风、学风、工作作风、生活作风和家风。加强宪法法律法规教育，引导党员尊法学法守法用法。加强党的宗旨教育，引导党员践行全心全意为人民服务的根本宗旨，贯彻党的群众路线，提高群众工作本领，密切联系服务群众。进行革命传统教育，引导党员学习党史、国史、改革开放史、社会主义发展史和中华优秀传统文化，铭记党的奋斗历程，弘扬党的优良传统，传承红色基因，践行共产党人价值观，激发爱国主义热情。开展形势政策教育，围绕贯彻执行党和国家重大决策、推进落实重大任务，宣讲党的路线方针政策，解读世情国情党情，回应党员关注的问题，引导党员正确认识形势，把思想和行动统一到党中央要求上来。注重知识技能教育，根据党员岗位职责要求和工作需要，组织引导党员学习掌握业务知识、科技知识、实用技术等，帮助党员提高综合素质和履职能力，增强服务本领。

（三）创新党员教育的方式方法

党员教育培训工作要取得实实在在的效果，不仅要明确“过河”的任务，还要解决“桥和船”的问题，方式方法对路，才能事半功倍。

1. 完善组织形式

坚持集中培训、集体学习、个人自学和组织生活、实践锻炼有机结合，增强党员教育培训工作的规范性、针对性、系统性。要结合实际，研究确定重点项目、对象和专题，采取省级示范培训、市级重点培训、县级普遍培训、基层党委兜底培训的形式，开展党员集中培训。中央组织部要会同有关部门每年举办全国党员教育培训示范班。各级党组织要通过理论学习中心组学习、“三会一课”、主题党日等，抓实集体学习。党员领导干部要定期为基层党员讲党课。引导党员根据自身实际和工作需要，利用业余时间开展自学。坚持民主生活会和组织生活会、民主评议党员、谈心谈话等制度，认真开展批评和自我批评，咬耳扯袖、红脸出汗，让党的组织生活真正起到教育提高党员的作用。通过设岗定责、承诺践诺，引导党员立足岗位、创先争优。鼓励和引导党员参与结对帮扶、志愿服务等，为党员搭建实践锻炼平台。注重心理疏导和人文关怀，帮助解决实际问题，增强党员政治荣誉感、组织归属感。

2. 丰富教学方式

灵活运用讲授式、研讨式、模拟式、互动式、观摩式、体验式等教学方法，探索“课堂 + 基地”实训模式，增强教育培训的吸引力感染力。加强案例培训，选好用好各条战线各个领域各个行业的生动鲜活案例。开展典型教育，引导党员学习重大先进典型和身边榜样，运用反面教材加强警示教育。组织党员就近就便到红色基地学习、重温入党誓词、过“政治生日”。

3. 创新运用信息化手段

推动党员教育信息化平台一体化建设，完善学用功能，构建更为便捷高效的网络学习阵地。建设全国党员教育资源库，建立党性教育基地网上平台，发挥全国党建网站联盟作用，用好“共产党员”教育平台、“学习强国”学习平台等载体。依托全国党员管理信息化工程，探索建立党员学习电子档案。注重党员教育信息化建设整体设计，避免重复建设。坚持线上线下相结合，探索适应信息化发展趋势和受众特点的教育培训有效方式，注重运用大数据对党员学习情况进行动态分析，精准推送教育内容，引导党员主动学网用网。中央组织部要研究制定加强新时代党员教育信息化建设的指导意见，统筹推进远程教育、电化教育、网络新媒体平台教育，提高党员教育培训现代化水平。

4. 健全培训制度

完善需求调研制度，通过问卷调查、谈心谈话、走访调研、大数据分析等方式，精准掌握党员学习需求和参训意愿。坚持集中轮训制度，各级党委（党组）每年就党员集中轮训工作作出安排，分期分批组织实施；组织基层党组织书记每年至少参加1次县级以上党委举办的集中轮训，对新任基层党组织书记一般应在半年内进行任职培训；预备党员在预备期内和转正后1年内一般要各参加1次由上级党组织组织的集中培训；大力实施农村党员春训冬训。落实学时制度，党员每年参加集中培训和集体学习时间一般不少于32学时，基层党组织书记和班子成员每年参加集中培训和集体学习时间不少于56学时、至少参加1次集中培训。党员领导干部除执行干部教育培训有关规定外，要带头参加所在单位的党员教育培训。

（四）提高党员教育的实际效果

党员经常性教育要紧密联系工作实际，把握不同领域、不同类型党组织和党员的特点，明确不同目标、不同方法、不同措施，把教育任务具体化、差异化、精准化，做到有的放矢，让党员学得进去、议得起来、受到教育、得到提高。要把经常性教育同做好改革发展稳定工作结合起来，与党员日常工作生活紧密联系起来，抓住关节点，强化针对性，将其细化为符合不同领域、不同行业、不同单位党员特点的日常教育管理制度。比如，确定学习形式，就要区别层次、灵活多样。对机关、事业单位党员，可以采取集中教育的方式；对农村、社区党员，可通过口头讲解、播放电教片等形象直观的方式；对流动党员，以流入地党组织为主，可依托园区、社区党员服务中心，利用开放式组织生活等方式开展学习；对离退休党员，可以适当集中，也可以上门送学帮学；对非公有制企业和社会组织党员，要兼顾好学习教育和生产经营，可多采取小型、业余、分散等方式。总之，开展经常性教育，切忌“一刀切”“模式化”，在统一主题、保证教育质量的前提下，要鼓励基层党组织结合实际，创新教育方式方法，开展形式多样的教育活动。凡是有利于调动党员接受教育的做法都要予以鼓励，凡是有利于提升党员教育效果的措施都要加以倡导。

三、加强党员日常管理

党员教育与组织管理历来紧密相连，不可分割。只强调党员教育而没有严格的组织管理，教育成果不可能持久和巩固，必须不断完善党员教育长效机制。

（一）严肃党的组织生活

党的组织生活是党内政治生活的重要内容和载体，是党组织对党员进行教育管理监督的重要形式。党员参加一次高质量的组织生活，就等于参加了一次政治体检，获得了一次打扫灰尘、净化灵魂、增强政治免疫力的党性检修。坚持“三会一课”制度，突出政治学习和教育，突出党性锻炼，突出思想交流，不断丰富内容，创新方式方法，增强吸引力和实效性。坚持民主生活会和组织生活会制度，会前要广泛听取意见、深入谈心交心；会上要认真查摆问题、深刻剖析根源、明确整改方向；会后要逐一整改落实。要认真落实谈心谈话制度，党组织领导班子成员之间、班子成员和党员之间、党员和党员之间开展经常性谈心谈话活动，坦诚相见、交流思想、交换意见。认真落实民主评议党员制度，每年对党员进行民主评议，督促党员对照党员标准、对照入党誓词、联系个人实际进行党性分析，使党性分析过程成为党员强化党员意识、增强党的观念、提高党性修养的过程。要认真贯彻“团结—批评—团结”的原则，打消自我批评怕丢面子、批评上级怕穿小鞋、批评同级怕伤和气、批评下级怕丢选票等思想顾虑，把批评和自我批评这个武器用好用活。坚决反对事不关己、高高挂起，明知不对、少说为佳的庸俗哲学和好人主义，坚决克服文过饰非、知错不改等错误倾向。

（二）改进对流动党员的管理

按照明确责任主体、分类管理服务、多方协同配合的要求，认真做好流动党员组织生活、教育培训、关爱帮扶、权益保障等工作。对农村流动党员，要认真落实城乡一体、流入地党组织管理为主、流出地党组织配合的双向共管责任。流出地党组织要掌握了解外出流动党员情况，主动与流入地党组织沟通，并积极创造条件，在流出党员相对集中地建立党组织；流入地党组织要及时将流动党员纳入本地党员管理范围，给予必要的工作支持。街道社区党组织要切实履行流动党员管理责任。对大中专毕业生中的流动党员，已经落实工作单位的，应将党员组织关系及时转移到所在单位党组织；工作单位未建立党组织的，按照就近就便原则，将党员组织关系转移到工作单位所在地街道、乡镇党组织，也可随同档案转移到县以上政府所属公共就业和人才服务机构党组织；尚未落实工作单位的，可将党员组织关系转移到本人或父母居住地的街道、乡镇党组织，也可随同档案转移到县以上政府所属公共就业和人才服务机构党组织。对流动人才中的党员，所在单位已经建立党组织的，应将党员组织关系转移到单位党组织。对劳务派遣工中的流动党员，一般以用人单位党组织管理为主，劳务派遣单位党组织和户籍所在地党组织密切配合、主动联系，将他们纳入党组织有效管理之中。理顺党员组织隶属关系，确保每个党员都能纳入党的一个基层组织的管理之中。对在转移和接收党员组织关系过程中推诿扯皮、无故拒转拒接的党组织和党员，上级党组织要批评教育，及时纠正，对拒不纠正的要按照有关规定，对主要责任者给予相应的纪律处分。对伪造党员身份证明的，要依纪依法严肃处理。

（三）妥善处置不合格党员

保持组织成员能进能出，成员加入时拥有均等的机会，退出时出口能够通畅，“进入”“口内管理”及“退出”等环节互为一个有机整体，是组织不断获得新鲜血液、保持肌体健康、充满生机、有活力的重要条件。党组织的健康发展，也需要做到这点。当前在党员队伍建设中，从整体上看，发展党员工作要比党员退出工作受重视程度高，工作成效也更明显。当前，既应该做好发展党员工作，更应该强化党员管理，严格党内组织生活，严明党的纪律，增强党员队伍生机活力。及时处置不合格党员，健全党员能进能出机制，使党员队伍更加纯洁。对无正当理由连续6个月不参加党的组织生活，或不交纳党费，或不做党所分配的工作的党员，按自行脱党处理，并予除名。对理想信念不坚定、不履行党员义务、不符合党员条件的党员，党组织应对其进行教育，要求其限期改正；经教育仍无转变的，应当劝其退党；劝而不退的予以除名。对那些思想品德败坏、无可救药的蜕化变质分子、腐败分子，要坚决从党的队伍中清除出去。处置不合格党员要按照稳妥、慎重的要求，做到事实清楚、理由充分，处理恰当、手续完备，不定比例、不下指标，认真执行规定，严格审核把关。对被劝退和除名的党员，党组织要做好包括思想政治工作在内的相关工作。

（四）健全党内激励关怀帮扶机制

党组织对党员既要严格要求，也要关心爱护，这既是党员管理工作中以人为本思想的内在要求，也是我们党的优良传统，更是各级党组织的重要职责。首先，要健全完善党内激励机制。健全完善党员领导干部党建联系点制度、党员目标绩效考评制度、党员服务承诺制度，深入开展党员责任区、党员先锋岗、党员示范岗以及党员挂牌上岗、党员创先争优、党员奉献日等主题实践活动，明确党员身份、落实党员责任，调动和激发党员干事创业的热情，充分发挥党员先锋模范作用。完善党内表彰奖励制度，对创先争优先进单位、先进党务工作者、先进党员等进行评比表彰，并进行宣传，大力营造学先进、赶先进、超先进、作贡献、当表率的良好风气，增强优秀党员的荣誉感，起到典型示范作用。其次，要健全完善党内关怀机制。对老弱病残党员、鳏寡孤独党员、生活困难党员要做好深入细致的调查摸底工作，并建立党员分类统计台账，为党内开展结对帮扶、扶贫帮困、生活救助等提供准确的信息，让弱势群体党员始终处在党组织的关爱之中。健全完善特殊群体党员慰问制度，明确慰问方式及慰问标准，即要做好重大节日前夕的定期慰问，又要做好党员个人有重大疾病或党员家庭成员遭遇不幸等不定期慰问，体现出党组织的关怀温暖。再次，要健全完善党内帮扶机制。多渠道筹措困难党员帮扶专项资金，并通过争取行政经费、组织捐助等方式，多渠道筹措资金，用于救助因患病、伤残以及遭遇事故等原因导致生活困难的党员。完善党员结对帮扶制度，探索建立定期沟通交流、帮扶互助的结对联系机制，认真开展党组织结对共建、党员结对帮扶、党员志愿者服务等活动，对生活困难党员确定好帮扶人员，制定出帮扶措施，落实好帮扶责任，切实增强基层党组织的吸引力和凝聚力。分类建立老党员、贫困党员、下岗失业党员、流动党员等党员情况信息库，针对不同党员的帮扶需求，采取不同的帮扶措施实施帮扶，使困难党员坚定信心、走出困境，不断增强发展的能力和本领。

四、加强党员队伍建设的组织领导

党员教育管理是细水长流的工作，需要常抓不懈、久久为功。各级党委（党组）要把加强党员队伍建设特别是抓好党员教育管理作为重大政治责任，切实加强组织领导和工作保障，采取有力措施，增强针对性和有效性，防止形式主义，努力建设信念坚定、政治可靠、结构合理、素质优良、纪律严明、作用突出的党员队伍。

（一）落实工作责任

《中国共产党党员教育管理工作条例》对加强组织领导和工作保障作

出明确规定：一是在党中央领导下，成立由中央组织部牵头，中央纪委国家监委机关、中央宣传部、中央党校（国家行政学院）、中央和国家机关工委、教育部党组、国务院国资委党委等参加的全国党员教育管理工作协调小组，明确相关职责，建立运行机制，发挥各自职能作用。省（区、市）党委也要建立党员教育管理工作协调机构。二是明确地方各级党委、部门单位党组（党委）和基层党委、党支部、党小组等抓党员教育管理工作的职责要求。地方各级党委和部门单位党组（党委）领导本地区本部门本单位党员教育管理工作，贯彻执行党中央关于党员教育管理工作的方针政策和部署要求，定期研究党员教育管理工作，分析党员队伍状况，有针对性地提出工作措施。基层党委履行抓党员教育管理的基本职责，推动落实上级党组织工作安排，组织做好党员集中培训、组织关系管理、表彰激励、关怀帮扶、组织处置、纪律处分等工作，指导所辖党支部做好党员日常教育管理工作。党支部按照党章和党内有关规定，履行相关工作职责。党小组应当落实党支部关于党员教育管理工作的要求和任务。各级党组织要切实增强管党治党意识，贯彻“三严三实”要求，认真落实全面从严治党责任，把严格党的组织生活、加强党员日常管理工作列入重要议事日程，推动党委（党组）主要负责人、基层党组织书记切实履行第一责任人和直接责任人职责，推动党组织班子其他成员认真履行“一岗双责”、落实好分管领域党建工作责任，形成书记亲自抓、班子成员合力抓，一级抓一级、层层抓落实的工作格局。

（二）加强工作保障

加强县级党校（行政学校）和基层党校建设。县级党校（行政学校）应当将党员集中培训作为重要任务，有计划地组织安排党员教育讲师到基层授课。注重发挥党群服务中心、党员干部教育培训基地、新时代文明实践中心的作用。乡镇、街道、国有企业、高等学校等基层党委，按照规定配备一定数量的专兼职组织员，由县级以上党委组织部门进行业务指导和管理，承担指导、督促、发展党员和党员教育管理等工作。实行党员教育讲师聘任制，县级以上党委从优秀党校教师、基层党组织书记、先进模范人物、党务工作者、专家学者、实用技术人才、离退休干部等人员中选聘党员教育讲师。加强党员教育培训教材建设，各地区各部门各单位可以结合实际，开发各具特色、务实管用的党员教育教材。党员教育管理工作经费应当列入地方各级财政预算，结合实际按照党员数量划拨，重点保障农村、社区、非公有制经济组织和社会组织、公共就业和人才服务机构等基层党组织开展党员教育管理，形成稳定的经费保障机制。加强对革命老区、民族地区、边疆地区、贫困地区党员教育管理工作经费支持。

（三）强化督促检查

各级党委（党组）应当加强对党员教育管理工作的检查考核，上级党委组织部门要不定期组织抽查，对严格执行党的组织生活制度的好做法、好经验进行总结宣传，发挥典型的示范带动作用；对不落实、不执行组织生活制度的党组织，进行通报批评，责令整顿改进。基层党委每年把党员教育管理工作情况作为向上级党组织报告工作的重要内容。在基层党建工作述职评议考核中，对党组织负责人抓党员教育管理工作情况作出评价。上级党组织在开展年度考核和任期考核中，应当考核检查下级党组织党员教育管理工作情况。改进考核方式，多到现场看，多见具体事，多听群众说，对可以通过现场查看、走访党员群众等作出评价的，一般不以听汇报、查资料、看台账的方式进行考核，不以开会发文、领导批示、记录留痕、信息宣传数量等评判工作好坏，防止形式主义，切实为基层减负。

（四）加强信息化建设

推进党员教育管理信息化，既是信息化时代发展的客观要求，也是党建工作改革创新的必然要求。适应时代发展要求，充分运用互联网技术和信息化手段，改进党员教育管理工作，推进基层党建传统优势与信息技术深度融合，不断提高党员教育管理现代化水平。统筹规划、整合资源，健全党员信息库，加强全国党员管理信息系统建设，推动党员干部现代远程教育和党员电化教育创新发展，推进党员教育管理网站、移动客户端等平台一体化建设，建立党性教育基地网上平台，打造党务、政务、服务有机融合的网络阵地。坚持网上和网下相结合，依托党员教育管理信息化平台，开展党员信息管理、党组织活动指导管理、流动党员管理服务、发展党员管理和党费管理等业务应用，为党员提供在线学习培训、转接组织关系、参与党内事务和关怀帮扶等服务。注重利用信息数据，对党员队伍状况和党员教育管理工作进行实时分析研判，及时发现问题，不断改进工作。党员应当主动学网用网，依托各类党员教育管理信息化平台，积极参加在线学习培训，认真参加党组织的活动，自觉接受党组织的教育管理。通过网络向群众宣传党的理论和路线方针政策，听取群众意见，联系服务群众。党组织应当教育引导党员严格规范网络行为，敢于同网上错误言论作斗争，不得制作、发布、传播违反党的纪律规定和国家法律法规的信息内容。

延伸阅读

贵州金沙：推行党员管理“双十分制”激发党员内生动力

为认真贯彻落实党要管党、从严治党的要求，贵州省毕节市金沙县针对基层党员管理工作中存在的评价标准难量化、评价方式单一等问题，在总结过去党员管理经验的基础上，紧紧围绕党章等规定，创新推行党员管理“双十分制”，找准了从严管理党员的突破口，激发了党员内生动力，推动党员自党履行党员义务、积极参加党内政治生活，推进从严管党治党落细落小落实。

（一）“一条主线”建机制

把落实从严从实要求作为加强党员管理的主线，根据党员权利和义务等内容，针对新时期党员难管理、考核难量化、作用难发挥等问题，在充分调查研究和广泛征求意见的基础上，制定《关于实行党员“双十分制”管理的暂行方案》《金沙县党员“双十分制”管理记分参考细则》，创新建立“正向十分激励、负向十分惩戒”的党员管理“双十分制”。坚持分类管理、一人一档，明确各党支部为具体实施主体，党支部书记为第一责任人，对全体党员进行全程记分管理，平时记录、季度对账、年底核账、照章处理，严格根据党员记分累计情况给予相应的奖励或惩罚，为基层组织管理党员找准了抓手。

（二）“两个方向”定情形

分别设定15种支持鼓励党员做到的正向记分基本情形和25种日常工作、学习和生活中党员不应当发生的负向记分基本情形。对记分情形的设定，既考虑党章党规面前人人平等设定共性指标，又结合农村、社区、机关、企业等不同领域特点设定个性化指标，用管理机制的导向作用和杠杆作用，激励先进、鞭策后进。正向记分情形包含积极参加党内政治生活、认真完成组织交给的各项任务、发挥作用明显、事迹突出等事项。负向记分情形包含理想信念缺失、政治立场动摇、道德行为不端、治家不严、作风不正等事项。在具体实施过程中，鼓励基层党组织结合自身实际创新。例如，金沙县岚头镇三桥村党支部为强化党员示范作用，突出把党员带头办好事、干实事、带头创业等作为加减分重要依据；西洛街道位于山区的几个村针对脱贫攻坚任务重的实际，把脱贫攻坚和基础设施建设作为设定情形的重要考虑，而地处新城区的金槐、中心、阳灯等社区在棚户区改造、征地拆迁、美丽乡村建设等方面加大赋分力度。

（三）“三种方式”记分值

坚持“优秀评得准不准，先让党员审一审”的原则，通过三种方式记分。

第一种是党员申报记分，党员对照记分情形，认为自己应该加分、减分主动申报，经党员大会通过后记分。第二种是支委提出记分，对党员发生的情形不复杂、对应分值明确，而党员又没有主动申报时，由支委提出经党员大会通过后记分；第三种是党员评议记分，对党员发生的记分情形相对复杂、应该记多少分有弹性时，通过党员大会进行讨论，民主评议后再确定所记分值。每季度对记分情况通过公开栏、广播、QQ、微信等形式进行公示，广泛接受党员群众监督，切实加强党员日常管理、动态管理、细节管理。例如：2016年9月，金沙县西洛街道红星村修建公路时，老党员范华泽主动无偿献出自家的2分土地，模范带动群众积极支持公路建设，在村党员大会上，经党员民主评议，给予老党员范华泽正向加3分。

（四）“四条红线”严奖惩

将记分结果与党员评先选优、提拔任用、奖励扶持等挂钩。在正向记分10分范围内，设定鼓励、扶持、推优、奖励四条线，满10分的，年度民主评议直接定为优秀等次建议人选；在负向积分10分范围内，设定预警、召回、约谈、退出四条线，负向满10分的，直接定为不合格等次。在实际运用中，各党支部依托考核细则，结合自身工作实际设立激励或惩戒的事项。例如，金沙一中将“双十分制”管理结果与职称评定挂钩，金沙县中医院还将记分结果与绩效奖金挂钩，部分村党支部将记分结果作为村集体资金收益分红的重要依据。

党员管理“双十分制”推行以来，增强了党员主动履行义务的责任心和使命感，有效推动形成党员自觉尊崇社会公德、职业道德、家庭美德，认真履行党员义务，争做优秀党员的生动局面。

（节选自《贵州金沙：推行党员管理“双十分制”激发党员内生动力》，人民网，2017年3月6日）

第七章

努力锻造坚强领导集体

领导班子是一个地方、一个单位落实党中央决策部署、推动各项工作的“指挥部”“战斗部”，建设好领导班子是夯实党执政的组织基础的关键，也是抓好改革发展稳定各项工作的关键。领导班子建设是整个干部队伍建设的关键，是组织工作的重点任务。《中国共产党组织工作条例》强调，必须把党的政治建设摆在首位，提高政治判断力、政治领悟力、政治执行力，努力把各级领导班子锻造成为忠实践行习近平新时代中国特色社会主义思想、坚定贯彻落实党中央决策部署的坚强领导集体。要以习近平新时代中国特色社会主义思想为指导，坚持党的基本理论、基本路线、基本方略，着眼进行伟大斗争、建设伟大工程、推进伟大事业、实现伟大梦想，围绕推进国家治理体系和治理能力现代化，坚持和加强党的全面领导，坚持全面从严治党，贯彻落实新时代党的组织路线，以党的政治建设为统领，聚焦“两个维护”强化政治忠诚，着眼坚定信仰深化理论武装，适应时代发展需要配强领导班子，不断提升能力素质，持续改进作风，激励担当作为，努力锻造忠实践行习近平新时代中国特色社会主义思想的坚强领导集体。

一、切实抓好党的政治建设这个铸魂工程

旗帜鲜明讲政治是我们党作为马克思主义政党的根本要求，是我们党不断发展壮大、从胜利走向胜利的重要保证。党的政治建设是党的根本性建设，是党政领导班子建设的灵魂。加强党政领导班子建设，必须

旗帜鲜明地把党的政治建设摆在首位，着眼于提高政治判断力、政治领悟力、政治执行力，针对存在的问题提出具体措施，推动领导班子政治建设落地见效。

（一）带头做到“两个维护”

坚持和加强党的全面领导，最重要的是坚决维护党中央权威和集中统一领导；坚决维护党中央权威和集中统一领导，最关键的是坚决维护习近平总书记党中央的核心、全党的核心地位。要加强政治忠诚教育，教育引导党政领导班子成员从历史和现实、理论和实践、国内和国际的结合上深刻认识、强化认同，不断增强拥护核心、跟随核心、捍卫核心的思想自觉政治自觉行动自觉，始终同以习近平同志为核心的党中央保持高度一致，做到党中央提倡的坚决响应、党中央决定的坚决执行、党中央禁止的坚决不做。要以党章为根本依据，完善党中央重大决策部署和习近平总书记重要指示批示贯彻落实的督查问责机制，不断完善保障“两个维护”的制度机制，严格执行《关于新形势下党内政治生活的若干准则》等党内法规，加强对贯彻执行党的路线方针政策和决议情况的督促检查。加强和改进政治素质考察，把政治素质考察贯穿干部工作始终，使其具体起来、鲜明起来、落得下来，着力建设和锻造“四个意识”不断增强、“四个自信”进一步坚定、“两个维护”更加坚决的干部队伍。

（二）注重提高政治能力

全面从严治党，严明党的纪律，领导干部要切实提高政治能力。任务越繁重，风险考验越严峻，政治的弦越要绷得紧一些、再紧一些，党的各级领导干部尤其是高级干部一定要注重提高政治能力，保持政治定力，驾驭政治局面，防范政治风险，使自己的政治能力与担任的领导职责相匹配。领导干部增强政治敏锐性和政治鉴别力，做到眼睛亮、见事早、行动快，对容易诱发政治问题特别是重大突发事件的敏感因素、苗头性倾向性问题，要准确研判、快速处置，下好先手棋、打好主动仗，防止和克服分不清是非、辨不明方向的政治麻痹症。制定政策、部署任务、推进工作时，应经常对表对标，及时校准偏差，坚决纠正偏离和违背党的政治方向的行为。要准确把握政治方向，坚定站稳政治立场，严格遵守政治纪律和政治规矩，在严肃认真的党内政治生活中加强党性锻炼。实施“一把手”政治能力提升计划，加强领导班子成员政治能力训练和政治实践历练，善于从政治上把大局、看问题，始终做政治上的明白人。

（三）加强和规范党内政治生活

党内政治生活是党组织教育管理党员和党员进行党性锻炼的主要平台。要着力提高党内政治生活质量，努力在全党形成又有集中又有民主、又有纪律又有自由、又有统一意志又有个人心情舒畅的生动活泼的政治局面。强化政治教育和政治引领，让党员干部经常接受政治体检，打扫政治灰尘，净化政治灵魂，增强政治免疫力，坚决防止和克服党内政治生活忽视政治、淡化政治、不讲政治的倾向。要主动适应信息时代新形势和党员队伍新变化，积极运用互联网、大数据等新兴技术，创新党组织活动内容方式，推进“智慧党建”，使党内政治生活始终充满活力。坚持按原则开展党的工作和活动，按原则处理党内各种关系，按原则解决党内矛盾和问题，严格执行党的组织生活制度，认真召开民主生活会和组织生活会，提高“三会一课”质量，落实谈心谈话、民主评议党员和主题党日等制度，坚持和完善重温入党誓词、党员过“政治生日”等政治仪式，使党内生活庄重、严肃、规范。坚持以整风精神开展批评和自我批评，勇于思想交锋、揭短亮丑，旗帜鲜明坚持真理、修正错误，统一意志、增进团结，建立健全民主生活会列席指导、及时叫停、责令重开、整改通报等制度。

（四）严格执行民主集中制

中国共产党是按马克思主义建党原则建立的政党，一开始就把民主集中制作为自己的组织原则和制度。在革命、建设和改革的各个历史时期，党的领导工作、组织工作以民主集中制为根本规范，对于党的组织巩固、壮大，制定正确的路线方针政策，起到了重要的保证作用。在中国特色社会主义新时代，要确保党的团结坚强有力，确保党的领导能力、领导水平不断提高，从制度角度来说，必须坚持把民主集中制贯彻落实到党的领导工作和组织建设实践中。

《2019—2023 年全国党政领导班子建设规划纲要》强调要落实集体领导和个人分工负责相结合的制度，健全决策机制、完善决策程序，加强对民主集中制执行情况的监督检查。各级党委（党组）必须坚持集体领导制度，坚持科学民主依法决策，凡属重大问题要按照集体领导、民主集中、个别酝酿、会议决定的原则，由集体讨论，按少数服从多数作出决定，不允许用其他形式取代党委会及其常委会的领导。

二、切实抓好理论武装这个头等大事

理论上的成熟是一个政党成熟的标志，也是党员干部成熟的标志。各级党政领导班子要带头学习习近平新时代中国特色社会主义思想，真正把握其核心要义、精神实质、丰富内涵、实践要求。

习近平总书记在中央政治局第二十一次集体学习时强调："要抓好用党的科学理论武装全党。加强马克思主义特别是新时代中国特色社会主义思想的理论武装，使各级党组织和广大党员、干部特别是领导干部掌握马克思主义理论武器，提高马克思主义理论水平和运用能力，共同把党的创新理论转化为推进新时代中国特色社会主义伟大事业的实践力量。各级党委及其组织部门要自觉用党的科学理论指导党的组织建设，结合新的实际推进改革创新，使各项工作更好体现时代性、把握规律性、富于创造性，为实现新时代党的历史使命提供坚强组织保证。"①

① 《习近平在中央政治局第二十一次集体学习时强调 贯彻落实好新时代党的组织路线 不断把党建设得更加坚强有力》，新华网，2020 年 6 月 30 日。

（一）坚持在研读原文上下功夫

别人的理解代替不了自己的理解，每个人只有自己原原本本地把原著读通了，逐段逐句搞清楚弄明白了，党和国家的精神才能真正入心入脑，最终变成精神力量，化为实际行动。所以，无论是从学深学透的角度，还是从不走弯路的角度，都应该集中更多精力去读原文，让整个学习过程事半功倍。既要原原本本学原著，又要联系实际悟原理，只有真正学懂弄通，才能真信笃行。要把习近平新时代中国特色社会主义思想作为党委（党组）理论学习中心组学习的主要内容，作为领导干部学习的中心内容。巩固拓展“不忘初心、牢记使命”主题教育成果，实施“习近平新时代中国特色社会主义思想教育培训计划”。要认真学习《习近平关于“不忘初心、牢记使命”重要论述选编》《习近平谈治国理政》《习近平新时代中国特色社会主义思想学习纲要》等著作，跟进学习习近平总书记最新重要讲话文章，自觉学习习近平总书记对各地各部门各系统工作的重要讲话和指示精神，深刻理解其核心要义、精神实质、丰富内涵和实践要求，不断提高政治站位和理论素养。

（二）要在入心入脑上下功夫

干部要成长起来，必须加强马克思主义理论武装。政治理想是党员干部在政治信仰、政治方向、政治观点上表现出来的对党的正确认知，是政治能力的根本所在。对党员干部来说，信仰之根必须深深厚植于马克思主义理论的沃土。列宁曾指出，“从革命理论中能取得一切信念”[①]。一个党员干部有了政治理想，才能有追求、有主见、有决断、有担当，才谈得上有政治能力。现实表明，一些党员干部之所以违纪违法甚至走上犯罪的道路，根本原因是不重视学习特别是政治理论学习，最终导致思想防线失守、信仰信念缺失、人生理想蜕变。这警示我们，无论职位

① 《列宁选集》第1卷，人民出版社1995年版，第274页。

高低、党龄长短、岗位差异，加强理论武装，始终是共产党人坚定理想信念的根本途径。崇高信仰、坚定信念不会自发产生，只有切实打牢理论根底，才能心明眼亮，炼就“金刚不坏之身”。这就要求党员干部特别是领导干部把理论学习作为终生追求，坚持集中学习与个人自学相结合，突出个人自学为主，强化自我学习、自我教育、自我提高，增强学习计划性和实效性，努力在原有基础上学习得更深入更系统，取得新进步、达到新高度，以理论清醒确保政治坚定、党性坚强，在任何时候始终对党绝对忠诚、绝对纯洁、绝对可靠。

（三）要在融会贯通上下功夫

学习党的理论，迈进门槛容易，深入理解较难，灵活运用、指导实践更难。因此，领导干部在学习时一定要刻苦钻研，坚持读原著、学原文、悟原理，既做到整体把握、全面系统，又做到突出重点、抓住关键。习近平新时代中国特色社会主义思想是当代中国的马克思主义，我们学习马克思主义，不是要背诵它的经典名句，也不是照本宣科，甚至大段大段地背诵原文，“显得很有理论水平”。学习马克思主义不是支离破碎的，而是系统的；不是片面地，而是全面地深刻把握这一思想的立场、观点和方法，融会贯通，全面理解领会其精神实质，如此方能指导我们的实践。要把学习贯彻党的创新理论特别是习近平新时代中国特色社会主义思想作为理论武装的重中之重，切实弄清“中国共产党为什么能”“马克思主义为什么行”“中国特色社会主义为什么好”等基本理论问题，把辨方向、明大势的能力建立在对马克思主义科学理论的深刻理解和把握基础之上。

（四）要在知行合一上下功夫

学风问题，是一个对待马克思主义的根本态度问题，是一个关系党的兴衰和事业成败的重大政治问题。要坚持学以致用、知行合一，自觉用习近平新时代中国特色社会主义思想指导主客观世界改造，解决好世界观、人生观、价值观这个“总开关”问题，运用贯穿其中的马克思主义立场、观点、方法，研究解决实际问题。领导班子在研究重要问题和重点工作时，首先学习习近平总书记相关重要论述，在对标对表中找准方向、明确思路、提出措施。要切实弘扬理论联系实际的马克思主义学风，大力开展调查研究，自觉找差距、抓整改，结合现实问题增强学习教育的针对性和实效性，做到学以致用、用有所成。通过学习，用学到的知识、科学理论指导社会实践、指导我们的工作，引导广大党员干部以强烈的政治责任感和历史使命感，保持只争朝夕、奋发有为的奋斗姿态和越是艰险越向前的斗争精神，以钉钉子精神抓工作落实，努力创造经得起实践、人民、历史检验的实绩。

三、切实抓好优化班子结构这个关键环节

领导班子集体由一名名领导干部组成，如何才能激发领导班子最大同心圆效应，关键在选优配强领导班子队伍。合理的领导班子结构，可以通过成员间的有效组合，提高领导班子工作效率，最大限度地发挥领导班子成员的个体能力，产生领导的群体效能，使领导班子整体效能大于个体效能之和。

（一）选优配强党政正职

党政“一把手”在一个地区、一个单位发挥着把方向、抓大事、谋全局的作用，是干部中的关键，也是抓落实的第一责任人。实践证明，一、二把手选准了，三五年就能发展起来，就能看到明显变化；如果一、二把手选得不准或频繁调整，三五年一晃就过去，必然会错失机遇、贻误事业。优化班子结构要把选优配强党政正职作为关键中的关键，坚持好中选优、优中选强，注重选拔政治上强、能够驾驭全局、善于抓班子带队伍、民主作风好、敢于担当、经过重大斗争考验、领导经验丰富、廉

洁自律的优秀干部担任党政正职。坚决打破论资排辈、平衡照顾、求全责备的观念束缚，以对组织、对事业高度负责的精神，唯才是举、唯才是用，真正把好钢用在刀刃上。选优配强党政正职，既要注意干部的全面优选，也要注重优秀干部的最佳组合，把最优的党政正职组合为最强的党政搭档。党委书记要着重选配综合素质高、统筹全局能力强、善于协调各方、熟悉和重视党的建设的干部。政府正职要着重选配熟悉经济社会发展、善于依法行政、合作意识强的干部。选配党政正职既要考虑年龄、知识、专业、能力结构上的合理性，又要考虑禀性气质特点、工作阅历经验上的互补性，使他们成为唱好“将相和”的好搭档。

（二）优化年龄结构

优化年龄结构有助于增强领导班子的承接力。老中青相结合的梯次配备能够促进班子内部经验、精力等方面互补，增强整体工作效能。坚持分层分类、精准施策，坚持老中青相结合的梯次配备，用好各年龄段干部，既要根除在领导班子成员选拔任用中按年龄论资排辈的思想，防止领导班子同龄化、后继乏人的现象，又要避免简单以年龄划线，搞领导班子成员任职年龄层层递减和“一刀切”。坚持统筹兼顾、精准施策，遵循干部成长规律，统筹“选育管用”各环节，从源头抓起，做大做活优秀年轻干部“蓄水池”，抓好优秀年轻干部调研，从各条战线、各个领域、各个行业发现优秀年轻干部。优秀年轻干部必须对党忠诚，坚持走中国特色社会主义道路，坚定不移听党话、跟党走。数量必须服从于质量，在选干部、配班子时不能只看年轻干部“有没有”“有多少”，更要看“好不好”“优不优”。既要尊重人才成长的一般规律，又要把握优秀人才脱颖而出的特殊规律，对年轻干部中确有真才实学、成熟较早的，要敢于大胆破格使用，不能缩手缩脚，从实际出发，把他们及时起用、大胆提拔到领导岗位上。加强对领导班子进退情况、配备需求和优秀年轻干部储备情况的分析研判，对有发展潜力、需要递进培养的抓紧放到关键岗位上历练，确保在副职等岗位上切实打破隐性台阶，在同一正职、吃劲岗位上有足够时间磨炼。坚持五湖四海，打破地域概念、部门界限，加大领导干部交流力度，同时强调要注意保持领导班子特别是市、县党政正职相对稳定。

（三）改善专业结构

改善专业结构有助于增强领导班子的胜任力。领导班子是一个地方和单位的决策者和管理者，其班子成员专业素质的高低不仅直接影响领导班子能力的强弱，还直接影响着决策水平、管理成效和发展成果。当今时代，社会分工越来越细，知识更新周期越来越短，经济社会发展要求越来越高，这对领导班子和领导干部的专业化水平提出了新的更高要求。适应经济发展新常态，推动经济转型、动力转换、发展方式转变，尤其需要改善领导班子专业结构、加强领导干部专业化能力培养。要根据不同类型领导班子的职责任务，注意选配具有专业能力、专业精神的干部，使领导班子形成搭配合理、优势互补的专业结构。要坚持人岗相适的原则，从领导班子职能职责需要出发，突出班子成员教育背景、培训经历、学习能力和专业能力，把那些既懂党务工作，又懂经济社会发展的复合型领导人才选拔进领导班子，使领导班子真正成为做党的群众工作，领导经济社会发展，让人信服的行家里手，更好地胜任管理工作的要求。

（四）完善来源、经历结构

完善来源和经历结构有助于增强领导班子的战斗力。在具体工作中，光有理论知识是不够的，还要重视实践经验，而干部的来源和经历结构，直接关系领导班子的整体功能与合力。树立重视基层、重视实践的导向，充分考虑领导班子成员特长的个体性、互补性、互融性，拓宽选人视野，畅通“三支队伍”交流渠道，扩大遴选范围、比优择强，注意从企事业单位和社会组织中发现选拔党政领导干部，把领导班子干部交流作为丰富干部来源和经历的有效手段，从各领域不拘一格选拔人才。要把班子成员知识结构的互补程度、领导经验的丰富程度以及班子效能的优劣程度作为选拔的综合研判对象，既看知识学历，更看工作能力；既看锻炼岗位的多少、实际经验的强弱，又看基层历练的长短、领导经验的丰薄，以关键时刻、重大事件中的表现作为检验干部领导水平和实际能力的“试金石”。让那些在一线磨练成长、在基层摸爬滚打、实绩突出的干部受重视、上得来，树立领导干部来自基层、选自基层的鲜明用人导向，使领导班子的知识、智能、经历适应社会发展、经济结构、现实需求的需要，增强领导班子在深化改革、推动高质量发展、推进国家治理体系和治理能力现代化建设的综合领导力。

四、切实抓好提高领导水平和专业素养这个紧迫任务

习近平总书记强调：“伟大的斗争，宏伟的事业，需要高素质干部。”[①]中国特色社会主义进入新时代，党和国家各项事业站在新的历史起点上，各级党政领导班子和领导干部必须不断提高适应新时代中国特色社会主义发展要求的能力。

（一）注重实践锻炼

辩证唯物主义认识论坚持实践第一的观点，特别强调实践的重要作用，认为实践出真知，实践长才干。干部的成长，基层历练是基础支撑，多岗位锻炼是重要路径，要推动干部在实践锻炼中丰富阅历、历练成长。缺乏在实际工作中的艰苦磨练，是造成一些同志文凭高能力低、说功好做功差、想法多办法少、眼高手低、难以成事的重要原因。要聚焦服务国家重大战略、重大工程、重大项目、重点任务，有计划地选派干部参

① 《习近平在庆祝中国共产党成立95周年大会上的讲话》，《人民日报》2016年7月2日。

加挂职任职、对口支援等，推动领导班子建设与中心工作深度融合，引导领导干部在实践实干中锻炼成长。要继续把改革发展主战场、服务群众最前沿、维护稳定第一线作为干部培养“主课堂”，进一步加大干部实践锻炼力度，全面增强执政本领。对有发展潜力的年轻干部，有计划地安排到县乡基层和脱贫攻坚、园区建设、重大项目一线摔打磨练，让他们在实战中补齐专业能力短板，增强实干意识；对有专业特长但领导经验不足的干部，有意识地放到党政机关领导岗位培养锻炼，提高他们的战略思维和把握大局、统筹协调能力；对于各级党政领导干部，根据岗位特点和干部实际情况，精准选派到中央直属单位、上级业务主管部门、发达地区跟班学习，到专业部门、重点产业园区、国有企业挂职锻炼，让他们在工作中提升专业素养。

（二）提高专业化水平

提高领导干部专业化水平，既要综合施策、全面用劲，更要找准着力点，精准发力。实施“干部专业化能力提升计划”，提升专业能力，弘扬专业精神，推动形成又博又专、推陈出新的素养结构，使领导干部成为精通业务的内行领导，使领导班子专业素养整体适应地方发展需要、单位核心职能。要增强教育培训的针对性和精准度，按照“干什么学什么、缺什么补什么”的原则，在深入学习党的十九大和十九届二中、三中、四中、五中全会精神的基础上，结合不同领域、不同岗位干部的专业化需求，开展精准化、个性化培训，增强专业化培训的频次和深度，着力弥补干部的知识空白、能力短板，增强适应新形势新任务的能力。健全领导干部在职自学、日常学习等制度，完善述学评学督学机制，推动领导干部主动学习、终身学习，自觉运用习近平新时代中国特色社会主义思想指导实践，系统掌握做好领导工作、履行岗位职责所需的政治素质和专业知识。推动干部在思考总结中把握规律、增长才干。完善干部挂职（培训）情况报告机制，干部外出挂职（培训）结束后及时梳理工作学习情况，进行理性思考，形成调研报告，积极建言献策。完善务虚研讨制度，推动领导干部研究大局大势和本领域发展趋势，定期对本地本单位的重大问题进行分析研究，增强战略思维、创新思维和辩证思维。

（三）发扬斗争精神

形势和任务要求领导干部要有复杂斗争的思想准备、长期斗争的思想准备。斗争精神、斗争本领不是与生俱来的，也不会随着党龄的增加、职务的变化而自然提高。要通过严格的思想淬炼、政治历练、实践锻炼，补上敢于斗争、善于斗争这一课。要系统学好习近平新时代中国特色社会主义思想，掌握马克思主义立场、观点、方法，进一步增强“四个意识”，坚定“四个自信”，做到“两个维护”，才能更好地坚定斗争意志，把握斗争方向，坚持斗争的原则和方法。要主动投身到各种斗争中去，在大是大非面前敢于亮剑，在矛盾冲突面前敢于迎难而上，在危机困难面前敢于挺身而出，在歪风邪气面前敢于坚决斗争。不论在哪个岗位、担任什么职务，都要勇于担当、攻坚克难，既当指挥员、又当战斗员，培养和保持顽强的斗争精神、坚韧的斗争意志、高超的斗争本领。要坚持在重大斗争中磨砺，越是困难大、矛盾多的地方，越是形势严峻、情况复杂的时候，越能练胆魄、磨意志、长才干。

（四）提升应对风险能力

只有坚持底线思维，增强忧患意识，提高防控能力，切实做好防范化解重大风险各项工作，才能在新征程上创造新的更大奇迹。要强化风险意识，紧密联系外部环境深刻变化和国内改革发展稳定面临的新情况新问题新挑战，充分认识防范化解重大风险的重要性和紧迫性，进一步增强防范化解重大风险的政治自觉和责任担当，切实做好应对任何风险挑战的思想准备和各项工作，坚定信心，负起责任，把自己职责范围内的风险防控好，努力将矛盾消解于未然，将风险化解于无形。坚决贯彻总体国家安全观，落实党中央关于维护政治安全的各项要求，确保我国政治安全。持续巩固壮大主流舆论强势，落实意识形态责任制，创新思想政治工作内容和形式。面对经济运行稳中有变、变中有忧，既要保持战略定力，推动我国经济发展沿着正确方向前进；又要增强忧患意识，未雨绸缪，精准研判、妥善应对经济领域可能出现的重大风险。面对维护社会大局稳定的任务，我们要切实落实保安全、护稳定的各项措施，下大气力解决好人民群众切身利益问题，不断增加人民群众获得感、幸福感、安全感。面对全球动荡源和风险点增多，我们要统筹国内国际两个大局、发展安全两件大事，既聚焦重点、又统揽全局，有效防范各类风险连锁联动，为我国改革发展稳定营造良好外部环境。

五、切实抓好管理监督和激励担当作为这个重要保障

严格监管是对干部最大的爱护、最好的保护、最真诚的帮助。要坚持严管和厚爱结合、激励和约束并重，提出并实施有针对性的政策举措，推动领导班子呈现新气象新干劲新活力。

（一）严格日常管理

从严监督管理好干部，是党要管党、全面从严治党的关键所在。从严监督管理干部，落实责任是关键。推动各级党委（党组）切实履行好干部管理政治责任，牢固树立抓干部管理是本职、不抓干部管理是失职、抓不好干部管理是不称职的观念，把干部管理工作贯穿到干部工作全过程。各级领导干部要担负好干部管理的直接责任，坚持原则，真抓严管，对违反原则的人和事不留情面，对工作不力和作风不正的干部不姑息迁就，对出了问题的干部不包庇袒护，防止干部监督管理失之于宽、失之于软。要认真执行巡视巡察、经济责任审计、重大事项请示报告等制度，重点抓好对党政“一把手”、重点热点岗位、窗口服务部门干部的管理监督，健全落实对领导干部“八小时内外”的管理监督措施，促使广大干

部特别是领导干部坚定理想信念、增强宗旨意识、严守组织纪律、保持高尚情操。要注重抓常、抓小、抓平时，在完善制度上下硬功夫、作长远谋，常态化、长效化地掌握干部的思想工作状态，促进自我警醒、自我约束和自我克制。要严格日常管理，强化经常性考核，加强综合分析研判，对干部表现出的苗头性、倾向性问题要及时提醒，早打“预防针”，常敲“警示钟”。禁微则易，救末者难。只有通过全方位多层次宽领域的强有力监督管理，才能教育引导各级干部做良好政治生态的坚守者、维护者、建设者，推动形成干部清正、政府清廉、政治清明的良好局面。

（二）强化正向激励

坚持正向激励主基调，立足事业需要，回应群众呼声，顺应干部期待，体现倡导性、引领力，释放出促进干部积极作为、奋进奋发的强烈信号。要真心关爱干部，建立健全容错纠错机制，把“三个区分开来”的要求具体化，正确把握干部在工作中出现失误的性质和影响，为担当者担当，为负责者负责。党委（党组）及纪检监察机关、组织部门等相关职能部门，要妥善把握事业为上、实事求是、依纪依法、容纠并举等原则，结合动机态度、客观条件、程序方法、性质程度、后果影响以及挽回损失等情况，对干部的失误错误进行综合分析，对该容的大胆容错，不该容的坚决不容。对给予容错的干部，考核考察要客观评价，选拔任用要公正合理。坚持有错必纠、有过必改，对苗头性、倾向性问题早发现早纠正，对失误错误及时采取补救措施，帮助干部吸取教训、改进提高，让他们放下包袱、轻装上阵。正确对待被问责和受到处分的干部，采取适当形式为被诬告干部澄清正名，关注干部身心健康，完善异地交流任职干部保障制度，以组织对干部的担当推动干部对事业的担当。

（三）坚持正确用人导向

选好人、用对人，是最有效、最直接的激励。坚持好干部标准，突出信念过硬、政治过硬、责任过硬、能力过硬、作风过硬，大力选拔敢于负责、勇于担当、善于作为、实绩突出的干部。坚持从对党忠诚的高度看待干部是否担当作为，注重从精神状态、作风状况考察政治素质，既看日常工作中的担当，又看大事要事难事中的表现。坚持全面历史辩证地看待干部，公平公正对待干部，对个性鲜明、坚持原则、敢抓敢管、不怕得罪人的干部，符合条件的要大胆使用。坚持优者上、庸者下、劣者汰，对巡视等工作中发现的贯彻执行党的路线方针政策和决策部署不坚决不全面不到位等问题，组织部门要及时跟进，对不担当不作为的干部，根据具体情节该免职的免职、该调整的调整、该降职的降职，使能上能下成为常态。同时，完善考核评价，开展好平时考核、年度考核、专项考核、任期考核，全面了解领导班子政治思想建设、领导能力、工作实绩、党风廉政建设、作风建设和领导干部德、能、勤、绩、廉等情况，作出客观准确评价，切实解决干与不干、干多干少、干好干坏一个样的问题。

（四）注重人文关怀

组织上的关心关爱，是干部心无旁骛干事创业的坚强后盾。坚持严格管理和关心信任相统一，政治上激励、工作上支持、待遇上保障、心理上关怀，增强干部的荣誉感、归属感、获得感。完善和落实谈心谈话制度，注重围绕深化党和国家机构改革等重大任务做好思想政治工作，及时为干部释疑解惑、加油鼓劲。健全干部待遇激励保障制度体系，完善机关事业单位基本工资标准调整机制，实施地区附加津贴制度，完善公务员奖金制度，推进公务员职务与职级并行制度，健全党和国家功勋荣誉表彰制度，做好平时激励、专项表彰奖励工作，落实体检、休假等制度，关注心理健康，丰富文体生活，保证正常福利，保障合法权益。要给基层干部特别是工作在困难艰苦地区和战斗在脱贫攻坚第一线的干部更多理解和支持，主动排忧解难，在政策、待遇等方面给予倾斜，让他们安心、安身、安业，更好履职奉献。

六、切实抓好持之以恒改进作风、严肃纪律这个核心问题

加强作风建设，是党的十八大以来党政领导班子建设的重点和亮点。要总结运用近年来成功经验，推动各级党政领导班子和领导干部坚持以人民为中心，践行党的群众路线，认真落实党中央各项惠民政策，密切党同人民群众的血肉联系。要持续推进党风廉政建设，落实全面从严治党政治责任。

（一）坚持以人民为中心

各级领导干部要坚持以人民为中心的发展思想，始终把人民利益放在第一位，把实现好、维护好、发展好最广大人民的根本利益作为我们一切工作的出发点和落脚点。感情上要贴近群众，对人民群众要常怀感激之情，对群众的疾苦决不能麻木不仁，对群众的利益决不能漠视不顾，对群众的呼声决不能置若罔闻。行动上要深入群众，始终保持同人民群众的密切联系，经常深入实际、深入基层、深入群众，到群众最需要的地方去了解民生诉求，到群众最困难的地方去排忧解难，到矛盾最突出的地方去化解矛盾。工作上要依靠群众，充分发挥群众的主体作用，尊重群众的首创精神，善于总结群众的创造，拜人民为师，虚心向群众请教，坚持问政于民、问需于民、问计于民，最大限度地调动广大人民群众的积极性、主动性和创造性。发展成果要惠及群众，坚持民生为重、富民为先，把发展经济与改善民生更好地结合起来，以解决人民群众最关心、最直接、最现实的利益问题为重点，紧紧扭住人民群众最关心的就业、教育、收入、社保、医疗、养老、居住、环境、食品药品安全、社会治安等问题，一项一项、扎扎实实把民生工作做好。

（二）坚决反对形式主义官僚主义

坚决杜绝形形色色的形式主义官僚主义，持续为基层松绑减负，让干部有更多时间和精力抓落实。要持续筑牢克服形式主义官僚主义的思

想政治根基，巩固拓展“不忘初心、牢记使命”主题教育成果，组织引导广大党员干部深入学懂弄通做实习近平新时代中国特色社会主义思想，进一步坚定理想信念，使“四个意识”“四个自信”“两个维护”在内心深处扎根铸魂。将力戒形式主义官僚主义纳入不忘初心、牢记使命制度，建立健全理论学习、检视问题、抓实整改的长效机制。深刻总结新冠肺炎疫情防控中的经验教训，教育引导党员干部自觉加强党性修养，坚持实事求是的思想路线，牢固树立正确政绩观，始终牢记人民利益高于一切，切实把对上负责与对下负责统一起来，决不做自以为领导满意却让群众失望的蠢事。坚决纠治贯彻落实党中央决策部署中的形式主义问题，坚持从讲政治高度整治形式主义官僚主义，从领导机关和领导干部抓起改起，深入查找贯彻落实党的理论和路线方针政策上存在的政治偏差，深化治理贯彻党中央决策部署只表态不落实、维护群众利益不担当不作为，特别是漠视人民群众生命安全和身体健康等突出问题，严肃查处不敬畏不在乎、空泛表态、敷衍塞责、弄虚作假、阳奉阴违等问题。

（三）加强和改进调查研究

调查研究是谋事之基、成事之道。要着眼解决实际问题，有针对性地开展调查研究，把调查研究与履职尽责、完成党中央部署的任务和当前正在做的事情结合起来。要结合各自职责任务，把应对各种挑战、破解改革难题等作为调研内容。调研要紧盯问题，摸清实情，分析症结，研究提出解决问题、改进工作思路的办法措施。对调研发现的问题，能解决的马上就办。认真开展调查研究，就要注重从实际出发。坚持实事求是，树立求真务实的作风，深入具体接地气，切忌一刀切、表面化，坚决防止为调研而调研，防止搞“出发一车子、开会一屋子、发言念稿子”式的调研，防止扎堆调研、“作秀式”调研。真正沉下心来、扑下身子，多开展随机调研、蹲点调研、“解剖麻雀”式调研，察实情、听真话、取真经，不作秀，不走“经典路线”。调研成果要言之有物，有数据有分析、有解决问题的思路和举措，确保把调研成果转化为解决问题的具体行动。

（四）坚持清正廉洁

落实全面从严治党政治责任，严明纪律、严格教育、严肃执纪，一体推进不敢腐、不能腐、不想腐。教育引导领导干部常存敬畏之念，敬畏人生、敬畏权力、敬畏法纪、敬畏人民，时刻警醒自己，坚守住做人为官的底线，保持清正廉洁的本色，堂堂正正做人，清清白白为官，干干净净干事。要经得起权力的考验，正确对待和行使手中的权力，时刻牢记我们手中的权力是人民赋予的，只能用来为人民谋利益，决不能把权力变成牟取个人和少数人私利的工具。始终把法律法规和党纪党规作为不可逾越的红线，自觉遵守党纪国法，严格执行领导干部廉洁从政的各项规定，严格按制度办事、按程序办事，带头管好配偶、子女和身边工作人员，不能为他们牟取不正当的利益，更不能为他们的违纪违法行为充当保护伞。自觉接受监督，主动把自己置于党组织和群众的监督之下。要严格执行党风廉政建设责任制，切实抓好分管地区和部门的党风廉政建设和反腐败工作，支持纪检监察机关、司法机关依纪依法办案，严肃查处各种腐败行为，以党风廉政建设和反腐败的实际成效取信于民。

延伸阅读

浙江从严从实建设“好班子”

事业推进、难题破解，首先看领导班子强不强。浙江高度重视领导班子政治建设和思想建设，注重在攻坚克难中锻造“好班子”，努力打造高素质专业化干部队伍，广大干部干事创业激情持续迸发，推动着浙江各项事业干在实处、走在前列、勇立潮头。

坚持"政治首位"，坚定理想信念

坚持把政治建设放在首位，讲不讲政治成为衡量领导班子强不强的第一标尺。宁波市委制定实施《中国共产党宁波市委员会工作规则》，带头接受各方面监督；同时，制定出台了《关于加强区县（市）领导班子思想政治建设的意见》，提出坚定忠诚、担当实干、精诚团结、勤政为民、清正廉洁的"五好班子"目标，狠抓领导班子政治建设和思想建设。温州市针对"三会一课"、双重组织生活、党费收缴等关键性问题，在全市开展党内政治生活集中专项检查，发现问题及时通报、督促整改，倒逼广大党员干部把严肃党内政治生活作为一种习惯、成为一种自觉。舟山市推行"红黄蓝"三色预警机制，对领导班子党内政治生活存在质量不高、时断时续的情况，视情节轻重给予黄色或红色预警提示；同时，加强督促开好民主生活会，实行上级纪委、党委组织部门派员列席下级领导班子民主生活会全覆盖。红船所在地嘉兴市，提出锻造"红船铁军"。市委党校围绕"红船精神"，设计"红船精神与党性修养"等10余个主题，开发100多个"专题课程"和50多个"教学案例"。市里及时开展党的"一大"与"红船精神"的时代价值讨论，引导新入领导班子成员把"红船精神"像血液、基因一样内化和植根于身心。

强班子，先抓"领头雁"

工作怎么样，先看"领头雁"。浙江在抓领导班子政治建设、思想建设过程中，紧紧抓住"一把手"这个领导班子的"班长"持续发力。在浙江，始于2013年的县（市、区）委书记工作交流视频会议已成为常态，每季度举行一次。因为每次会议都安排在晚上，每次只有10名县（市、区）委书记发言，然后由省委领导进行点评，被广大干部群众称为"县委书记赶'夜考'"。通过这种公开"夜考"传导的，既是压力更是动力，因为，心有所想，事要真干，说真话，干实事，有实效，让百姓满意，才有机会参加考试，也才能考出好成绩。杭州市设定"好班长好班子好梯队"三好建设目标，对干部队伍按"一把手"、领导班子、窗口干部和基层干部等进行分类监督，严管"一把手"、监督领导班子。

丽水市探索三级书记党建任务清单机制，围绕年度基层党建重点工作，市委书记亲自研究和部署，分别明确县委书记11项、乡镇书记12项、村党支部书记12项重点任务，把党建“软任务”变成“硬指标”。

纠“四风”不停步，严管换来风清气正

浙江坚定不移落实全面从严治党要求，以严管换来风清气正。按照“原则上比中央发的文件更具体和严格一些”的标准，中央八项规定出台后，浙江省委即出台“28条办法”和“六个严禁”，成立正风肃纪工作机构，从严查处“酒局”“牌局”等“四风”方面的突出问题。浙江提出，各级领导班子和广大领导干部对照形式主义、官僚主义“十种表现”，把自己摆进去全面查摆问题、予以整改。注重把建章立制贯穿于作风建设日常，是浙江的一个鲜明特点。驻省人大机关纪检组制定《廉政谈话暂行办法》，对驻在单位领导婚丧嫁娶、房子票子车子、出国考察学习、家属亲属职业等都要掌握，甚至连领导出差去什么地方、住什么房间也要了解，及时发现问题苗头。

（节选自《浙江从严锻造“好班子”》，《人民日报》2018年4月24日）

第八章

健全和落实科学精准的选贤任能制度

党的十九届四中全会提出，坚持新时代党的组织路线，健全党管干部、选贤任能制度。要充分认识健全和落实科学精准的选贤任能制度的重要意义，坚持党管干部原则，进一步健全选贤任能的政治把关、导向引领、精准识别机制，打造忠诚干净担当的高素质专业化干部队伍，为全面建设社会主义现代化国家、实现中华民族伟大复兴中国梦提供坚强组织保证。

我们党历来重视教育、培训、选拔、考核和监督干部。健全和落实科学精准的选贤任能制度是指党委（党组）及其组织（人事）部门按照干部管理权限，对党政领导班子和领导干部的政治素质、履职能力、工作成效、作风表现等所进行的了解、核实和评价，在此基础上对干部进行选拔任用。健全和落实科学精准的选贤任能制度是选拔使用干部的前提和基础，只有考得精准才能用得合理。健全和落实科学精准的选贤任能制度，打造一支忠诚干净担当的高素质专业化干部队伍，是推进国家治理体系和治理能力现代化、助力“中国号”复兴巨轮行稳致远的重要保障。《中国共产党组织工作条例》围绕破解怎样是好干部、怎样成长为好干部、怎样把好干部用起来等重大问题，强调坚持党管干部原则，坚持德才兼备、以德为先，坚持五湖四海、任人唯贤，坚持好干部标准，坚持正确用人导向，着力建设忠诚干净担当的高素质专业化干部队伍。要坚持以习近平总书记关于领导班子和干部队伍建设的系列重要论述为根本遵循，以《党政领导干部选拔任用工作条例》为准绳，确保把党和人民需要的好干部及时发现出来、合理使用起来。

一、坚持把党管干部原则贯穿干部选拔任用全过程

用人权是最重要的执政权。党的领导是中国特色社会主义最本质的特征和最大优势。坚持党管干部原则，是党的领导在干部人事工作中的重要体现，是坚持和加强党的全面领导、巩固党的执政地位、履行党的执政使命的根本保证，是健全和落实科学精准的选贤任能制度最根本的要求。党管干部的核心是保证党的领导，体现在选拔任用工作中，就是解决“为谁选人”的问题，就是要为党和人民的事业选人、按照党和人民的意愿选人，确保各级领导权始终掌握在忠于党、忠于人民、忠于马克思主义的人手中。

（一）准确把握党管干部原则内涵

党管干部，主要是指各级党委坚持贯彻执行党的干部路线方针政策，严格按照党的原则选拔任用干部，并对各级、各类干部进行有效的管理和监督。党管干部的实质，就是要保证党对干部人事工作的领导权和对重要干部的管理权，包括制定干部人事工作的方针政策，管理和推荐重要干部，做好对干部人事工作的宏观管理和监督等。作为一个执政党，如果不直接管理选人用人，党的事业就失去了保证，党的领导就会成为一句空话。因此，党管干部的原则，必须始终不渝地坚持，在任何时候、任何情况下都不能有丝毫的含糊和动摇。首先，要充分认识到用人权是最大的执政权之一，党管干部是体现党的执政地位、巩固党的执政基础的重要保证，是干部工作的根本原则，必须毫不动摇、坚定不移地予以坚持。其次，要正确把握党管干部与发扬民主的辩证关系，党管干部是总原则，发扬民主是手段，发扬民主离不开党的领导，发扬民主的目的就是要更科学、更有效地落实党管干部原则。既不能把坚持党管

干部当作阻碍干部群众行使民主权利的借口，也不能把扩大干部工作民主看作是什么都交给群众去选择，而是要在牢牢掌握党组织用人权的基础上，在干部工作中充分发扬民主，提高选人用人的公信度。

（二）把党管干部原则落到实处

党管干部原则是具体的，不是抽象的口号。要充分吸收近年来的经验做法，着眼把党管干部原则贯穿干部选拔任用全过程和各方面，进一步充实完善分析研判和动议环节，优化调整民主推荐程序，明确严格执行民主集中制的有关要求，使党管干部原则得到更好坚持，将党的领导在干部工作中的把关定向作用进一步凸显出来。在分析研判和动议环节，根据日常了解情况，对领导班子和领导干部进行综合分析研判，根据人选与岗位的匹配度，提出启动干部选拔任用工作意见。在民主推荐环节，要准确掌握好干部工作的方针政策，科学制定推荐工作方案，根据代表性、差异性、知情度、关联度的要求，合理确定民主推荐范围，提高领导班子成员和组织部门在推荐中的权重，力求推荐结果的科学性、真实性。在考察环节，要选派公道正派、经验丰富、素质优良的干部参加考察工作，注意拓宽考察领域，创新考察方法，改进考察方式，注重全方位深入考察干部，综合了解考察对象的工作实绩和德才表现，力求考准考实。在讨论决定特别是选举环节，要旗帜鲜明地向代表讲清楚人事安排方案的原则、目的，讲清楚人选产生过程，讲清楚人选的基本情况，并依法依规组织好选举工作。在具体工作中，要分清选任制干部和委任制干部的区别，委任制干部主要适用实绩晋升原则，不搞一刀切。

（三）正确分析和对待票数

扩大干部工作民主是干部人事制度改革的重要内容，本意是改变少数人选人的现象，落实干部群众在选人用人上的知情权、参与权、选择权和监督权。但在具体操作中，一些地方走了调、变了味，出现了过度依赖票数、简单以票取人的现象，致使拉票或当老好人的不良风气愈演愈烈，败坏了党风和社会风气。党的十八大以来，各地区各部门各单位充分发挥党组织在选人用人中的领导和把关作用，有效破解了一些地方和单位出现的唯票、唯分、唯 GDP、唯年龄等问题，推动了干部工作“正本清源、回归本真”。党的十九大鲜明提出，要坚持和加强党的全面领导，坚持党中央权威和集中统一领导。一要正确看待票的作用。推荐票并不是选举票，推荐票只能作为用人的重要参考，不能作为用人的唯一依据。二要对票进行分析甄别。将推荐结果与平时掌握情况、外部反映情况、干部群众认同情况进行比较，将推荐对象近几年内的推荐测评结果进行比较，通过多角度、全方位地甄别，分析是否存在拉票行为，是否存在影响投票结果的其他因素。三要科学运用投票结果。坚持从推荐得票较高的人选中确定考察对象，但不唯票取人，同时要研究探索制定民主推荐结果一旦失真或明显与组织掌握的情况不符后，党组织如何进行决策的意见办法，以制度的形式保障干部选拔任用的科学合理、公正公平。

（四）把政治标准排在第一位

习近平总书记指出：“我们党对干部的要求，首先是政治上的要求。选拔任用干部，首先要看干部政治上清醒不清醒、坚定不坚定。”① 这一重要论述抓住了干部选拔任用的关键和要害，发挥了拨云见日、激浊扬清、祛偏扶正的导向作用。党的十八大以来，各级党组织在选人用人上把紧把严政治标准这个硬杠杠，在人选条件上凸显政治要求，在考察识别上突出政治素质，在审核把关上强调政治纪律，政治生态明显改善，用人风气日益清朗，一大批政治立场坚定、政治能力过硬、政治自律突出的干部被选出来、用起来。要突出首要标准，健全增强“四个意识”、坚定“四个自信”、做到“两个维护”的政治把关机制。如果政治不合格，能

① 习近平：《努力造就一支忠诚干净担当的高素质干部队伍》，《求是》2019 年第 2 期。

耐再大也不能用。进一步完善政治建设考察制度，分类构建务实管用的考察办法，推动考察全覆盖。综合运用年度考核、巡视巡察等多种成果，坚持以言察政、以行观政、以事验政，突出“政治”二字用具体事例精准画像。要强化政治把关主体责任，完善党委（党组）讨论决定干部任免的议事规则和决策程序，使党管干部原则更加具体化、更具操作性，更好地贯彻落实到选人用人全过程各方面。优化政治把关方法路径，坚持动议即审、该核早核，对纳入考虑范围的人选提前开展政治体检。综合运用日常了解、谈话调研、核实甄别、“凡提四必”等方法，健全完善干部监督联席会议制度，强化政治建设考察成果运用，提高政治把关科学性、精准度。

二、拓宽选人用人视野

坚持五湖四海、任人唯贤，是我们党历来坚持的选人用人理念。现在我们比历史上任何时期都更接近实现中华民族伟大复兴的宏伟目标，也比历史上任何时期都更加渴求人才。这就要求我们从党和国家事业发展需要出发，以更高的站位、更宽的视野、更大的气魄，发现人才、使用人才、配置人才，把干部队伍和各方面人才作用充分发挥出来。

（一）坚持五湖四海、任人唯贤

坚持五湖四海、任人唯贤是我们党选人用人的一条重要原则，是党的先进性的本质要求，是马克思主义政党区别于其他政党的显著标志，也是党的事业不断取得胜利的重要保证。广聚天下英才为党和人民所用，是我们党立党为公、执政为民理念在用人路线上的必然体现。1938 年 10 月，毛泽东同志在《中国共产党在民族战争中的地位》中首次提出了使用干部要坚持“任人唯贤”、反对“任人唯亲”的路线。他指出：“在这个使用干部的问题上，我们民族历史中从来就有两个对立的路线：一个是‘任人唯贤’的路线，一个是‘任人唯亲’的路线。前者是正派的路线，后者是不正派的路线。”“共产党的干部政策，应是以能否坚决地执行党的路线，服从党的纪律，和群众有密切的联系，有独立的工作能力，积极肯干，不谋私利为标准，这就是‘任人唯贤’的路线。”[①] 坚持五湖四海，就是在使用干部时要拓宽选人用人视野，不能画“圈圈”，不能分“远近”；不能“任人唯亲”，而要“任人唯贤”。事实证明，坚持五湖四海，就会群英荟萃，事业兴旺；搞小圈子，必然正气不彰，事业不振。拓宽选人用人视野，就要经常走出机关、走进群众，多下基层、多跑“冷门”，既听组织推荐，又重实际考察；要特别关心各条战线、各个领域的基层和生产一线，特别关注环境艰苦、工作困难、矛盾复杂、长期默默奉献的岗位，特别关心那些心系群众、埋头苦干、不拉关系、不走门子的老实人、正派人。要健全优秀年轻干部常态选拔、实态锻炼、严态管理、动态调整机制，建立下级党组织定期向上级组织部门推荐制度、年轻干部最低配备比例提示和调控机制，完善年轻干部“成长档案”，及时提拔使用政治过硬、历练扎实、表现突出的优秀年轻干部。

（二）坚持用人所长、避其所短

“金无足赤，人无完人”，这是古往今来客观存在的事实。人有其所长，也必有其所短，世上没有无所不知、无所不晓、完美无缺的人。因此，用人不能求全责备，只能是用其所长，避其所短。邓小平指出：不要求全责备，我们的人才是有的，关键是要解放思想，打破框框。只要敢于把他们提起来，让他们在其位，谋其政，经过一两年就能干起来了。扬长避短，则无不可用之人；求全责备，则无可用之人。在我们现实生活中，有所专长的人比比皆是，而没有短处的人却很难找到。所以，用人贵在用其所长，避其所短。只有这样，才能充分发挥每个人的主观能动作用。如有的人精于专业技术，有的人适于行政管理，有的人擅长理

① 《毛泽东选集》第2卷，人民出版社1991年版，第527页。

论研究，有的人善于宏观领导，等等。这就要使其各得其所，各就其位，各展其才。要注意正确对待人之所短，必须辩证地看待一个人的长处和短处。陈云在《论干部政策》中精辟地指出："自高自大当然不好，是坏的，但是这种看法往往包含片面性。我们要进一步地看，每一个坏处同时也常有他的好处。这个人自高自大，但是做起事来有自信心，这种人多少有点才能。"[①]这里说的"进一步地看"，就是辩证地看。对一个人的短处要作具体分析，对不碍发挥长处的短处要能容忍，对有碍发挥长处的短处要帮助克服。当然，容人之短，绝不是对短处视而不见，姑息迁就，更不能一好遮百丑，放任自流。而是要以诚恳的态度、正确的方法积极引导，热情帮助。这样才能真正既充分发挥每个人的长处，又能使其短处得到克服，把消极因素化为积极因素，调动各方面的积极性。

（三）坚持打破壁垒、畅通渠道

2019年修订的《党政领导干部选拔任用工作条例》着眼进一步拓宽视野、畅通渠道，增加了"注意从企业、高等学校、科研院所等单位以及社会组织中发现选拔"党政领导干部、"加大干部交流力度"、"推动形成国有企事业单位、社会组织干部人才及时进入党政机关的良性工作机制"等内容。提高专业化人才供给质量，精准对接地方、部门、行业发展所需，打破思维惯性和路径依赖，开阔选才视野，搭建选才平台，创新选才方式，打通广进贤才的通道。畅通体制内外人才的流动渠道，对干部和人才自身来说，是全方位提高素质的重要渠道；对干部人才管理来看，是形成创先争优激励机制的重要抓手；对党政机关与企事业单位及社会各层面而言，是人员互通有无、实现各项事业互动双赢的重要途径，有利于调动体制内外各类干部人才干事创业积极性，让各类人才的潜能和才智在大众创业、万众创新的大潮中得到竞相迸发、充分涌流。

① 《陈云文选》第1卷，人民出版社1995年版，第110页。

要打破体制壁垒，扫除身份障碍，促进党政机关、企事业单位人才和社会各方面人才顺畅流动，提高人才横向和纵向流动性，盘活各类人才资源、增强干部队伍活力。要进一步拓宽选人用人视野，打通体制内外人才流动的“双向道”，构建各类人才互通的“立交桥”，让体制内外人才的流动成为一种新常态，如此才能激活整个干部人才队伍“一池春水”，真正让人人都有成长成才、脱颖而出的通道，让各类干部人才都有施展才华的广阔天地。

（四）坚持事业为上、以事择人

着眼于党和国家事业的长远发展，坚持事业发展需要什么样的人，就物色什么样的人，缺少什么样的干部，就培养什么样的干部。分类制定专业化干部培养计划，提供在实践中提升专业能力的制度性安排，重点培养和储备一个地方、一个部门能够统筹推进“五位一体”总体布局和协调推进“四个全面”战略布局、贯彻落实新发展理念、推动经济高质量发展的党政人才。建立人事匹配的分析研判机制，建立党政人才宏观需求分析模型、班子功能结构分析模型和职位特征分析模型，明确具体职位对人选基本情况、专业背景、能力素质、工作业绩和性格特征的需求。建立干部现实表现动态纪实管理系统，充分运用平时调研、巡视巡察、民主生活会、谈心谈话、届中考察等经常性工作方式，强化对领导班子运行和领导干部表现的过程管控和常态管理，探索实行干部与岗位匹配度评估，以校验人岗是否相适，人事是否相宜。聚焦干部最合适、事业最需要，将事业为上的理念体现到干部选拔任用的全过程，真正把好钢用在刀刃上。干部动议时，既要议人，更要议事，着重定原则、定范围、定条件，形成职位需求分析报告和人岗匹配评估意见，做到先定工作方案再定人选方案。民主推荐时，要讲透职位特点，讲清人选要求，引导民意集中在岗位需要的人选上。考察干部时，要增强针对性，对标职位要求，注意掌握考察对象的专业能力和比较优势。对紧缺的专业型干部，可以打破体制障碍和制度壁垒，以更宽的视野在更大的范围择优聘任或竞争性选拔。

三、科学考核、全面了解和准确识别干部

进入新时代，干部“干什么”“怎么干”有了新的更高要求，干部考核“考什么”“怎么考”需要从制度层面作出调整。要总结运用党的十八大以来干部工作的好经验好做法，坚持好干部标准，发挥党组织领导和把关作用，不断改进考核方式，提高考核质量，增强考核体检功能，真正把优秀干部选拔出来，把“带病干部”挡在门外。

（一）完善日常考核关键是功在平时、抓在经常

“试玉要烧三日满，辨材须待七年期。”考核识别干部是一项长期工程，既要注重重大关头、关键节点，更要坚持功在平时、抓在经常。

1. 在时间空间上务求覆盖全面

干部考核工作，要在长期观察后给出准确评价，不能根据一时一事下结论，否则可能出现识人不准、用人不当，甚至“带病提拔”的问题。坚决克服“毕其功于一役”的功利主义倾向，通过丰富识别干部的方法手段，拉大考核工作的时空框架，进一步加强对干部平时情况的了解。坚持实干实绩导向，通过建立完善“分片联系、动态管理”“岗位对责、绩效对账”等日常考核制度，深入考核干部 8 小时内的工作表现，努力跳出不考察就不主动了解、不调整就不当面约谈的怪圈。要拓宽日常考核的视野和范围，注重了解 8 小时外的“社交圈”“朋友圈”和“生活圈”，全方位、多角度、深层次识别干部。

2. 在方式方法上务求灵活管用

干部只有经过实践的砥砺打磨，才能锻造品质、锤炼本领、改进作风，也只有在实践中才能看清干部的德行高低、能力强弱、作风优劣。

坚持实践标准，以事察人、以绩论人，按照看平时、重一贯的要求，总结形成一套便于操作、行之有效的考核办法，准确衡量才干、考验品行、检验成色。注重将干部日常考核与党委政府中心工作的推进情况相挂钩，探索完善清单式管理办法，明确干部的岗位清单、工作清单和负面清单，定期开展对账对绩和专项考评，推动“考人”与“考事”的有机结合。牢牢把握现代信息技术的发展趋势，融合现代人力资源管理理念，创新思路、创新机制、创新方式，开发干部考察管理信息系统，实现基础信息、工作经历、日常表现等信息的全程纪实，实现个人经历、优劣长短、成长路径等情况的全程研判，以信息化、智慧化推动干部识别工作的精准化和精细化。

3. 在分析评价上务求科学准确

加强对日常考核结果的分析研判，既要坚持讲担当、重担当的鲜明导向，又要坚持上下联动、左右协调，与其他各类考核结果和各方面的评价相互比较印证，全面历史辩证地评价和看待干部。坚持把干部在日常工作中干了什么事、干了多少事、干的事群众认不认可作为分析评价的主要依据，根据平时掌握的干部工作实绩、作风表现、廉政建设、群众反映等情况，定期开展综合分析研判。坚持用联系、发展和辩证的观点分析判断，透过现象看本质，从细微处见真实，近距离接触干部，多角度持续观察干部，从对重大问题思考看见识见解，从对群众感情看品质情怀，从履行岗位情况看工作态度，从完成急难险重任务中看能力水平，从关键时刻表现看立场态度，从对待个人名利的态度中看境界格局，从日常生活表现中看作风形象。

（二）坚持分类考核重点是突出差异、区别对待

干部从事的行业、所在的岗位千差万别、各有特点，不能一把尺子量到底，不能用同一套指标体系考核所有的干部。要坚持共性与个性相

结合，充分考虑不同区域、不同层次、不同类型考核对象特点，结合工作实际，设置一套包含共性指标和差异指标的考核指标体系，通过分类考核，让相同类别的干部在同一赛场上“赛跑”。

1. 要“因地而异”

对资源禀赋、基础水平、发展阶段、主体功能区定位不同的地区在考核内容上要区别对待，让考核结果能够经得起实践和历史的检验，让被考核的干部心服口服。要根据不同区域环境、经济基础、发展定位等情况，依据不同区域的发展阶段、经济实力、资源条件、产业特色等情况分类设置考核指标，突出经济增长与发展后劲、生态效益与环境质量、民生改善与社会和谐进步的考核。要把干部的“勤”和“绩”结合起来，把“显绩”和“潜绩”结合起来，把经济效益和社会效益结合起来，把当前成效和长远发展结合起来，从而让考核更有针对性、科学性和实效性。

2. 要“因事而异”

考核指标共性多、个性少，考核指标设置“千人一面”，缺乏岗位职责差异性和可比性，是当前干部考核工作的通病。要根据单位性质，分为综合管理、行政执法、服务群众等部门，分行业分系统分岗位设置考核指标，把定量和定性结合起来，进行分类考核。比如，综合管理类的部门重点考核其职能作用发挥、政策措施制定、综合协调等情况；行政执法和服务群众的窗口部门重点考核其依法行政、履行职责、服务质量等情况。专业技术型的部门要引入第三方机构进行科学评价，综合管理型的部门要注重采纳本单位工作人员和群众的意见。

3. 要“因人而异”

对主要领导干部和班子成员、不同岗位的领导干部应有不同的考核要求，不能搞“上下一般粗”“左右一个样”。要根据不同干部的岗位和级别设置不同的考核标准，实行分类考核。正职突出大局意识、知人善用、决策筹划、敢于担当特别是抓全局的能力考核；副职突出协调配合、处理问题、落实任务特别是抓落实能力的考核；一般干部突出勤政务实、吃苦耐劳、完成任务特别是业务能力的考核，并注重对干部的近期情况和过往表现对比考量，加强对未来发展的分析研判。

（三）强化近距离考核要害是注重细节、精准识别

近水知鱼性，近山识鸟音。不细观则不能明识，近距离考核历来就是选人用人的重要方式。实践证明，只有经常性、近距离、有原则地观察干部、识别干部，才能让“当面一套、背后一套”的干部公之于众，才能让喜欢“潜伏”、热衷“伪装”的干部露出马脚。

1. 重视群众口碑

金杯银杯，不如群众口碑。干部业绩在实践，干部声名在民间。群众的眼睛是雪亮的，干部怎么样，群众心里有杆秤。要在听取党委、纪委意见的基础上，带上“望远镜”“显微镜”，深入基层一线进行考察了解、民主测评，让群众敢讲真话、实话，准确了解干部能力素质、实践经验和工作实绩，最大限度地用事实说话。要从街谈巷议、乡语口碑中考察识别干部，有时一个绰号、一首打油诗也是干部作风形象的生动反映，要注意听取群众的意见和呼声，让选出来的干部令群众满意。坚持立体考察，在考评体系规定的谈话对象基础上，谈话范围可扩大至对考核对象熟悉了解的相关群众，并视情况对8小时之外进行考察。坚持认真调查群众来信反映的问题，了解考核对象廉洁自律方面的情况，防止“带病提拔”“带病上岗”。

2. 坚持一线识别

疾风知劲草，板荡识诚臣。干部组织指挥、统筹谋划、情况研判、临机处置等方面的能力，往往在带领干部群众完成急难险重任务的时候

体现得最充分。要在突发事件、危急关头、复杂岗位和涉及个人切身利益时，注重考察干部是否能立场坚定、勇于担当、淡泊名利。强化重点工作专项考核，深入现场一线近距离观察干部，考准考实干部在急难险重任务面前的表现，树立讲实干、重实绩的鲜明导向。要建立驻点考察、随机调查、项目走访等多种形式的综合考察机制，落实主动约谈、上门访谈、座谈交流等多种渠道的干部谈话制度，在近距离接触中了解干部的工作能力、工作思路、工作作风和工作实绩等综合情况，全面掌握干部的“一贯表现”。

3. 持续跟踪考核

操千曲而后晓声，观千剑而后识器。考核干部不是经历一两件事、表几次态就能看清楚的，必然有一个过程，要看其长期表现。密切关注和发现干部思想、工作和生活等方面的新情况新动向，定期不定期对干部正常业务开展情况、重点工作落实情况等进行跟踪考核，全面掌握干部情况、及时了解干部新变化，实时动态考核识别干部，避免考前“恶补”现象发生。要注重用事实和数据说话，把专业考核、履职情况、奖励惩处、实绩贡献等，能量化的项目尽可能量化，如实记录考核对象平时的政治素质、现实表现、工作实绩，防止凭印象、靠感觉考核评价干部。依托各级组织和职能部门定期对干部现实表现、完成任务等情况进行纪实性记录，每年进行综合分析，实现对干部情况连续不间断地考察掌握，做到立体考察、透视甄别、会诊辨析，确保考核结果经得起历史和实践检验。

（四）干部考核的价值在于结果的有效运用

日常考核、分类考核、近距离考核作为知事识人的一种手段，最关键的是要用考核“指挥棒”激发干部新时代新担当新作为。坚持考用结合、奖惩并举，将考核结果作为干部选拔任用、评先奖优、问责追责的重要依据，使政治坚定、奋发有为的干部得到褒奖和鼓励，使慢作为、不作为、乱作为的干部受到警醒和惩戒。

1. 将考核结果与干部选拔任用相结合

坚持把考核结果作为干部选拔、调配的重要依据，体现绩效考核制度的积极导向作用。选拔干部时，要优先在考核优秀等次的单位中选用考核优秀的干部，尤其是对考核连续优秀的干部优先考虑；对考核连续评定为一般等次的干部，在使用中以开展交流轮岗为主；对考核连续排名末位的，可以考虑转任非领导职务，对不称职或不适宜担任现职的及时调整，真正把那些能干事的干部选出来、用起来，让想干事的有舞台、钻干事的有位子、能干事的有奔头，让那些跑、要、混的人没市场，得不到任何好处，形成“能者上”“平者让”“庸者下”的干部使用机制，以鲜明的用人导向充分调动干部的积极性、主动性、创造性。

2. 将考核结果与干部监管激励相结合

矢不激不远，人不励不奋。对考核结果为一般或较差的，特别是连续考核较差的，除在绩效奖励中予以体现，还要进行批评教育、诫勉谈话，督促整改，让工作不力、无所作为的班子和干部难以生存，形成以考核倒逼干部成长进步制度。进一步健全正向激励机制，坚持精神奖励和物质奖励相结合，加大对考核优秀的班子和干部奖励力度。将考核结果与评先评优结合，推荐先进集体、先进个人时，在同等条件下，要优先推荐年度考核优秀等次单位和干部。将考核结果与干部绩效奖励挂钩，不打折扣，及时兑现，并合理区分档次，拉开差距，达到激励先进的目的。要通过考核，注意发现一些优秀人才，树立一批先进典型，宣传交流典型经验，使考核结果切实起到鼓励先进、激励后进的作用。

3. 将考核结果与干部教育培养相结合

认真总结领导班子和干部在考核中暴露的共性问题，重点分析考核较差的领导班子和干部落后的主要原因，按照缺什么补什么的原则，有针对性地分批次、分层次、分重点开展干部教育培训，提升领导班子和干部的政治素养、业务能力等，进而更好地开展工作。通过对考核结果的分析，总结一些干部的不足，对缺少经济、社会、法律等方面知识或某方面能力不足的人员，有选择性地开展交流轮岗或挂职锻炼，让这些干部到经济一线、民生一线、法律一线等学习知识、提升能力，从而达到培养锻炼的目的。

延伸阅读

湖南“政治体检”把脉干部政治素质

从分批对县市区党政正职开展政治建设考察，到出台文件将政治建设纳入制度化、规范化轨道，再到市州领导班子和领导干部的覆盖和省直单位试点，近两年来，湖南在全国率先开展党的政治建设考察的创新实践，获得了中组部的推介，并入选了中组部编选的《贯彻落实习近平新时代中国特色社会主义思想、在改革发展稳定中攻坚克难案例》。

党的十九大报告提出，党的政治建设是党的根本性建设，决定党的建设方向和效果。为了更好推动政治建设落实落地，从 2017 年 12 月开始，湖南采取试点先行、分批推进的办法，对全省 122 个县市区党政正职开展政治建设考察，并进一步拓展延伸到各级领导班子和领导干部。

政治建设，怎么考察？在一些人看来，政治建设是在思想灵魂深处搞建设，不太好把握。“主要考察领导班子特别是党政正职的政治敏锐性和政治鉴别力。”省委主要领导给考察工作定调：在政治建设考察中，必须突出维护以习近平同志为核心的党中央权威和集中统一领导，突出联系实际，特别是聚焦贯彻落实党的十九大精神、打好三大攻坚战、落实习近平总书记对湖南工作的重要指示精神和坚持以人民为中心的发展思想，督促领导干部真正做到党中央提倡的坚决响应，党中央决定的坚决照办，党中央禁止的坚决杜绝。

考察工作对标习近平总书记关于政治建设的重要论述，从把准政治方向、坚持政治领导、夯实政治根基、涵养政治生态、防范政治风险、永葆政治本色、提高政治能力7个方面，形成“19个是否”评价要点，来考察领导班子；从政治忠诚、政治定力、政治担当、政治能力、政治自律5个方面，形成“16个是否”评价要点，为领导干部进行“政治画像”。

政治建设考察通过深度访谈、查阅资料和实地调研印证等形式，注重深入实际考准考实政治表现情况，通过事例、数据等评价干部、说明问题，做到具体、直观、鲜活，防止空对空。

考察组对每名县市区党政正职都形成一份政治考察“体检单”，并把“体检”成果体现到干部使用上，坚决把政治上强的干部用起来，把政治上不过关的拿下去，严把政治标准硬杠杠。

据统计，考察以来，省委先后从县市区党政班子中提拔重用政治表现优秀的干部28人，其中提拔4名表现优秀的贫困县县委书记担任上一级领导职务并继续留任。对5名缺乏政治担当和政治能力、履行职责不到位，工作被动落后的县市区党政正职予以免职、调整。对2名“伪忠诚”、两面人的县区党政正职坚决一票否决、严肃查处。针对一些领导干部在政治建设上存在的苗头性问题，省委组织部直接约谈、诫勉了26名在“三大攻坚战”等重大工作中担当不够、履职不力的县市区党政正职。针对一些领导干部政治担当不强、政治作为不够等问题，省委及时出台20多项激励关怀措施，通报表扬担当作为先进典型174人，选树重点宣传先进人物32人，为500多名受到诬告的干部澄清正名。

坚持考用并举，湖南开展政治建设考察的教育功能、导向作用和带动效应逐步显现。“开展政治建设考察，让干部真正从党性和忠诚度上来自我‘拷问’，从而及时预警和纠正发展思路、发展方向上的偏差。”在接受省委组织部的政治建设考察后，隆回县委书记王永红将这套“政治体检”应用到了全县乡镇和县直单位党政正职之中。他介绍，今年县乡机构改革进展顺利，一批政治过硬、能力过硬、作风过硬的干部得到重用。在政治建设考察的正向激励下，2018 年，湖南新引进 114 家三类“500 强”企业产业项目 177 个，关停“散乱污”企业 3734 家，实现 131 万农村贫困人口脱贫、18 个贫困县摘帽。

（节选自《“政治体检”把脉干部政治素质》，
《湖南日报》2019 年 8 月 7 日）

第九章

提高干部队伍治理能力和斗争本领

历史和现实都表明，一个政党、一个国家能不能不断培养出优秀领导人才，在很大程度上决定着这个政党、这个国家的兴衰存亡。政治路线确定之后，干部就是决定因素。新时代干部队伍治理能力和斗争本领如何，关系到坚持和完善中国特色社会主义制度、推进国家治理体系和治理能力现代化的总体目标能否顺利实现。领导干部治理能力主要是与承担的新担当新作为职责相匹配，严格按照制度履行职责、行使权力、开展工作的能力和水平；斗争本领主要是科学预见形势发展的未来走势、蕴藏其中的机遇和挑战、有利因素和不利因素，透过现象看本质，抓好战略谋划，保持清醒头脑，进行坚决斗争的能力和水平。要把提高治理能力和斗争本领作为新时代干部队伍建设的重大任务，把制度执行力和治理能力作为干部选拔任用、考核评价的重要依据，引导广大干部特别是各级领导干部根据新时代新任务新要求，一刻不停地增强学习本领、政治领导本领、改革创新本领、科学发展本领、依法执政本领、群众工作本领、狠抓落实本领、驾驭风险本领，发扬斗争精神，增强斗争本领，着力固根基、扬优势、补短板、强弱项，通过全面增强执政本领，提高治理能力，努力成为懂治理、能治理、善治理的行家里手，确保推进国家治理体系更加有效运转，促进我国制度优势更好转化为国家治理效能。各级领导干部要经受严格的思想淬炼、政治历练、实践锻炼，在复杂严峻的斗争中经风雨、见世面、壮筋骨，学真本领、练真功夫，早日成长为既有治理能力、又有斗争本领的能够真正适应伟大斗争要求的合格干部，在新时代新征程上抒写无愧于初心和使命的新篇章。

《中国共产党组织工作条例》着眼于健全源头培养、跟踪培养、全程培养的素质培养体系，强调注重在基层一线和困难艰苦地区培养锻炼干部，增强斗争精神，提高治理能力，使广大干部政治素养、理论水平、专业能力、实践本领跟上时代发展步伐。要着眼于坚持和完善中国特色社会主义制度、推进国家治理体系和治理能力现代化，统筹推进“五位一体”总体布局和“四个全面”战略布局等各项工作，深刻认识和把握提高干部队伍治理能力和斗争本领的重要意义、基本内涵，通过加强思想淬炼、政治历练、实践锻炼、专业训练等措施，努力使各级领导干部成为懂治理、能治理、善治理的行家里手。

一、准确把握新时代领导干部治理能力的基本内涵

党和国家各项制度和重大决策部署，都要靠党员干部特别是领导干部贯彻执行，才能落到实处，才能转化为国家治理效能。从现实来看，治理能力仍然是领导干部队伍的一块短板。比如，一些领导干部在错综复杂的形势面前一筹莫展、无所作为，有时甚至自乱阵脚、迷失方向，面临着“新办法不会用，老办法不管用，硬办法不敢用，软办法不顶用”等问题，不同程度上存在治理能力与承担的职责不匹配的情况。领导干部治理能力主要是严格按照制度履行职责、行使权力、开展工作的能力和水平。与承担的新担当新作为职责相匹配，新时代领导干部要具备的七种能力，主要包括以下几方面。

（一）政治能力

在干部干好工作所需的各种能力中，政治能力是第一位的。有了过硬的政治能力，才能做到自觉在思想上政治上行动上同党中央保持高度一致，在任何时候任何情况下都能“不畏浮云遮望眼”“乱云飞渡仍从容”。提高政治能力，第一，要大力提升政治判断力。我们党领导

人民进行革命、建设、改革的历史进程反复证明了一个道理：政治上的主动是最有利的主动，政治上的被动是最危险的被动。增强政治判断力，就要以国家政治安全为大、以人民为重、以坚持和发展中国特色社会主义为本，增强科学把握形势变化、精准识别现象本质、清醒明辨行为是非、有效抵御风险挑战的能力。第二，要大力提升政治领悟力。领导干部特别是高级领导干部担的是政治责任，必须对党中央精神深入学习、融会贯通，坚持用党中央精神分析形势、推动工作，始终同党中央保持高度一致。第三，要大力提升政治执行力。领导干部特别是高级干部要经常同党中央精神对表对标，切实做到党中央提倡的坚决响应，党中央决定的坚决执行，党中央禁止的坚决不做，坚决维护党中央权威和集中统一领导，做到不掉队、不走偏，不折不扣抓好党中央精神贯彻落实。要把坚持底线思维、坚持问题导向贯穿工作始终，做到见微知著、防患于未然。要强化责任意识，知责于心、担责于身、履责于行，敢于直面问题，不回避矛盾，不掩盖问题，出了问题要敢于承担责任。

（二）调查研究能力

调查研究是做好工作的基本功。一定要学会调查研究，在调查研究中提高工作本领。调查研究要经常化。要坚持到群众中去、到实践中去，倾听基层干部群众所想所急所盼，了解和掌握真实情况，不能走马观花、蜻蜓点水，一得自矜、以偏概全。对调研得来的大量材料和情况，要认真研究分析，由此及彼、由表及里。对经过充分研究、比较成熟的调研成果，要及时上升为决策部署，转化为具体措施；对尚未研究透彻的调研成果，要更深入地听取意见，完善后再付诸实施；对已经形成举措、落实落地的，要及时跟踪评估，视情况调整优化。

（三）科学决策能力

做到科学决策，首先要有战略眼光，看得远、想得深。领导干部想问题、作决策，一定要对“国之大者”心中有数，多打大算盘、算大账，少打小算盘、算小账，善于把地区和部门的工作融入党和国家事业大棋局，做到既为一域争光、更为全局添彩。要深入研究、综合分析，看事情是否值得做、是否符合实际等，全面权衡，科学决断。作决策一定要开展可行性研究，多方听取意见，综合评判，科学取舍，使决策符合实际情况。

（四）改革攻坚能力

面向未来，我们要全面推进党和国家各项工作，尤其是贯彻新发展理念、推动高质量发展、构建新发展格局，继续走在时代前列，仍然要以全面深化改革添动力、求突破。改革必须有勇气和决心，保持越是艰险越向前的刚健勇毅。要把干事热情和科学精神结合起来，使出台的各项改革举措符合客观规律、符合工作需要、符合群众利益。改革攻坚要有正确方法，坚持创新思维，跟着问题走、奔着问题去，准确识变、科学应变、主动求变，在把握规律的基础上实现变革创新。要尊重群众首创精神，把加强顶层设计和坚持问计于民统一起来，从生动鲜活的基层实践中汲取智慧。要注重增强系统性、整体性、协同性，使各项改革举措相互配合、相互促进、相得益彰。

（五）应急处突能力

预判风险是防范风险的前提，把握风险走向是谋求战略主动的关键。要增强风险意识，下好先手棋、打好主动仗，做好随时应对各种风险挑战的准备。要努力成为所在工作领域的行家里手，不断提高应急处突的见识和胆识，对可能发生的各种风险挑战，要做到心中有数、分类施策、精准拆弹，有效掌控局势、化解危机。要紧密结合应对风险实践，查找工作和体制机制上的漏洞，及时予以完善。

（六）群众工作能力

要坚持从群众中来、到群众中去，真正成为群众的贴心人。要心中有群众，时刻把群众安危冷暖放在心上，认真落实党中央各项惠民政策，把小事当作大事来办，切实解决群众“急难愁盼”的问题。要落实党中央关于逐步实现全体人民共同富裕的要求，带领群众艰苦奋斗、勤劳致富，在收入、就业、教育、社保、医保、医药卫生、住房等方面不断取得实实在在的成果。要注意宣传群众、教育群众，用群众喜闻乐见、易于接受的方法开展工作，提高群众思想觉悟，让他们心热起来、行动起来。要自觉运用法治思维和法治方式深化改革、推动发展、化解矛盾，维护社会公平正义。

（七）抓落实能力

干事业不能做样子，必须脚踏实地，抓工作落实要以上率下、真抓实干。特别是主要领导干部，既要带领大家一起定好盘子、理清路子、开对方子，又要做到重要任务亲自部署、关键环节亲自把关、落实情况亲自督查，不能高高在上、凌空蹈虚，不能只挂帅不出征。干事业就要有钉钉子精神，抓铁有痕、踏石留印，稳扎稳打向前走，过了一山再登一峰，跨过一沟再越一壑，不断通过化解难题开创工作新局面。

二、准确把握新时代领导干部斗争本领的基本内涵

进行伟大斗争绝不是一句简单的口号，而是要付诸实践，是破除千难万险的实际举措与具体行动。值得注意的是，现实中，有少数领导干部缺少斗争精神和斗争本领，没了个性、磨了棱角、少了血性。有的事不关己、高高挂起，矛盾问题积累一大堆也不去处理；有的当老好人、做开明绅士，对不当言行不敢批评，对错误行为不敢纠正；还有的丢掉党员意识、忘记党员身份，不敢开展批评和监督，对那些“凿党派”不敢大胆批驳。在这些人心里，什么时候都讲和谐、求稳定。习近平总书记指出：“全党要充分认识这场伟大斗争的长期性、复杂性、艰巨性，发扬

斗争精神，提高斗争本领，不断夺取伟大斗争新胜利。”[1] 新时代的伟大斗争，是一场不断破解矛盾难题的社会革命，是一场直面问题的自我革命。面对新形势新挑战，要发扬斗争精神，既要敢于斗争，又要善于斗争，在事关中国特色社会主义前途命运的大是大非问题上坚定不移，在改革发展稳定工作中敢于碰硬，在全面从严治党上敢于动硬，在维护国家核心利益上敢于针锋相对，不在困难面前低头，不在挑战面前退缩，不拿原则做交易，不在任何压力下吞下损害中华民族根本利益的苦果。

（一）面对破坏政治纪律和政治规矩的行为敢于斗争善于斗争

政治纪律和政治规矩是党最根本、最重要的纪律，遵守政治纪律和政治规矩是遵守党的全部纪律的基础。加强纪律建设，严守政治纪律和政治规矩，不论是对于坚定不移推进全面从严治党，还是着力防范化解重大风险等，都具有极其重要的作用。任何违反政治纪律和政治规矩的行为，都会在党内和社会上造成恶劣影响，给党的事业带来损害。在众多党的纪律中，政治纪律和政治规矩无疑排在首要位置，是对党员干部党性的重要考验，是对党员干部斗争精神和斗争本领的重要检验。领导干部要增强“四个意识”、坚定“四个自信”、做到“两个维护”，坚决同破坏政治纪律和政治规矩的行为作斗争，杜绝面对违反政治纪律和政治规矩的错误言行不在意、不报告、不抵制、不斗争的局外人现象，对顶风违反政治纪律、政治规矩的问题，必须严厉查处，坚决防止和克服地方和部门保护主义、本位主义，决不允许“上有政策、下有对策”，决不允许有令不行、有禁不止，决不允许在贯彻执行中央决策部署上打折扣、做选择、搞变通，也决不允许散布违背党的理论和路线方针政策的意见，决不允许公开发表违背中央决定的言论，决不允许泄露党和国家秘密，决不允许参与各种非法组织和非法活动，决不允许制造、传播政治谣言

① 《党的十九大报告辅导读本》，人民出版社 2017 年版，第 16 页。

及丑化党和国家形象的言论。

（二）面对混淆是非原则问题的行为敢于斗争善于斗争

大是大非涉及一个国家和政党的基本方向、基本准则、基本利益和基本道路等根本性与方向性问题，是其制定一切政策和做出实践行动的根本考量。就党内而言，大是大非问题涵括坚定理想信念、坚持党的基本路线、坚决维护党中央权威、严明党的政治纪律、保持党同人民群众的血肉联系等主要内容，这些问题都是关系党的命运和前途的重大问题。就我国所处的阶段和特征来说，毫不动摇地坚持中国特色社会主义道路、理论、制度和文化，是当前我们党和国家最根本的大是大非问题，事关我们党和国家举什么旗、走什么路的根本政治问题。大是大非是检验党员干部特别是各级领导干部政治定力的试金石。党员领导干部第一身份是共产党员，必须讲党性，有正确的是非观，在根本原则问题上要旗帜鲜明。衡量一个领导干部有没有斗争精神和斗争本领，要看其在大是大非问题上有没有正确立场和鲜明态度，看对中国特色社会主义理想信念是否坚守，看对党的理论和路线方针政策的贯彻是否坚定。在社会思想多样、多元、多变的新形势下，意识形态领域的较量是经常的、现实的，制度模式、发展方向等重大原则问题的考验也是经常的、现实的。面对否定共产党领导、攻击社会主义制度的错误观点，领导干部应当敢于站出来说话，敢于表明自己的态度，并给予有理有据的正面回应，绝不能沉默失语，也不能搞“爱惜羽毛”那一套。

（三）面对复杂矛盾疑难问题敢于斗争善于斗争

在矛盾问题面前，最能考验领导干部的斗争精神和斗争本领。保持斗争精神、提高斗争本领，就是遇到矛盾不怕事，碰到问题不回避，敢于直面矛盾，跳进矛盾漩涡中去解决问题。复杂问题往往积累时间长，有一些深层次原因，解决起来比较棘手，需要各级领导干部全力以赴、高度负责。要强化履职意识，认真履行职责，敢于直面困难，主动承担急难险重任务，积极化解各种复杂矛盾，做到事不避难，敢于担当，积极主动，扎扎实实地推动工作。坚决克服瞻前顾后、怕担风险、见事迟缓、反应迟钝的现象。进行具有新的历史特点的伟大斗争，一个重要方面就是在改革发展稳定中攻坚克难。在推进全面深化改革新形势下，需要啃的硬骨头很多。面对改革中的深层次难题，就要知难而进，有逢山开路、遇河架桥的精神，积极寻找克服困难的具体对策，决不能被困难吓倒。面对工作中的具体矛盾，就要勇于担责负责，有明知山有虎、偏向虎山行的劲头，努力找到化解矛盾的具体办法，决不能在挑战面前缴械。坚决同前进道路上的困难问题和风险挑战作斗争，解决好生态建设和环境保护、防范化解重大风险和高质量发展等面临的突出问题。要在抓好落实上下功夫，善于抓重点，善于察实情、讲实话、办实事、求实效，坚决克服说得多、做得少，对群众的疾苦和要求漠不关心的现象。要强化领导责任，尤其是“一把手”要切实负起改革发展稳定的主要责任，集中精力抓事关全局的重点工作，带头履职、带头抓落实、带头创造性地开展工作。

（四）面对歪风邪气敢于斗争善于斗争

纵观党的历史，党内政治生活充满正气、充满活力，少不了共产党人敢于担当的一身正气。无论是遵义会议、延安整风运动，还是关于真理标准问题的大讨论，之所以影响深远，一个重要原因就是党内不搞“一团和气”，敢于进行思想交锋，敢于坚持真理、修正错误。面对各种歪风邪气，是做挡风驱邪的泰山石，还是做八面玲珑的老好人，对每个领导干部都是现实的考验。新时代的领导干部，不但自己要始终保持坚强的党性和坚定的信念，堂堂正正做人，扎扎实实做事，用自己的“一身正气”压倒一切歪风邪气，关键时刻还要敢于批评、敢于较真碰硬，不给歪风邪气滋生和蔓延的机会，从而让坚持真理、明辨是非、敢于担当的优良作风成为常态，营造风清气正的政治生态。领导干部要始终保持共产党人的蓬勃朝气、昂扬锐气、浩然正气，立党为公、施政为公、做事为公，对庸懒散奢现象，对工作不思进取、推诿扯皮，要敢抓善管、严厉整治；对纪律观念淡薄、作风松懈涣散，要定铁规、出重拳；对生活糜烂、骄奢淫逸，要敢于动真格、实行零容忍；对违法违规违纪行为，包括各种社会丑恶现象，要不留情面、坚决依法打击。当前，要坚决同官僚主义形式主义等不良作风作斗争，对各种歪风邪气要敢于抵制、敢于碰硬、敢抓敢管，推进全面从严治党向纵深发展，切实担当起管党治党的主体责任。

（五）面对腐败行为敢于斗争善于斗争

反腐败斗争是一场输不起的斗争，虽然压倒性胜利已经形成，但仍然任重道远，必须勇往直前。在严峻复杂的反腐败形势面前，是选择做“太平官”，还是选择担责任，这既检验着我们的耐力与本领，更考验着我们的忠诚与担当。为官避事平生耻。面对腐败分子和腐败现象，要有以身许党许国、报党报国的情怀，敢于亮剑、勇毅笃行，不怕担责任，不怕得罪人，不当老好人，在亲情、友情、乡情面前把住底线，在老领导、老同事面前守住阵地，在遭误解、丢选票面前稳住心神，在金钱、美色面前经得住诱惑。当前，要突出工作重点，严肃查处政治问题和腐败问题交织、不收敛不收手、问题线索反映集中、群众反映强烈、现在重要岗位且可能要提拔使用的领导干部；打虎拍蝇联动，坚持有腐必反、有贪必肃，实现无禁区、全覆盖、零容忍；扎紧制度笼子，破立结合，标本兼治，有效规范和制约权力运行，健全完善不能腐的机制。

三、多措并举提高领导干部治理能力和斗争本领

落实党的十九届四中全会《中共中央关于坚持和完善中国特色社会主义制度 推进国家治理体系和治理能力现代化若干重大问题的决定》提出的把提高治理能力作为新时代干部队伍建设的重大任务，必须通过加强思想淬炼、政治历练、实践锻炼、专业训练，推动广大党员干部严格

按照制度履行职责、行使权力、开展工作。

（一）加强思想淬炼

思想淬炼是党员干部提高治理能力和斗争本领的基础和前提。要推动党员干部把深入学习贯彻习近平新时代中国特色社会主义思想作为首要政治任务，全面系统学、及时跟进学、深入思考学、联系实际学，深刻理解其核心要义、精神实质、丰富内涵、实践要求，掌握贯穿其中的马克思主义立场、观点、方法，在真学真信中坚定理想信念，解决好世界观、人生观、价值观这个“总开关”问题，做共产主义远大理想和中国特色社会主义共同理想的坚定信仰者和忠实实践者。充分认识坚持和完善中国特色社会主义制度、推进国家治理体系和治理能力现代化的重大意义，全面理解中国特色社会主义制度和国家治理体系具有的显著优势。深刻认识国家治理的一般规律，准确把握我国国家治理的基本特征和特殊规律，以及我国国家制度蕴含的先进治理理念、科学治理方法。坚持理论联系实际，教育引导广大党员干部把自己摆进去、把思想摆进去、把工作摆进去，对照习近平新时代中国特色社会主义思想检视思想言行，真正筑牢理想信念、增强履职本领、提升品行作风，自觉在思想上政治上行动上同以习近平同志为核心的党中央保持高度一致。

（二）加强政治历练

提高治理能力和斗争本领，要求广大党员干部把讲政治放在首位，在加强政治历练中努力提高政治素养和政治能力。要严格遵守政治纪律和政治规矩，增强“四个意识”、坚定“四个自信”、做到“两个维护”，始终忠诚于党、忠诚于人民、忠诚于马克思主义。坚持在党内政治生活这个“大熔炉”中淬炼忠诚干净担当的政治品格，严格执行党的组织生活制度。发扬自我革命精神，勇于开展批评和自我批评，大胆进行灵魂解剖，提升党性修养。坚持把对党忠诚、为党分忧、为党尽职、为民造福作为根本政治担当，全面贯彻党的理论和路线方针政策，在坚定执行中央决策部署中提高治理能力和斗争本领。

（三）加强实践锻炼

治理能力和斗争本领是在长期实践锻炼中砥砺而成的。在实践中加强政治历练，积累政治经验，是领导干部提高政治能力和斗争本领的必要途径。改革发展主战场、社会治理最前沿是提升能力和本领最好的“主课堂”。要教育引导党员干部尊重人民主体地位，尊重人民首创精神，坚持工作重心下移，深入实际、深入基层、深入群众，拜人民为师，广泛听取人民群众的真知灼见，并自觉运用于治理实践。党员干部要敢于到基础差、困难大、矛盾多的地方，勇挑重担、啃硬骨头、接烫手山芋，在经受大事急事难事烦事磨砺中壮筋骨、长才干，不断提高系统治理、依法治理、综合治理、源头治理的能力。推动党员干部在改革实践中敢于担当作为，敢于直面调整改革和转型建设中出现的各种矛盾问题，主动出击、迎难而上，敢于负责、勇于担责，积极研究对策措施，把棘手的事办妥，把难办的事办好，全面提高把关定向、攻坚克难、创新发展的实际能力。在重大任务中勇于靠前指挥，注重用好重大项目这个锤炼作风、提升素质的大平台，努力做到完成一次重大任务，就积累一分经验、提升一级能力。在日常工作中善于指导落实，坚持工作重心下移，始终盯着末端，加强跟踪监督，把上级制定的决策、布置的任务、安排的工作落到实处。

（四）加强专业训练

治理能力和斗争本领需要专业化水平支撑。这就要提升专业能力，弘扬专业精神，推动形成又博又专、推陈出新的素养结构，使领导干部成为精通业务的内行领导，使领导班子专业素养整体适应地方发展需要、单位核心职能。着力培养又博又专、底蕴深厚的复合型干部，使之做到既懂经济又懂政治、既懂业务又懂党务、既懂专业又懂管理。紧紧围绕统筹推进“五位一体”总体布局和协调推进“四个全面”战略布局，着眼建设现代化经济体系、发展社会主义民主政治、推动社会主义文化繁荣兴盛、加强和创新社会治理、加快生态文明体制改革和坚定不移全面从严治党等，聚焦贯彻落实新发展理念、深化供给侧结构性改革、实施“七大战略”、打赢“三大攻坚战”和推动“一带一路”建设等党中央重大决策部署，突出问题导向、实践导向，组织开展务实管用的专题培训，引导和帮助干部丰富专业知识、提升专业能力、锤炼专业作风、培育专业精神，不断提高适应新时代中国特色社会主义发展要求的能力。加强党的路线方针政策和宪法法律法规学习培训，开展经济、政治、文化、社会、生态文明、党建和哲学、历史、科技、国防、外交等各方面基础性知识学习培训，开展互联网、大数据、云计算、人工智能等新知识新技能学习培训，帮助干部完善履行岗位职责必备的基本知识体系，提高科学人文素养。抓好总体国家安全观、统战、民族、宗教、金融、保密、统计、城市规划管理、质量发展、安全生产、应急管理、知识产权、心理健康等方面学习培训。加强形势任务教育，引导党员干部统一思想、把握大局，居安思危、坚定信心。

（五）涵养风骨气节

无私才能无畏，无畏才敢斗争。提高治理能力，增强政治本领，必须涵养共产党人敢于斗争的风骨、气节、操守、胆魄。习近平总书记强调，作为党的干部，就是要讲大公无私、公私分明、先公后私、公而忘私，只有一心为公，事事出于公心，才能坦荡做人、谨慎用权，才能光明正大、堂堂正正。党员领导干部有了这股浩然正气，就能坐得稳、行得正、走得远。如果一事当前，先盘算自己的“小九九”，那么只能是成事不足、败事有余。现在有的干部存在“为官不易”“为官不为”的想法，只想做“老好人”，遇见问题躲着走、产生矛盾绕着走，当和尚不撞钟，为了不出事宁可不干事。古人尚且知道“为官避事平生耻”，党员领导干部更应深刻理解权力与责任的辩证法，始终把群众对美好生活的向往作为奋斗目标，心思动在事业发展上，精力用在推动工作上，功夫下在为民解忧上，以积极的作为努力实现自身价值。要教育领导干部坚决摒弃当太平官、打“太极拳”、过太平日子的思想，坚决杜绝革命意志衰退、干劲不足、消极懈怠的现象，充分激发进取精神，保持战斗姿态和无畏气概。引导领导干部要树立正确的世界观、权力观、事业观，把廉洁从政作为至关重要的生命线，把党纪法规作为带电的高压线，带头讲修养、讲道德、讲廉耻，时刻自重自省、慎独慎微，做到“心不动于微利之诱，目不眩于五色之惑”。只有自己炼就金刚不坏之身，只有一心为公、事事出于公心，具有刚正不阿的气概和浩然的正气，才能坦荡做人、光明正大、堂堂正正，才能有敢于斗争、善于斗争的底气和胆气。

延伸阅读

内蒙古通辽：探索实施“3433”模式提升干部教育培训实效

内蒙古通辽市立足高素质专业化干部队伍建设实际，在对象选调、内容把握、形式创新、管理从严上下功夫、求突破，探索实施“3433”干部教育培训模式，推动干部教育培训提质增效。

设置“三道关口”，选调学员求准。科学制定干部教育培训计划，严格把关学员选调工作。由组织部门精心制定主体班次培训方案，根据不同主体研判确定培训主题、选调标准，做到“一班一策一案”，确保精准培训。由党委（党组）结合日常了解和选调标准，择优推荐符合条件人选，有针对性地补齐知识弱项和能力短板，实现培训效果最大化。由纪检监察部门从政治表现和廉洁自律角度进行把关，确保选调人员政治过硬、作风优良。

突出“四种导向”，培训内容求精。突出需求导向，认真完善课程体系，开展培训“需求侧”问卷调查，了解干部需求，细化丰富培训内容，并做好课后回访，调研培训效果和授课质量。突出政治导向，精心设计6大类核心课程，把学习贯彻习近平新时代中国特色社会主义思想作为中心内容。突出问题导向，针对干部理论修养不足、实践能力欠缺等问题，邀请市旗党政班子成员深入课堂，重点开展政治理论、党性修养、群众工作方法等专题辅导，推动理论与实践相融互促。突出专业导向，面向不同类型和层级干部，精准开展专业化能力提升培训。

创新“三个载体”，培训形式求活。积极推进培训形式和载体创新，打造“主体班次＋调查研究＋实践锻炼”培训载体。做精党校主体班次，综合运用讲授式、研讨式、案例式、体验式等教学方法，增强培训吸引力。采取知识竞赛、演讲比赛、读党史、赴区内外党性教育基地学习等形式，引导干部从百年党史中汲取精神力量。抓实调查研究，对一个月以上的培训班次，安排学员调研活动，围绕全市主导产业和重点项目开展深入调研，形成高质量调研报告，为市委市政府相关决策提供借鉴参考。深入开展实践锻炼，对半个月以上的培训班次，组织学员深入包联点和包联贫困户进行走访慰问，现场梳理认领急需解决问题，提高干部解决实际问题能力。

严格“三段管理”，学员鉴定求实。坚持“严”字当头，实施干部教育培训全流程精细化管理。培训前严明纪律，由选派单位主要负责人就遵守培训纪律、树立良好学风等与学员进行谈话，开班时开展集体谈话，组织学员签订纪律承诺书。培训中严肃管理，按照岗位特点、性别比例均衡分组，成立班级临时党支部和班委会，由党校派出骨干教师担任班主任，市委组织部派专人带班，抓实培训管理和跟班督导，近距离发现识别优秀干部。培训后严格考评，组织参训学员开展闭卷理论测试，检验学习效果，带班人员按照职责分工，精准评价参训干部现实表现，进行量化打分，全面深入做好鉴定工作。

（侯明军：《内蒙古通辽市探索实施“3433”模式提升干部教育培训实效》，中国共产党新闻网，2021年7月13日）

第十章

加强干部监督工作

组织部门作为各级党委（党组）管理干部的职能部门，不仅负有正确选拔任用干部的职责，也有对干部实行有效监督的职责。组织部门干部监督工作，是指党委（党组）组织（人事）部门依据党内有关法规和要求，通过一定的方式，对干部选拔任用工作和领导干部进行监督和检查，为培养选拔党和人民需要的好干部提供保证，促进干部为民务实清廉、健康成长。组织部门干部监督工作是我国监督体系的重要组成部分，是党内监督的重要内容，是组织部门的重要职责。做好组织部门干部监督工作，对于推进领导班子和干部队伍建设，提高党的执政能力，保持党的先进性和纯洁性，实现中华民族伟大复兴的宏伟目标，具有极其重要的意义。要紧紧围绕加强党的长期执政能力建设、先进性和纯洁性建设，着眼于建设高素质的干部队伍，认真贯彻中央关于干部监督的要求，以党内法规为依据，从严格管理和关心爱护干部出发，坚持以正面教育为主、预防为主、事前监督为主，把干部监督贯穿于干部培养教育、考察考核、选拔任用、日常管理的各个环节，建立健全强化预防、及时发现、严肃纠正的监督工作机制，切实加强对领导干部和干部选拔任用工作的监督，为选贤任能和促进干部健康成长提供有力保障。做好干部监督工作，必须突出重点。一是对领导班子和领导干部进行监督，重点加强对领导班子主要负责人的监督。二是对党政领导干部选拔任用工作进行监督，重点抓好《党政领导干部选拔任用工作条例》贯彻执行情况的监督检查。组织部门各工作机构要从各自的职责出发，完善组织部门干部选拔任用工作的内部监督机制，重视干部监督工作的理论和政策研究，深入分析工作中遇到的新情况新问题，及时提出解决的措施和办法，建立和完善有关制度，努力实现组织部门干部监督工作的规范化、制度化、科学化。

干部监督工作是整个干部工作的重要组成部分，是干部选拔任用工作的重要环节，是解决干部队伍和选人用人突出问题的重要途径，是防止和纠正用人上出现的不正之风、从严管理干部的重要保证。《中国共产党组织工作条例》着眼于建立健全管思想、管工作、管作风、管纪律的从严管理体系，聚焦领导干部特别是党政正职，对干部监督工作作出了明确规定。要坚持从严管理监督干部，完善管思想、管工作、管作风、管纪律的从严管理制度，做到真管真严、敢管敢严、长管长严。

一、从严领导班子和领导干部监督

党要管党，才能管好党；从严治党，才能治好党。习近平总书记强调："党要管党，首先是管好干部；从严治党，关键是从严治吏。"[①] 只有加强干部监督管理，继续落实全面从严治党要求，提高拒腐防变和抵御风险的能力，形成党员干部敢于担当、奋发有为的精神状态，发展有带头人，政策有执行力，才能带领广大群众把第二个百年奋斗目标一步步变为现实。加强对领导班子和领导干部的管理监督，重点加强对"一把手"的监督，以严的标准要求干部，以严的措施管理干部，以严的纪律约束干部，让干部时时感到戒尺就在身边，督促干部认真履行职责、正确行使权力，做到为民务实清廉。

① 中共中央文献研究室：《习近平总书记重要讲话文章选编》，党建读物出版社 2016 年版，第 72 页。

（一）强化政治监督

习近平总书记在十九届中央纪委五次全会上发表重要讲话强调，要以强有力的政治监督，确保党中央重大决策部署贯彻落实到位。要坚持学懂弄通做实党的创新理论，以庆祝建党100周年为契机，引导党员、干部加强党性锻炼、党性修养，坚定理想信念，百折不挠把自己的事办好。要健全贯彻党中央重大决策部署督查问责机制，加强对贯彻新发展理念、构建新发展格局、推动高质量发展等决策部署落实情况的监督检查。党员干部要筑牢思想防线，时刻自重自省自警自励，慎独慎微慎始慎终，做政治信念坚定、遵规守纪的明白人。聚焦政治性问题开展监督，是政治监督区别于其他监督的根本属性。政治监督以习近平新时代中国特色社会主义思想为指导，以坚持和加强党的全面领导为目标，以督促全党增强“四个意识”、坚定“四个自信”、做到“两个维护”为根本要求，以党章党规和宪法法律为依据和标尺，以各级领导机关、领导干部尤其是高级干部、各级主要领导干部为重点对象，紧紧围绕加强以政治建设为统领推进党的建设、坚持和完善党和国家监督体系、推进全面从严治党向纵深发展等新时代重大政治任务开展，贯穿日常监督、审查调查、巡视巡察、派驻监督全过程。要把旗帜鲜明讲政治放在第一位，通过从严教育、从严管理、从严监督，督促干部严守党的政治纪律和政治规矩，坚定执行“五个必须”，坚决反对“七个有之”，坚守政治信念、站稳政治立场、增强政治定力；督促干部认真贯彻落实《关于新形势下党内政治生活的若干准则》，严格执行民主集中制、重大问题请示报告、开展批评和自我批评、联系服务群众等各项制度，不断加强党性锻炼和实践锻炼，切实增强政治免疫力。

（二）切实筑牢思想防线

习近平总书记指出，要教育引导广大党员、干部坚定理想信念、坚守共产党人精神家园，不断夯实党员干部廉洁从政的思想道德基础，筑牢拒腐防变的思想道德防线。[①] 纵观那些落马的腐败分子，他们犯错误、出问题、栽跟头，大都是从理想信念动摇开始走上自我毁灭之路的。腐败分子经济贪婪、生活腐化、道德沦丧、作风专横的种种表象背后，是他们精神世界的藏污纳垢、政治信仰的变节背叛，缺理想、缺信仰是导致他们违法乱纪的根本原因。只要“总开关”出了问题，什么问题都可以出。要坚持不懈地抓好理想信念教育和反腐倡廉教育，把教育贯穿于干部的培养选拔和管理监督之中，引导和督促领导干部加强党性修养，坚持用党的创新理论特别是习近平新时代中国特色社会主义思想武装头脑、净化灵魂、指导实践，不断在潜心研学、悉心感悟、倾心践行中，筑牢信仰之基、补足精神之钙、把稳思想之舵，坚持立党为公、执政为民，常修为政之德、常思贪欲之害、常怀律己之心，筑牢拒腐防变的思想道德防线。对新提拔的干部进行任职谈话时，要在廉洁自律方面提出明确要求，引导领导干部纯正道德修养、砥砺品行操守，坚持正确的生活态度、文明的生活方式、健康的生活情趣，做到自警自省自重自律，践行慎独慎微慎初慎欲，自觉纯正“三观”、净化“两外三圈”，培树重修养、慎言行、甘清苦、淡名利、尚廉洁的良好品行操守，始终保持共产党人的良好形象和优良作风。创新教育方法，丰富教育内容，提高教育的吸引力、说服力和震撼力，增强教育的实效性。

（三）突出“一把手”监督

各级党政“一把手”在领导班子和全局工作中处于核心地位，起着决定作用，是我们执政治国的“关键少数”。破解“一把手”监督难题，必须以强化党内监督为重点，以制约权力为核心，以制度建设为根本，建立全方位的监督制约机制。建立权责清单，对“一把手”的权力进行适

① 中共中央纪律检查委员会、中共中央文献研究室：《习近平关于党风廉政建设和反腐败斗争论述摘编》，中央文献出版社、中国方正出版社2019年版，第141页。

当分解，构建“正职监管、副职分管、下级实施、集体领导、民主决策”的分权制衡的机制，避免“一把手”一手遮天，权力失去制约。明晰权力边界，严格执行“一把手”五个“不直接分管”、重大决策终身责任追究、“末位发言”等制度，关键领域的具体工作严禁越级指挥，避免“一把手”一竿子插到底、权力滥用。探索建立班子副职发现“一把手”有苗头性问题时可以直接向上级反映并得到重视和受到保护的机制，充分发挥领导班子内部对“一把手”的监督制衡作用。明确上级“一把手”对下级“一把手”的监管主体责任，健全完善上级监督责任制，完善上级“一把手”、纪委书记、组织部长与下级“一把手”定期谈话制度。组织（人事）部门负责人要经常与下一级领导班子主要负责人谈心谈话，了解其思想、工作、作风等方面的情况。在届中、届末考察中，要重点做好对领导班子主要负责人的考察。实行党政领导班子正职思想、工作、作风情况年度报告制度。总结经验，科学规范和有效监督党委（党组）主要负责人的用人行为。切实加强对国有企业和国有控股企业法定代表人、事业单位主要负责人的监督。

（四）坚持抓在日常严在经常

现实中，一些干部出问题甚至走向违纪违法，除自我约束不严外，很重要的一个原因，就是有的党组织及其职能部门没有把严在日常、抓在经常的要求落到实处。这就要适应干部监督思想理念的深刻变革，明确提出要把干部经常性管理监督放在更加突出位置，把从严贯穿到教育培训、选拔任用、考核评价、管理监督、激励惩戒等干部工作各环节和全过程，坚持问题导向，注重抓在平时，主动出击开展监督，做到干部随管理成长、管理伴干部一生。要发挥提醒函询诫勉作用，进一步细化和规范适用范围、操作程序、责任主体、结果运用的具体操作规程，综合运用巡视巡察、信访举报、“12380”平台等多种监督方式，对苗头性问题主动提醒、信访举报问题逐一函询、轻微违纪问题及时诫勉，并把提醒、函询和诫勉情况作为干部考核、任免、调整的重要依据，切实让咬耳扯袖、红脸出汗成为常态，防止“小病成大病、大病入膏肓”。切实用好个人有关事项报告这一有力抓手，认真贯彻党中央有关法规，加强宣传教育和政策指导，强化抽查核实，敢于较真碰硬，对不如实报告或存在其他问题的，严肃处理，问责追责，切实把这一干部日常监督的手段落细落实、用出成效。严格执行配偶子女均已移居国（境）外的国家工作人员任职岗位管理规定，实行职位限入和提拔限制。建立组工干部联系领导班子制度，注重运用各方面信息，定期对领导班子和领导干部进行综合分析研判，有针对性地强化监督措施。加强对领导班子民主生活会的指导和监督，会同纪检机关做好同级党委（党组）领导班子民主生活会的准备工作，加强对下级领导班子民主生活会的指导。定期对下级党委（党组）落实民主生活会制度情况进行检查，督促领导班子成员针对自身存在的突出问题和各方面提出的意见，认真开展批评和自我批评，切实搞好整改。

（五）加强巡视巡察监督

巡视是党内监督的战略性制度安排。明代以后有八府巡按，走到哪里，捧着尚方宝剑，八面威风。我们的巡视不是八府巡按，但必须有权威性，成为国之利器、党之利器。推动巡视向纵深发展，根本在于贯彻中央巡视工作方针。要重点检查被巡视党组织是否维护党章权威、贯彻全面从严治党方针、执行党的路线方针政策和决议，是否存在党的领导弱化、主体责任缺失、从严治党不力等问题，督促其担负起管党治党责任。要以党的纪律为尺子，重点检查政治纪律执行情况，着力发现腐败、纪律、作风和选人用人方面的突出问题，更好发挥震慑遏制治本作用。要以贯彻执行巡视工作条例为契机，提高依规依纪巡视能力，推动巡视工作制度化、规范化。创新方式方法，使专项巡视更专、更活、更准。对巡视发现的问题和线索，要分类处置、注重统筹，在件件有着落上集中发力。纪检机关、组织部门要及时跟进，分清问题性质，所有问题都要有明确说法。对巡视整改落实情况，要开展“回头看”，揪住不放；对敷衍整改、整改不力、拒不整改的，要抓住典型，严肃追责。巡视组对发现的问题要挖出深层次原因，提出意见和建议，督促被巡视单位党组织堵塞制度漏洞。

（六）加大问责力度

问责的目的是推进全面从严治党，推动管党治党从“宽松软”走向“严紧硬”，保证党的路线方针政策和党中央重大决策部署贯彻落实。实现这个目标，要求各级党组织和党的领导干部把管党治党的责任担起来，让失责必问、问责必严成为常态，让问责真正发挥利器作用，让党员干部明得失，让政治生态更清明。要进一步压实管党治党政治责任，做到敢于问责、善于问责，失责必问、问责必严，把制度的刚性立起来。要把增强“四个意识”、坚定“四个自信”、做到“两个维护”作为重要政治任务，强化政治担当，积极主动作为。紧盯党中央决策部署的贯彻落实，对贯彻落实不力等问题进行问责。聚焦党内政治生活，净化党内政治生态，对党内政治生活不正常、组织生活不健全等情形严肃问责。要紧盯问责决定执行，建立健全问责典型问题通报曝光制度，通过一个个具体鲜活的案例，发挥警示作用，唤醒责任意识，激发担当精神。要强化问责整改，形成发现问题、及时纠偏的有效机制，把抓好整改作为落实问责要求的有力抓手，扎实推进以案促改，做到问责一个对象、剖析一类问题、堵塞一处漏洞、教育一批干部。坚持“一案双查”，综合运用批评教育、诫勉谈话、通报批评、组织处理、纪律处分等方式，追究主体责任、监督责任，追究领导责任、党组织的责任。

二、从严监督干部选拔任用工作

选人用人风气，关系党心民心。习近平总书记指出，选人用人是党内政治生活的风向标，用人上的不正之风和腐败现象对政治生活危害最烈，端正用人导向是严肃党内政治生活的治本之策。要落实好干部标准，严把政治关、品行关、作风关、廉洁关，真正让忠诚干净担当、为民务实清廉、奋发有为、锐意改革、实绩突出的干部得到褒奖和重用，让阳奉阴违、阿谀逢迎、弄虚作假、不干实事、会跑会要的干部没市场、受惩戒。要大力整治选人用人上的不正之风，使用人风气更加清朗，坚决纠正"劣币驱逐良币"的逆淘汰现象，以用人环境的风清气正促进政治生态的山清水秀。[①]加强新时代干部选拔任用监督，就是要把匡正选人用人风气作为重中之重，严格选人用人标准，严格把好动议提名关、考察考核关、程序步骤关，环节不能少，程序按规矩办，对违反选拔任用条例和组织人事纪律的从严处理，以系统完备、科学规范、运行有效为目标，着力构建全覆盖、全方位、全过程的监督机制。

（一）加强全覆盖监督

"全覆盖"就是把各级党政机关、事业单位、群团组织、国有企业等所有有用人权的党组织全部纳入监督之中，确保"无盲区"。要坚持把选人用人工作作为巡视巡察的重要内容，同步推进、全面覆盖，把监督触角延伸到"神经末梢"，对选人用人问题反映突出的地方和单位，有针对性地进行重点检查，做到发现问题及时纠正、群众关切及时回应、违规失责及时处置。认真开展干部选拔任用工作"一报告两评议"，加强评议结果的分析研判和综合运用，既及时纠正整改发现的问题，又着力从制度机制上研究解决共性问题，推动干部选拔任用工作质量不断提高。加强对"一把手"的监督，尤其是在领导班子换届、重要干部职务调整等关键节点，及时发函提醒，列出风险清单，从严规范行为，通过"牵一发而动全身"，带动整个地方和单位选人用人风气净化。加大市县党委书记

① 习近平：《在党的十八届六中全会第二次全体会议上的讲话》，《求是》2017 年第 1 期。

离任检查，完善检查内容和方式方法，特别是对拟提拔重用的检查对象，检查结果要作为评价使用的重要参考。重视领导干部日常教育管理，管好关键人、管到关键处、管住关键事、管在关键时，促使各级干部时刻把纪律规矩挺在前面，习惯在监督下工作生活，在选人用人方面不越雷池、不碰高压线。

（二）强化全方位监督

“全方位”就是着眼协同协调、联合联动，把上下级监督、内外部监督、群众监督与组织监督贯通起来，推动形成齐抓共管的强大合力，确保“无死角”。要强化上级党组织监督检查，严格执行干部选拔任用工作有关事项报告制度，加大专项检查、离任检查、问题核查等工作力度，坚决防止违规提拔干部。完善党委（党组）领导班子内部用人监督机制，严格执行党委（党组）讨论决定干部任免事项守则、主要负责人末位发言等制度，领导班子成员对人选意见分歧较大时暂缓表决。组织（人事）部门内部监督，明确具体任务，制定规范流程，落实选用领导干部向干部监督机构了解情况和干部监督机构负责人列席研究干部任免事项会议制度，整合执纪执法、信访举报、网络舆情等资源，建立干部监督信息综合管理平台，对严重违规选人用人问题实行立项督查，及时为受诬告、诽谤、陷害的干部澄清正名，保护激发干部干事创业积极性。坚持和完善干部考察预告制度、任职前公示制度。加强和改进“12380”举报电话的受理工作，建立健全“便利、安全、高效”的举报机制。对群众举报反映的问题，性质严重、内容具体、线索清楚的，要认真调查核实和处理。实名举报的，采取适当方式向举报人反馈查处结果。切实保护举报人的合法权益，坚决制止和严肃处理打击报复举报人的行为。积极营造群众监督的良好环境，形成群众对干部监督的有序参与机制。做好涉组涉干舆情特别是网上舆情的监测和应对，加强干部选拔任用政策法规宣传，实行干部工作信息公开，主动接受群众监督。

（三）注重全过程监督

“全过程”指的是加强对干部选拔任用工作全过程的监督，进一步完善对干部的推荐提名、考察、酝酿、讨论决定等环节的监督措施，把专项检查与日常监督结合起来，健全完善干部选拔任用工作纪实办法，确保“不断线”，严格把好选人用人关。要强化事前监督，做到关口前移，从严审核干部档案、核查个人有关事项报告、听取党风廉政意见，强化党委（党组）、纪检监察机关、组织人事部门审查责任，做到意见未回复的一律不上会研究，问题未查清的一律不提名，廉洁有硬伤的一律排除在外。强化事中监督，严格过程把关，加强对推荐考察、讨论决定、任职等重要环节监督检查，做到流程清晰、程序规范、有序衔接。强化事后监督，注重结果运用，对执行用人原则和标准、把握用人条件和资格、履行用人程序和步骤、遵守组织人事纪律等情况进行评估检查，确保选任过程可追溯、可倒查、可追究。要建立干部选拔任用纪实制度，为开展倒查、追究问责提供依据。各级党委（党组）和组织人事部门要不折不扣执行《党政领导干部选拔任用工作条例》，严格按规定的原则、标准、条件、资格、程序和纪律办事，有规必依、执规必严，严禁违反规定程序选拔任用干部，严禁私自干预下级或原任职单位干部任用，严禁在干部考察中隐瞒或歪曲事实真相，严禁在干部档案上弄虚作假，严禁跑风漏气，严禁突击提拔调整干部，严禁封官许愿、任人唯亲、营私舞弊，严禁采取跑官要官、说情打招呼等手段为本人或他人谋取职位，严禁搞拉票等非组织活动，严禁超职数配备、超机构规格提拔干部或违规提高干部职级待遇。

（四）严厉违规查处

对违反组织人事纪律的坚决不放过，做到发现一起、查处一起，查实一起、通报一起。实行严重违规用人问题立项督查，重点查处拉票贿选、买官卖官、跑官要官、违规用人、干扰选举等突出问题，对当事人和责任人必须作出严肃组织处理，涉嫌违纪违法的移送执纪执法机关处理。不论是集中换届还是日常干部选拔任用，对违反组织人事纪律的实行“零容忍”、坚决不放过，发现一起、查处一起，让那些搞不正之风的人不仅捞不到好处，而且受到严厉惩处。对跑官要官的，一律不得提拔使用，并记录在案，视情节给予批评教育或组织处理；对拉票贿选的，一律排除出人选名单或取消候选人资格，已经提拔的责令辞职或者免职、降职，贿选的还要依纪依法处理；对买官卖官的，一律先停职或免职，移送执纪执法机关处理；对违反规定作出的干部任用决定，一律宣布无效，按干部管理权限予以纠正；对说情、打招呼和私自干预下级干部选拔任用的，一律坚决抵制，视情节给予批评教育或组织处理。加大违规用人案件通报、曝光力度，发挥警示震慑作用。

（五）严格责任追究

建立和完善干部选拔任用工作责任追究制度，按照权责一致的原则，科学界定干部选拔任用工作各个环节的责任主体、责任内容，明确追究方式，加大追究力度。对本地本部门选人用人问题突出、干部群众反映强烈、整治工作不力的，特别对线索清楚、内容具体的违规用人问题不进行调查核实以及核实后不按规定处理的，必须按规定追究党委（党组）及其组织人事部门主要负责人的责任。实行“带病提拔”领导干部选拔任用过程“倒查”，对确实存在违规选拔任用问题的，必须严肃追究有关责任人的责任。认真落实《干部选拔任用工作监督检查和责任追究办法》有关规定，凡出现“带病提拔”、突击提拔、违规破格提拔等问题，都要对选拔任用过程进行倒查，存在隐情不报、违反程序等失职渎职行为的，不仅查处当事人，而且追究责任人，一查到底、问责到人。对干部在政治品质、道德品行、廉洁自律等方面存在违规违纪行为影响使用，但由于领导不力、把关不严、考察不准、核查不认真，甚至故意隐瞒、执意提拔，造成干部“带病提拔”的，要按照有关规定，区别不同情况，严肃追究党委（党组）、组织人事部门、纪检监察机关、干部考察组主要负责人和有关领导干部及相关责任人的责任。凡因干部“带病提拔”造成恶劣影响的，连续出现或大面积出现干部“带病提拔”情况的，要追究党委（党组）主要负责人的责任。

三、形成“大监督”工作格局

各级党委及其组织部门要高度重视干部监督工作，注重上下协力、内外协作、左右协同，齐抓共管，形成合力，构建有序有效的“大监督”工作格局。

（一）压紧压实责任

从严落实党委（党组）全面领导责任，领导班子主要负责人和直接主管的班子成员主要领导责任，领导班子其他成员领导责任，组织（人事）部门、纪检监察机关、干部考察组有关责任人和其他责任人相应责任，推动形成上下联动、齐抓共管、横向到边、纵向到底的工作责任链。严格落实《干部选拔任用工作监督检查和责任追究办法》，加大选人用人工作责任追究力度，对风气不正、问题突出的地方和单位，按照规定严肃追责问责，切实让失责必问、问责必严成为常态。顽瘴痼疾须下猛药。对“三龄两历”造假、“三超两乱”、“裸官”、违规兼职等问题，加强常态化治理，坚决防止反弹回潮。对任人唯亲、个人说了算、跑官要官、突击提拔、带病提拔等问题坚持标本兼治，以零容忍的态度发现一起查处一起，同时举一反三、分析深层次原因，建立健全防治的长效机制。坚持把整治工作成效作为考核党委（党组）和组织（人事）部门的重要内容，推动形成一级抓一级、层层抓落实的工作格局。

（二）完善协作机制

组织部门在干部监督工作中发挥主体作用，干部监督机构发挥牵头协调作用。要充分发挥干部监督工作联席会议制度的作用，加强与各部门和单位之间的沟通协商、联动协作，整合纪检（监察）、公检法、编制、人社、审计、信访等部门单位的监督信息和监督成果，并及时运用到干部选拔任用工作中来，为选好用好干部提供决策服务。这其中，重点是加强与纪检机关的配合，认真贯彻落实纪检机关的有关部署，进一步规范干部任用前征求纪检机关意见的方式。建立组织部门与纪检机关在有关干部党风廉政方面情况的工作沟通制度、联系人制度和责任制度。建立组织系统上下联动推进机制，上级组织部门要加强对干部监督工作的业务指导和督促检查，对监督工作薄弱、信访举报多的地方和单位，要约谈有关负责人，对反映比较集中的问题，要开展专项整治。下级组织部门要按规定及时报告干部监督工作情况和重要信息。

（三）加强内部协调

完善组织部门内部协调、制约和监督机制，推动内部各工作机构从各自的职责出发，认真做好干部监督工作。组织部长带头抓，直接研究干部监督的重大问题，直接阅批重要信访举报，直接约谈需要做工作的干部。部务会成员结合各自职责，做好干部监督工作。广大组工干部要敢于监督，勇于担当，善于掌握党员干部的真实情况，做到管人要管思想、管作风、管纪律。强化组织部门内部各业务科室抓监督的责任意识，干部监督机构以及负责干部工作、干部教育培训、党员教育管理、综合管理服务的机构，都要各负其责、配合协调，共同抓干部监督工作。对干部选拔任用的监督，以干部监督机构为主，干部工作机构配合；对干部日常管理的监督，以干部工作机构为主，干部监督机构配合。属于业务科室职责范围的问题，原则上由业务科室查核办理；重点问题由干部监督机构直接查办；监督信息由干部监督机构归总。干部监督机构负责人参加本部门研究讨论干部任免事项的会议。

（四）加强自身建设

加强干部监督工作，必须打造过硬的干部监督队伍。坚持从严治部、从严律己、从严带队伍，督促组工干部严以修身、严以用权、严以律己，谋事要实、创业要实、做人要实，严格按党的政策办事、按规章制度办事、按组织程序办事，敢于反映真实情况，敢于指出党员干部存在的问题，敢于抵制用人上的不正之风。加强组织部门干部监督机构和队伍建设，充实力量，选好配强负责人，强化从严管理监督干部的力量支撑。聚焦高素质专业化目标，强化政治引领，加强教育培训，推动学习贯彻习近平新时代中国特色社会主义思想往深里走、往实里走、往心里走，坚持严管和厚爱结合、激励和约束并重，推动从事干部监督工作的同志练就矢志不渝的坚定信念、忠诚老实的政治品格、知重负重的责任担当、察微明鉴的专业素养、敢于碰硬的斗争精神、公正清廉的作风操守，做干部监督工作的行家、实干家，着力锤炼一支信念坚、政治强、本领高、作风硬的干部监督工作队伍。

延伸阅读

福建省全面加强干部日常管理监督工作

习近平总书记指出，要在日常监督上下功夫，坚持抓早抓小、防微杜渐，使咬耳扯袖、红脸出汗成为常态。近年来，福建省围绕建立管思想、管工作、管作风、管纪律的从严管理体系，坚持管在日常、严在经常，推动形成正气充盈的良好政治生态。

一、把政治监督摆在首位，推动“四个意识”“四个自信”“两个维护”发自内心、成为自觉

一是突出政治纪律和政治规矩的监督。省委坚持每年开展全面从严治党

主体责任落实情况交叉检查，重点监督贯彻落实习近平总书记重要指示批示、党中央各项决策部署，落实中央八项规定精神，执行党内政治生活准则等方面情况；各地通过巡视巡察、专项检查、重点抽查等方式，重点监督干部是否存在政治上离心离德、思想上蜕化变质、组织上拉帮结派、行动上阳奉阴违等问题。党的十八大以来，全省共立案查处厅、处级干部违反政治纪律案件 190 件。

二是突出净化党内政治生态的监督。开展领导班子运行和政治生态等级评估，重点考察了解执行民主集中制、选人用人、领导班子成员履职担当等情况，对政治建设薄弱的领导班子加强集中整顿，对政治能力较差的干部进行谈话教育。近年来，约谈 9 个被评为“一般”“较差”领导班子的主要负责同志，督促抓好整改。

三是突出选人用人坚持政治标准的监督。健全领导干部政治素质识别和评价机制，建立干部政治素质档案，坚持政治表现“首问”、正反向专项测评、政治廉洁表现“双鉴定”“双签字”，严把干部政治关，坚决把“两面人”挡在门外。近年来，全省共对 33 名政治上、廉洁上有问题的省管干部实行一票否决。

二、加强对“关键少数”的日常监督，督促一把手依规用权、廉洁用权

一是规范权力运行。加强对一把手履行管党治党责任、执行民主集中制、落实请示报告制度、廉洁自律等方面的监督，探索推行权力清单公示、重大事项决策全程纪实、预警分析等办法，进一步强化权力运行监督和制约；对不按权力清单办事，因滥用职权造成缺位、错位、越位问题以及违反廉洁自律规定的，严肃追责问责，警示干部规范用权。

二是抓好定期考核。制定《省直单位主要领导定期考核评价办法》，采取定量考核与定性评价相结合方法，重点考核一把手履职情况。省委全委会先对一把手进行集中测评，考察组再到所在单位开展述职述廉、民主测评、个别访谈，形成总体考评意见。近年来，对 53 个省直单位 56 名一把手进行考评，对不适宜担任现职的作出调整。

三是强化制度约束。严格执行干部选拔任用监督制度，出台领导干部任职回避、严肃干部选拔任用工作纪律等文件，全面摸排整治领导干部配偶、子女及其配偶违规经商办企业问题，筑牢从严治吏“防火墙”。严格执行个人有关事项报告“两项法规”，近年来随机抽查 8057 人、重点抽查 12491 人，共对拟提任的 10 名省管干部、345 名处级干部暂缓使用。

三、突出干部担当作为监督，着力提振各级干部干事创业精气神

一是推行蹲点调研跟踪了解干部担当作为情况。省委组织部健全一线考核办法，通过近距离、有原则地接触干部，深入了解干部的真实情况，推动干部日常监督管理常态长效。近年来，省委组织部对 61 家单位开展蹲点调研，掌握了一批优秀干部名单；各地通过蹲点调研、一线考核，提拔重用 3900 多名在重大项目、重点工作、重要工程中表现突出的优秀干部。

二是开展谈心谈话鞭策干部担当作为。去年，全省组织系统开展调查研究年活动，省市两级组织部门部务会成员先后与 4200 多名干部谈心谈话，既释疑解惑、加油鼓劲，又指出问题、督促改正。许多干部反映，这种做法体现了“干部之家”的温暖。

三是深化专项检查倒逼干部担当作为。把干部担当作为情况作为选人用人检查重要内容，列出 18 种不作为、慢作为、乱作为情形，加大对举报反映不担当不作为问题查核督办力度，及时发现、惩戒庸懒无为干部。结合“不忘初心、牢记使命”主题教育，扎实抓好“干事创业精气神不够，患得患失，不担当不作为问题”专项整治。近年来，全省问责处、科级干部 143 人次，其中党纪政务处分 58 人次、调整岗位或改任非领导职务 22 人次。

四、实行全方位监督，让干部习惯在受约束的环境中工作生活

一是推动提醒函询诫勉常态化。综合运用巡视巡察、经济责任审计、年度考核、“一报告两评议”等成果，发现苗头性问题及时批评教育、咬耳扯袖，近年来全省组织系统共提醒函询诫勉厅、处级干部 1330 人次。制定函询工作操作规程，提出函询采信等 9 条措施，审慎研判每一个函询件，防止“无事而函”“一函了之”。

二是推动监督渠道多元化。完善干部监督联席会议制度，与纪检监察机关快速联动，建立违规违纪违法问题线索移交反馈通报机制；与巡视机构互联互通，开展好选人用人专项检查，合力抓好巡视反馈问题整改；与审计部门密切合作，加大任中审计比例，推动审计结果与干部管理使用挂钩；与公安、住建、市场监管等部门加强沟通，了解干部遵纪守法、房产、经商办企业等情况。同时，推广驻区单位党组织和在职党员到社区“双报到”制度，对干部的评先评优、提拔使用都征求社区党组织意见，加强八小时之外监督管理。

三是推动干部监督工作信息化。研发干部监督信息管理系统，建立干部监督档案，目前已收录2万多条监督信息，涵盖党纪政务处分情况和巡视、审计、考核、信访举报等渠道发现的有关信息，为精准监督提供支撑。通过全方位监督，让干部感到组织就在身边、监督就在眼前，体现对干部的真关心、真爱护。

（节选自中共福建省委组织部：《全面加强干部日常管理监督工作》，《党建研究》2019年第11期）

第十一章

打造高素质专业化公务员队伍

公务员，是指依法履行公职、纳入国家行政编制、由国家财政负担工资福利的工作人员。公务员是干部队伍的重要组成部分，是社会主义事业的中坚力量，是人民的公仆。各级组织部门必须充分认识建设高素质专业化公务员队伍的重大意义，坚定扛起使命职责，坚持以习近平新时代中国特色社会主义思想为指导，全面贯彻落实新时代党的建设总要求和新时代党的组织路线，坚持和加强党对公务员队伍的集中统一领导，坚持党管干部原则，落实新时期好干部标准，紧紧围绕统筹推进“五位一体”总体布局和协调推进“四个全面”战略布局，适应推进国家治理体系和治理能力现代化要求，依法管理和培养锻造公务员队伍。

公务员队伍是党的执政主体的重要组成部分，其素质状况直接影响党的领导水平和执政能力，决定着政府的管理水平和效率。当前，加强公务员队伍建设，是摆在我们面前的一项重要而紧迫的任务。统一管理公务员工作，建设高素质专业化公务员队伍，是新时代组织部门的新任务、新职责、新使命，体现了党中央对新时代公务员工作的更高定位、更高标准。统一管理公务员工作意义重大，既有利于加强党的全面领导，把党管干部原则贯彻于全过程、各方面，又有利于统筹资源，完善干部成长链条，形成建设高素质专业化公务员队伍的工作合力。《中国共产党组织工作条例》对加强公务员管理工作提出要求，强调完善中国特色公务员制度，健全科学有效的公务员管理机制。各级组织部门要充分发挥组织优势，扎实做好新时代公务员管理工作，全力夯实高素质干部队伍的源头建设，努力开创公务员工作新局面，建设一支信念坚定、为民服务、勤政务实、敢于担当、清正廉洁的公务员队伍。

一、我国公务员制度的基本原则和基本框架

公务员制度是人事管理科学发展到一定阶段的产物。目前，世界上多数国家都建立了公务员制度。我国公务员制度是从 1993 年颁布实现《国家公务员暂行条例》开始建立的。2005 年 4 月颁布的《中华人民共和国公务员法》（以下简称公务员法），是我国第一部带有干部人事管理总章程性质的重要法律。它从法律层面上发展和完善了公务员制度，奠定了新时期中国特色公务员制度的基本框架。2018 年 12 月 29 日第十三届全国人民代表大会常务委员会第七次会议对公务员法进行了修订，体现了深入推进公务员分类改革、贯彻落实建设高素质专业化干部队伍决策部署的需要，内涵丰富全面、制度设计合理、彰显中国特色，为建设忠诚干净担当的高素质专业化公务员队伍提供了更有力更有效的法律保障。

（一）公务员法的总体要求

公务员法总则第四条规定，公务员制度坚持中国共产党领导，坚持以马克思列宁主义、毛泽东思想、邓小平理论、“三个代表”重要思想、科学发展观、习近平新时代中国特色社会主义思想为指导，贯彻社会主义初级阶段的基本路线，贯彻新时代中国共产党的组织路线，坚持党管干部原则。

（二）公务员管理的基本原则

根据公务员法规定，公务员管理的基本原则是：1. 坚持党管干部原则；2. 公务员的管理，坚持公开、平等、竞争、择优的原则，依照法定的权限、条件、标准和程序进行；3. 公务员的管理，坚持监督约束与激

励保障并重的原则；4. 公务员的任用，坚持德才兼备、以德为先，坚持五湖四海、任人唯贤，坚持事业为上、公道正派，突出政治标准，注重工作实绩；5. 国家对公务员实行分类管理，提高管理效能和科学化水平；6. 依法管理原则，公务员就职时应当依照法律规定公开进行宪法宣誓。公务员依法履行职责的行为，受法律保护。

（三）公务员应具备的条件

公务员法规定，公务员应当具备下列条件：1. 具有中华人民共和国国籍；2. 年满十八周岁；3. 拥护中华人民共和国宪法，拥护中国共产党领导和社会主义制度；4. 具有良好的政治素质和道德品行；5. 具有正常履行职责的身体条件和心理素质；6. 具有符合职位要求的文化程度和工作能力；7. 法律规定的其他条件。

（四）公务员应履行的义务

公务员法规定，公务员应当履行下列义务：1. 忠于宪法，模范遵守、自觉维护宪法和法律，自觉接受中国共产党领导；2. 忠于国家，维护国家的安全、荣誉和利益；3. 忠于人民，全心全意为人民服务，接受人民监督；4. 忠于职守，勤勉尽责，服从和执行上级依法作出的决定和命令，按照规定的权限和程序履行职责，努力提高工作质量和效率；5. 保守国家秘密和工作秘密；6. 带头践行社会主义核心价值观，坚守法治，遵守纪律，恪守职业道德，模范遵守社会公德、家庭美德；7. 清正廉洁，公道正派；8. 法律规定的其他义务。

（五）公务员享有的权利

公务员法规定，公务员享有下列权利：1. 获得履行职责应当具有的工作条件；2. 非因法定事由、非经法定程序，不被免职、降职、辞退或者处分；3. 获得工资报酬，享受福利、保险待遇；4. 参加培训；5. 对机关工作和领导人员提出批评和建议；6. 提出申诉和控告；7. 申请辞职；

8. 法律规定的其他权利。

二、进一步健全中国特色公务员制度体系

习近平总书记强调，要紧密结合干部工作实际，认真总结，深入研究，不断改进，努力形成体系完备、科学规范、有效管用、简便易行的制度机制。[①]中国特色公务员制度是在改革开放和社会主义现代化建设进入新的历史阶段，伴随着党和国家领导制度改革和干部人事制度改革逐步建立和完善起来的。经过多年的发展，特别是颁布实施公务员法以来，中国特色公务员制度体系已经基本建立起来，公务员管理工作走上了法制化轨道。但是，对照完善和发展中国特色社会主义制度、推进国家治理体系和治理能力现代化的要求，与公务员法相配套的制度建设还需要进一步加强。当前，要着力健全和完善以下几项制度。

（一）优化宏观管理制度

突出宏观管理，优化宏观管理，是加强高素质专业化公务员队伍建设的内在需求。要树立全局思维，将公务员管理工作放到干部队伍建设整体中考虑推进，更加重视管宏观、管政策、管协调、管服务。管宏观，要着眼事业长远发展和公务员队伍建设需要，研究制定公务员队伍建设中长期规划，不断优化结构，提升素质。管政策，要及时跟进制定新修订的公务员法的配套政策法规，对接干部日常管理制度，构建起较为完备的公务员管理政策体系。管协调，要建立健全公务员局、编办等多部门沟通协调机制，合理配置人员资源，强化工作合力，发挥整体优势。管服务，要全面加强公务员队伍教育培训、考核管理、服务保障等工作。

① 中共中央文献研究室：《习近平总书记重要讲话文章选编》，中央文献出版社、党建读物出版社 2016 年版，第 66 页。

（二）建立公务员分类管理制度

分类管理是公务员科学管理的基础，是适应推进国家治理体系和治理能力现代化要求、建设高素质专业化公务员队伍的重要举措。公务员法确立了分类管理的原则，根据职位性质、特点和管理需要，将公务员划分为综合管理类、专业技术类、行政执法类。近年来，中央公务员主管部门在推进分类管理改革方面作了积极探索，在工商、税务等系统进行行政执法类公务员管理试点，在公安、司法等系统实行执法勤务机构警员职务序列，完成了职务套改，兑现了工资；在海关系统开展了专业技术类公务员试点，在公安等机关试行了专业技术职位任职资格制度，将警务技术人员纳入专业技术类公务员管理。要在总结试点经验基础上，加快制定行政执法类、专业技术类公务员管理规定及相关配套政策。探索建立分类招录制度，单独组织行政执法类招录，根据职位特点设置报考资格条件，允许基层一线执法职位合理确定专业和人员比例，笔试环节突出法律知识、依法行政意识测查，面试环节增设体能测试和心理测评，录用考察突出政治标准，强化信用信息比对核查，提高行政执法类公务员招录的科学性、有效性。着力打造分类培训体系，探索通专结合、一专多能的人才培养模式，明确一线执法人员中全科型执法人员比例和基层领导岗位全科型比例，整合培训资源，开发培训课程，优化师资队伍，因材施教，分类施训，线上与线下结合，全面培养提高行政执法类公务员专业知识、专业能力、专业作风、专业精神。建立健全分类考核机制，出台行政执法类公务员平时考核办法，建立以执法办案为核心、与年终绩效挂钩的奖勤罚懒机制，将平时考核情况作为年度考核和绩效分配的主要依据。

（三）完善公务员考录制度

从严管理公务员，首先要把好入口关。考录制度是公务员队伍建设中起基础性作用的一项制度，是保证公务员队伍高素质的起点，也是彰显社会公平正义的一项制度。要坚持把公务员考录作为建设高素质专业化公务员队伍的源头工程，注重把握规律、完善机制，改革创新、优化功能，向各级党政机关单位输送一大批素质高、能力强的优秀人才。一是完善制度体系，推动考录工作规范化。坚持上承精神与下切实际相结合，在严格执行公务员法、公务员录用规定等法律法规的同时，每年围绕考录重点课题开展调研，并将调研成果转化为政策文件，制定公务员录用实施办法、面试考官管理办法、特殊职位录用办法、体检工作办法、录用考察办法等系列文件，形成贯彻中央精神、体现地域特点，贯穿全流程、覆盖各环节的考录政策体系。二是聚焦人岗相适，增强考录工作精准性。坚持在干部工作大局下谋划推进公务员考录工作，努力把合适的人选录用到合适的职位。严格政治把关，把政治标准摆在首位、贯穿始终，设置职位条件时强化政治素质要求，笔试面试时突出习近平新时代中国特色社会主义思想的测查，考察时开展“政治体检”，努力选拔对党忠诚、政治可靠的优秀人才。优化面试考查，着眼于避免面试方式单一化，逐步加大推行无领导小组讨论和结构化小组面试方式力度。注重向基层倾斜，每年拿出一定的计划招录乡镇机关公务员，并允许扶贫开发重点片区乡镇机关招录一定数量的本地生源或户籍人员，着力缓解这些地区“招人难”“留人难”的问题。三是秉持公平公正，提高考录工作透明度。始终把公平公正作为考录工作的生命线，坚持程序公正与结果公正的有机统一，让考录更有说服力、认同感。提高工作透明度，做到职位公开、条件公开、政策公开、程序公开、结果公开，自觉接受社会监督。

（四）严格执行职务与职级并行制度

强化激励约束，是加强公务员队伍建设的重要保障。要严格执行职务与职级并行制度，结合本地公务员数量、单位人员分布等情况，出台完善差异化的考核细则。职级晋升中，将职级职数与领导职数使用通盘考虑、职级晋升与干部选拔任用统筹推进。一是坚持党管干部，突出政治标准。坚持把增强“四个意识”、坚定“四个自信”、做到“两个维护”作为首要标准，贯穿民主推荐、人选确定、个人事项查核等环节，明确政治表现有疑点的暂缓晋升，不合格的不得晋升。二是突出正向激励，注重实绩贡献。突出工作实绩、贡献积累、群众认可，不搞平衡照顾、论资排辈。坚持把敢不敢担当、有没有实绩作为确定晋升人选的重要标准。三是用好两条通道，拓宽发展空间。统筹职级晋升与领导职务选拔，为优秀公务员搭建提拔重用“立交桥”，让有潜力的年轻公务员通过职级的晋升，为进入更高职务层次积累资格条件；兼顾不同年龄段，为各类公务员搭建职业发展“双车道”，使大家有盼头、有奔头、有劲头，拓宽公务员职业发展空间，实现广泛持续激励。

三、从严从实抓好公务员队伍建设

习近平总书记在党的群众路线教育实践活动总结大会上强调，要坚持以严的标准要求干部、以严的措施管理干部、以严的纪律约束干部，使干部心有所畏、言有所戒、行有所止。公务员所处的地位、肩负的使命、承担的责任，决定了对这支队伍必须“严”字当头，把从严从实贯彻落实到日常管理的各个环节。

（一）突出政治建设

公务员是国家公职人员，必须把讲政治贯穿于公务员治理的全过程，确保全覆盖。加强政治建设，是统一管理公务员工作的首位要求。新时代的公务员工作，最鲜明的特征就是坚持和强化党管干部原则，坚决贯彻党的干部路线方针政策，把政治建设贯穿于公务员工作全过程。

1. 强化理论武装

政治上的坚定源于理论上的清醒。习近平总书记指出：“要练就金刚不坏之身，必须用科学理论武装头脑，不断培植精神家园。”[①] 坚持思想建党、理论强党，坚持不懈强化理论武装，深入学习习近平新时代中国特色社会主义思想，坚持读原著、学原文、悟原理，做到知之深、信之笃、行之实，坚持用新思想武装头脑、指导实践、推动工作，做到理论上坚定、政治上清醒，教育引导广大公务员增强“四个意识”，坚定“四个自信”，做到“两个维护”。统筹好党校等干部教育资源，把习近平新时代中国特色社会主义思想作为公务员教育培训的首要任务，全面开展公务员政治轮训，筑牢广大公务员的政治忠诚。巩固“不忘初心、牢记使命”主题教育成果，实施“习近平新时代中国特色社会主义思想教育培训计划”，下功夫解决好公务员对党的基本理论、基本路线、基本方略的思想认同、情感认同和理论认同，从而提高贯彻落实的自觉性和坚定性。

2. 坚守政治导向

坚持新时期好干部标准，切实将政治标准贯彻到公务员队伍建设各环节、全过程，对政治不合格的“一票否决”，确保将各级领导岗位交到政治坚定的人手上，坚决防止出现“两面人”现象。借鉴运用领导干部政治表现考核考察有关做法，探索建立新录用公务员政治表现负面清单，细化政治表现量化指标，考准考实公务员政治表现，从源头上把牢政治关。完善政治素质考察，把政治考察摆在干部选拔任用工作的重中之重，内容上突出考察“六个是否”，努力使政治考察具体起来、鲜明起来、落得下来。注重发挥政治指南针作用，让公务员把智慧和力量凝聚到贯彻落实党中央各项决策部署上来，自觉把不折不扣落实习近平总书记重要指示批示精神放在首要位置，做到“件件有着落，事事有回音”。引导全体公务员把正确的政治方向和政治站位体现到制定政策、推进工作的实践中去。

① 中共中央宣传部：《习近平总书记系列重要讲话读本（2016 年版）》，学习出版社、人民出版社 2016 年版，第 108 页。

3. 严格执行党的纪律

严格的纪律，是我们党取得革命、建设和改革胜利的根本保证。要严格遵守政治纪律和政治规矩，督促公务员要时刻进行对照检查，坚持政治标准，提高政治站位，严格要求自己，严格约束自己。坚持把学习党的纪律与开展党性教育、警示教育紧密结合起来，引导公务员增强纪律意识、规矩意识，使每一名公务员都能够把守纪律讲规矩作为行为准则，融入日常生活的点点滴滴。对公务员来说，党的纪律规矩既是“紧箍咒”，也是“安全带”，必须增强执行纪律的自觉性，真正做到政治上始终保持头脑清醒，思想上对党绝对忠诚老实，行动上坚决守纪守规守法。

（二）加强专业能力建设

公务员的专业水平事关国家治理水平，必须把提高专业化水平贯穿于公务员的选拔、教育、任用、使用等环节，确保专业化的用人导向，要在公务员的考录、调转任、聘任、遴选、选调等进口环节体现专业化要求。

1. 履职尽责的迫切需要

早在 1957 年，毛泽东就提出：“我们各行各业的干部都要努力精通技术和业务，使自己成为内行，又红又专。”[①] 改革开放之初，党中央提出了干部“四化”方针，即革命化、年轻化、知识化和专业化。在新时代，党中央提出要建设高素质专业化干部队伍。随着改革开放和社会主义现代化建设不断向前推进，各项工作对专业化、专门化、精细化提出了越来越高的要求，一般化、大呼隆、粗放型的领导方式和领导方法已经不能适应时代发展。进入新时代，如何按照习近平总书记提出的“建设高素质专业化的干部队伍”要求，着力锻造一支能够体现国家治理体系和治理能力现代化要求的高素质专业化公务员队伍，是当前的一项迫切任

---

① 《毛泽东文集》第 7 卷，人民出版社 1999 年版，第 307 页。

务。党的十八大以来，我国公务员作为治国理政的骨干力量，在大力推进党和国家事业的发展中，常怀为民之心，勤修为民之德，恪尽为民之责，努力实现好、维护好、发展好最广大人民的根本利益，整体素质和作风建设有了明显提高。但是，仍有一些公务员身上存在着官僚主义、形式主义、安于现状等现象，还有一些公务员存在着素质不够高、专业不够强等问题。这就要切实增强责任感和紧迫感，把加强公务员队伍专业能力建设摆在重要位置，着力提升公务员的专业水平，更好地履职尽责。

2. 强化教育培训

加强教育培训，是推动国家公务员积极适应时代要求，转变观念，更好履职尽责的重要措施。要根据经济、社会发展的需要，按照职位的要求，有计划、有组织开展公务员教育培训，提高公务员政治和业务素质。一是开展对新录用人员的培训，即新录用人员在正式上岗前所进行的培训，使新录用人员对机关的工作特点、组织纪律、动作程序有所了解，明确自己的工作内容和职责范畴，初步掌握即将从事的工作所需的基本知识、工作程序和工作方法，为正式上岗做好准备。二是开展任职培训，即对准备晋升一定领导职务的公务员按照其相应职位的要求所实施的培训，通过对拟任新领导职务的公务员进行所需的政策水平、组织领导能力和专业知识能力的培训，为其胜任即将晋升的职务做好充分的准备。三是开展专门业务培训，即为公务员从事专项工作而提供所需知识和技能的培训。四是开展更新知识的培训，即有计划地对在职公务员所进行以更新知识为主要目的的全员培训，使其不断掌握新的知识和技能，及时更新知识结构，提高行政管理水平，以适应高新科学技术革命、人力资源开发、知识智力经济发展以及社会、经济新格局、新形势发展的需要。

3. 加强实践锻炼

实践出真知，实践出才干，组织公务员到实践当中经风雨、见世面、长筋骨、增才干，这是公务员提高能力的不二之道。建设高素质专业化公务员队伍，一线锤炼是必经之路，要实现优秀年轻公务员到一线历练、从一线提拔的培养选用目标。要始终坚持把挂职锻炼、多岗历练、交流任职等作为实践锻炼的主要方式，注重在基层一线培养历练干部。对那些看得准、有潜力、有发展前途的年轻干部，尤其是年轻、后备干部，优秀的少数民族、妇女、党外干部，要有计划、有针对性地安排他们到新农村建设一线、社区服务一线、艰苦地区一线、企业或招商服务一线、信访调解稳定一线和重点建设工程一线经受锻炼。加大本单位内部轮岗交流或跨部门、跨行业交流力度，推进党政机关与企事业单位之间、省市与县之间干部的双向交流。只有做到多角度、多层次地培养锻炼干部，才能保持干部成长锻炼进步、素质能力提升的一潭活水。

（三）加强公务员平时考核

平时考核是公务员考核的重要环节，也是从严从实管理公务员的有效抓手。公务员法规定，公务员考核分为专项考核、定期考核和平时考核，目前，平时考核方面相对薄弱，必须切实加强。

1. 完善平时考核的内容指标

公务员平时考核以公务员的职位职责和所承担的工作任务为依据，及时了解公务员德、能、勤、绩、廉日常表现，重点考核深入学习贯彻习近平新时代中国特色社会主义思想、遵守政治纪律和政治规矩、践行党的群众路线、完成日常工作任务和阶段工作目标的情况，以及承担急难险重任务、处理复杂问题、应对重大考验的表现等。对于直接面向群众的窗口单位和服务部门的公务员，应当突出考核其服务态度、服务质量和服务承诺兑现情况，注重了解为群众办实事解难事的实效，关注群众获得感满意度。考核指标应当体现政治性、导向性、实效性。加强对党中央重大决策部署和地方党委政府中心工作贯彻落实情况的考核，推动机关目标任务分解落实到每名公务员，注重精简优化考核指标数量、层级，做到可落实、可衡量、可比较。机关结合职能职责和工作任务，区分不同类别、层级和职位公务员特点，分级分类设置考核指标。考核指标由共性指标和个性指标构成。共性指标一般包括政治素质、职业道德、工作作风、廉洁自律、出勤情况等。个性指标一般包括完成工作数量、质量、效率，以及成效和业务能力等。注重制定量化指标，加强对公务员完成工作的数量和质量的考核。不应简单将有没有台账记录、工作笔记等作为工作是否落实的唯一标准，不应简单以留痕多少评判工作好坏，防止过度留痕。

2. 完善公务员平时考核的程序方法

公务员平时考核一般按照下列程序进行：(1) 确定目标，根据机关和所在内设机构的年度及阶段目标任务，结合职位职责，将组织目标进行细化分解，制定工作计划。经主管领导审定后，确定为个人阶段目标，纳入平时考核个性指标。(2) 个人小结，公务员对照平时考核内容指标，如实对本人平时表现情况，特别是工作计划完成情况进行简要小结，以书面或者口头汇报形式报主管领导。(3) 审核评鉴，主管领导对公务员的个人小结进行审核，提出考核结果等次建议，由机关负责人审定，也可以由领导班子或者机关组织（人事）部门审定。审核评鉴应当结合日常了解、群众评价以及服务对象意见等情况，吸收运用绩效管理等成果，根据需要听取纪检监察机关意见，注重看公务员担当作为表现情况，综合研判，实事求是确定考核结果，防止简单依据个人小结对公务员作出评价。对直接面向群众的窗口单位和服务部门的公务员，可以在一定范围内开展服务对象评议。(4) 结果反馈，有关领导或者机关组织（人事）部门采取适当方式，及时向公务员本人反馈考核结果，肯定成绩，指出不足，提出改进要求，听取本人意见。

加强公务员平时考核与公务员日常管理的统筹融合。将平时考核基本程序与机关及其内设机构的计划总结、工作例会、监测评估等绩效管理手段相结合，与“三会一课”、谈心谈话等组织生活制度相结合，切实减轻公务员负担，防止搞形式、走过场。乡镇（街道）机关、直接面向群众的窗口单位和服务部门、长期户外工作的综合行政执法部门等，经公务员主管部门审核同意，可结合实际设置平时考核程序方法。公务员平时考核结果分为好、较好、一般和较差 4 个等次。评定为好等次的公务员，应当在一定范围内公开。好等次名额应当向基层一线和艰苦岗位公务员倾斜。公务员在承担急难险重任务、处理复杂问题、应对重大考验时，表现突出、有显著成绩和贡献的，当期平时考核结果可以直接确定为好等次，并及时给予奖励。公务员在重大关头、关键时刻不服从组织安排，或者推诿扯皮、敷衍塞责等造成不良后果的，当期平时考核结果可以直接确定为较差等次。

3. 强化平时考核结果运用

强化平时考核结果运用，根据考核结果有针对性地加强激励约束、培养教育，鼓励先进、鞭策落后，营造见贤思齐、比学赶超的良好氛围。对平时考核结果为较好以上等次的公务员，以适当方式及时予以表扬，按照有关规定给予物质奖励。对平时考核一贯表现优秀的公务员，在选拔任用、职务职级晋升、教育培训、评先奖优等方面优先考虑。对平时考核结果为一般等次的公务员，及时谈话提醒。对平时考核结果为较差等次的公务员，及时批评教育，必要时进行诫勉。发现存在违纪违法问题的，按照有关纪律和法律法规处理。要根据具体情形，帮助引导公务员查找分析原因，制定整改措施，激发自我完善的内生动力，为其改进提高创造条件。平时考核结果与年度考核结果挂钩。年度考核确定为优秀等次的，应当从当年平时考核结果好等次较多且无一般、较差等次的公务员中产生。当年平时考核结果均为好等次的，年度考核可以在规定比例内优先确定为优秀等次。当年平时考核结果一般、较差等次累计次数超过一半的，年度考核原则上应当确定为基本称职或者不称职等次。

当年平时考核结果均为较差等次的，年度考核可以直接确定为不称职等次。平时考核结果记入公务员年度考核登记表。对年度考核为优秀等次的公务员进行公示时，应当公示其当年平时考核结果等次。机关应当把平时考核发现的问题作为优化内部职能和人员配置的重要参考，完善工作机制，提高工作效能。

（四）健全完善待遇保障配套政策

习近平总书记早在2013年全国组织工作会议上就曾强调："对广大基层干部要充分理解、充分信任，格外关心、格外爱护，多为他们办一些雪中送炭的事情。"坚持严格管理与关心关爱相结合，把健全和落实工资福利等待遇保障政策与其他改革举措同步谋划、同步配套、同步推进，有力调动激发广大公务员干事创业的积极性。

1. 完善休假体检制度

实行带薪年休假年初列入计划、年中随机抽查、年底报告落实制度，严格控制发放未休假报酬人数比例并按时兑现。落实干部休假制度，各级领导干部要带头执行带薪年休假制度，督促落实本单位干部职工的年休假，做到应休尽休，保证干部得到必要的身心放松和调整。每年组织干部到定点体检医疗机构进行体检，重点关注长期在艰苦地区、急难险重工作一线的干部身体健康，根据实际可适当提高体检标准，分级建立干部健康档案。探索建立干部"心理档案"，引入心理评估技术，结合体检开展心理健康自助评估，对心理评估结果进行分级处理，对存在心理异常特别是心理危机者，早发现、早援助、早干预。把心理健康教育作为干部教育培训的重要内容，在各级党校、行政学院、社会主义学院开设心理健康课程，提高干部心理健康素养，掌握应对压力和解决心理问题的方法技巧。丰富干部职工文体生活，支持各级工会、共青团、妇联等群团组织开展各类文化体育活动，引导干部培养健康的兴趣爱好，加强日常锻炼，使干部拥有健康的体魄和良好的精神面貌。

2. 关注基层治理“关键少数”

关怀关爱以公务员为中坚力量的脱贫攻坚一线干部。对战斗在巩固拓展脱贫攻坚成果基层一线驻村工作队员、驻村第一书记，以实际在岗天数由派出单位给予生活、交通、通讯补贴，据实报销公务活动的公共交通费用，实现人身意外伤害险全覆盖。解决异地交流干部后顾之忧，按相应标准保障并负担租金，报销每年探亲交通费，发放适当生活补助。持续加大政策倾斜和资金保障力度，提高乡镇工作补贴标准。通过这些正向激励举措，把组织的关怀传递到广大基层一线公务员的心坎上，有益于他们在基层一线安心、安身、安业。

3. 注重人文关怀

积极开展走访慰问，各级领导干部要定期联系和慰问干部家属，关心干部家庭生活，帮助解决实际困难，创造条件解决干部后顾之忧，努力以家庭和谐促进干部身心健康。着力做好紧急救助，设立关心关爱干部专项资金，对因自然灾害、重大疾病、重大变故导致生活特别困难的党员干部，给予关爱帮扶，并适时组织爱心捐款，联系社会慈善机构救助力量支持，帮助干部渡过难关。

延伸阅读

江苏省坚持改革创新完善工作机制
着力提高公务员考录工作科学化水平

近年来，江苏坚持以习近平新时代中国特色社会主义思想为指引，深入学习贯彻中央关于新时代公务员工作的决策部署，把公务员考录作为建设高素质专业化公务员队伍的源头工程，注重把握规律、完善机制，改革创新、优化功能，向各级党政机关单位输送了一大批素质高、能力强的优秀人才，为推动高质量发展走在前列、建设“强富美高”新江苏提供坚强组织保证。

一、完善制度体系，推动考录工作规范化。公务员考录政治性、政策性强，只有制度科学完善，工作才能规范高效。我们坚持上承精神与下切实际相结合，在严格执行公务员法、公务员录用规定等法律法规的同时，每年围绕考录重点课题开展调研，并将调研成果转化为政策文件，努力推动中央精神在江苏落地落实。近年来，先后制定公务员录用实施办法、面试考官管理办法、特殊职位录用办法、体检工作办法、录用考察办法等系列文件，初步形成了贯彻中央精神、体现江苏特点，贯穿全流程、覆盖各环节的考录政策体系。

二、聚焦人岗相适，增强考录工作精准性。人岗相适、人事相宜是考录工作的目标追求。我们认真学习贯彻中央关于精准科学选人用人的重要要求，坚持在干部工作大局下谋划推进公务员考录工作，努力把合适的人选录用到合适的职位。一是严格政治把关。把政治标准摆在首位、贯穿始终，设置职位条件时强化政治素质要求，笔试面试时突出习近平新时代中国特色社会主义思想的测查，考察时开展“政治体检”，努力选拔对党忠诚、政治可靠的优秀人才。二是坚持分类分级。将招录职位分成 A 类（综合管理）、B 类（行政执法）、C 类（乡镇、街道）三类，分别侧重考查综合分析能力、贯彻执行能力、解决基层实际问题能力，增强命题精准性和试题区分度。三是优化面试考查。着眼于避免面试方式单一化，逐步加大推行无领导小组讨论和结构化小组面试方式力度；着眼于解决考生应试程式化，加强对考官“反套路、反模板化面试”的业务培训。四是注重向基层倾斜。每年拿出 1/3 的计划招录乡镇机关公务员，并允许省扶贫开发重点片区乡镇机关招录一定数量的本地生源或户籍人员，着力缓解这些地区“招人难”、“留人难”的问题。

三、秉持公平公正，提高考录工作透明度。公务员考录是人民群众进入党政机关的重要途径，一头连着党心、一头连着民心。我们始终把公平公正作为考录工作的生命线，坚持程序公正与结果公正的有机统一，让考录更有说服力、认同感。一是提高工作透明度。做到“五个公开”，即职位公开、条件公开、政策公开、程序公开、结果公开，自觉接受社会监督；坚持“三个必开”，即工作启动以及笔试、面试期间，必开新闻通气会。二是扩大考生参与度。从规范专业设置和审核工作入手，每年在报名前3个月通过网络公开征求《专业参考目录》意见，供招录单位和考生参考；对目录外专业，开通审核“绿色通道”，考生可将专业课程情况提供给招录单位审核，符合要求的同样可以报考。三是增强面试公正性。坚持考官与考生随机抽签制度、考官回避制度，取消由招录单位选派特邀考官的做法，加大考官异地交流力度，确保每个考场有2名以上异地考官，保证面试的公平公正。

（节选自《坚持改革创新 完善工作机制 着力提高公务员考录工作科学化水平》，《中国组织人事报》2020年5月4日）

第十二章

提高党管人才水平

党管人才是党爱人才、党兴人才、党聚人才，是通过制定政策、创新机制、改善环境、提供服务，为一切有志成才的人提供更多发展机遇和更大发展空间。党管人才，核心是“党领导人才工作”。要加强政治引领吸纳。发挥政治引领吸纳作用，发挥党组织凝聚人才、服务人才作用，努力形成凝聚人才干事创业的磅礴力量。积极创新教育引导方式，深入开展教育，引导各类人才增强“四个意识”，坚定“四个自信”，做到“两个维护”，巩固共同思想政治基础，把“个人梦”“团队梦”和“中国梦”结合起来，激发爱国之情、强国之志、报国之行。要创新党管人才的方式方法。党管人才不是党组织简单地把人才管起来、统起来，也不是党委部门代替职能部门的作用，包揽一切人才工作。党管人才的目的，是更好地统筹人才发展和经济社会发展，更好地统筹人才工作和其他各项工作，更好地统筹人才工作的各个方面，推动各方面力量把人才管好用活，为人才成长和发挥作用提供更有力的支持和更优质的服务。组织部门是贯彻落实党的人才工作方针政策的重要职能部门。要坚持在党委统一领导下，发挥好牵头抓总作用，充分调动方方面面的积极性创造性，加强职能部门协调配合，保障用人单位主体作用，引导社会力量参与人才工作，推动形成全社会识才爱才敬才用才的浓厚风气。

人才事业具有全局性和战略性。人才工作是事关党和国家工作全局的重要工作，是新时代组织工作的重要组成部分，与领导班子和干部队伍建设、党的基层组织和党员队伍建设一起构成了新时代组织工作的“三个轮子”一起转的基本格局。新时代人才工作必须坚持党的领导和党管人才的原则，这是政治方向和原则要求，也是我们党的根本宗旨的必然要求。《中国共产党组织工作条例》强调坚持党管人才原则，对人才队伍建设涉及的领导体制、制度机制、服务环境等重大问题作出了明确规定。在新时代人才工作实践中，最重要的是坚持党管人才的原则，坚持党的领导的体制机制，破除妨碍人才社会性流动的体制机制弊端，实行更加开放、更加有效的人才政策，聚天下英才而用之，加快建设人才强国，为实现中华民族伟大复兴中国梦提供有力人才支撑。

一、准确把握党管人才的基本内涵

坚持党管人才，为新时代人才工作的开展明确了路径。党管人才是我国人才制度的政治优势，既是新时代坚定实施人才强国战略的根本保证，也是从中央到地方各级党委高度重视人才的体现，还是加速形成人才优先发展战略布局和推进优秀人才集聚的重要手段。在具体工作实践中，要做到既要发挥政策优势，又要防止管得过多过细影响人才活力的发挥，就必须深化对党管人才原则的认识把握，以准确把握党管人才的深刻内涵。其中，重要的是要明确“管什么”“怎么管”的问题。主要包括：制定政策、整合力量、营造环境、提供服务。“制定政策”，就是要把握新时代人才工作的正确方向，完善新时代人才工作的大政方针，依据新时代发展战略目标，研究制定新时代人才工作的发展规划；“整合力量”，就是要形成党委统一领导、组织部门牵头抓总、相关部门各司其职和密切配合、社会力量广泛参与的人才工作新格局和强大合力；“营造环境”，就是要动员全党全社会高度重视人才工作，营造良好的舆论氛围和社会环境；“提供服务”，就是各级党组织和领导干部要以爱才之心、识才之智、容才之量、用才之艺，把人才工作的重点更多地放到搞好服务上来，以感召和凝聚各类人才。具体来说，就是管宏观、管政策、管协调、管服务。

（一）管宏观

党管人才主要是管大方向。在政治思想上，主要是加强对新时代人才的政治吸纳和政治引领，把各类人才团结凝聚在党和国家的周围，为中国特色社会主义现代化建设事业贡献智慧和力量；在工作指导上，就是要形成宏观指导、具体放活的人才发展格局，重要的是加强党对人才工作的集中统一领导，统筹、搞活、用好社会各类人才资源，为开启全面建设社会主义现代化国家新征程、实现中华民族伟大复兴中国梦提供智力支持和人才保证。党管人才已不再是单纯的管理国家干部，也不同于组织部门传统意义上的管理知识分子，它的范围、对象和任务已经深入到社会的不同行业、层次和类别。这就要求党委组织部门要切实转变工作职能，对自身在人才工作中的角色重新定位，该管的事要坚决管好，不该管的事坚决不管，不越权，不越位，不错位。

（二）管政策

党管人才主要是抓人才战略思想研究、总体规划制定、重要政策统筹、创新工程策划、重点人才培养、典型案例宣传推广等，绝不是党委包揽人才工作的方方面面，也不是简单照搬党管干部的所有方式。这就要求各级党委抓大放小，将人才工作的去行政化管理作为深化党管人才工作的重中之重，其工作重点是做好制定政策、整合力量、营造环境、提供服务的工作，努力做到用事业造就人才、用环境凝聚人才、用机制激励人才、用法制保障人才。正如习近平总书记指出，要以识才的慧眼、爱才的诚意、用才的胆识、容才的雅量、聚才的良方，广开进贤之路，把各方面知识分子凝聚起来，聚天下英才而用之。

（三）管协调

党管人才的一项重要任务是实现从分散管向抓总管的转变，改变过去人才工作中存在的多头管理、各自为政、协调不够、整体乏力的问题，完善党管人才工作格局。这就要改进党管人才方式方法，完善党委统一领导，组织部门牵头抓总，有关部门各司其职、密切配合，社会力量发挥重要作用。进一步明确人才工作领导小组职责任务和工作规则，健全领导机构，配强工作力量，完善宏观指导、科学决策、统筹协调、督促落实机制。理顺党委和政府人才工作职能部门职责，将行业、领域人才队伍建设列入相关职能部门“三定”方案。实行人才工作目标责任考核，将人才工作列为落实党建工作责任制情况述职的重要内容，建立各级党政领导班子和领导干部人才工作目标责任制，细化考核指标，加大考核力度，将考核结果作为领导班子评优、干部评价的重要依据。

（四）管服务

党管人才注重的是协调，是指导，是服务。这就要求组织部门要实现由管理向服务的转变，遵循社会主义市场经济规律和人才成长规律，“尊重人才、关心人才、服务人才、解放人才”，为人才的能力建设和作用发挥创造更加宽松和谐的环境和条件，为一切有志成才的人提供更多发展机遇和更大发展空间，把党内外和国内外的“各方面优秀人才集聚到党和人民的伟大奋斗中来”，为中国特色社会主义现代化建设事业贡献智慧和力量。因此，党管人才主要着力点是加强政治引领和政治吸纳，充分发挥党的组织凝聚人才作用，营造尊重人才、见贤思齐的社会环境，鼓励创新、容许失误的工作环境，待遇适当、无后顾之忧的生活环境，公开平等、竞争择优的制度环境。党委组织部门要在当好参谋、创新实践、整合资源、示范引领上下功夫，坚持牵头不包办，抓总不包揽，统筹不代替，积极支持和协调相关部门在职责范围内开展工作。

二、科学把握党管人才的方式方法

近些年，随着人才强国战略的稳步推进，党管人才工作格局初步形成，管理体制机制不断得到完善和健全，人才政策创新和人才工作取得明显成效。但就目前一些地方和单位对党管人才的认识不够到位、方式方法不够适应的问题来说，既需要充分发挥各级党委总揽全局、协调各方的领导核心作用，又要求不断创新党管人才的方式方法。创新党管人才的方式方法，最为重要的是各级党委要在制定政策、整合力量、营造环境、提供服务等方面创新党管人才的方式方法，在具体工作中做到“四个坚持”。

（一）坚持依法依规管理

把党管人才同依法管理人才相结合，重要的是通过营造人才辈出的良好法治环境、推进人才法律法规体系建设、加强人才工作执法和监督力度，努力把人才工作纳入制度化、规范化、法制化轨道，为人才的健康成长和发挥作用提供更有力的制度支持和法律保障。要加强对人才工作的专门立法，更好地引领各项人才政策，规范人才工作，为人才工作提供法律依据和保障，同时保障人才发展体制机制改革于法有据，破除制约创新发展的体制机制障碍，更好地推动和促进人才发展体制机制改革。

（二）坚持党的群众路线

坚持把党管人才同党的群众路线相结合，重要的是在人才管理的指导思想上，树立从群众中来到群众中去的思想，实行领导和群众相结合的人才管理方法，把群众对人才的知情权和参与权落到实处，把民主推荐、民意测验的结果作为重要依据。既要坚持党在人才工作中的核心领导地位、决策地位，以及党委在人才工作中的主导地位、党组织在人才选拔任用工作中的领导和把关作用，又要充分发扬民主，发挥民意的基础性作用，以拓宽识人选人用人的渠道，更好地考察识别人才。

（三）坚持发挥市场决定性作用

在社会主义市场经济条件下，该由市场发挥作用的应交给市场，上项目、做投资要更多由企业自主决策。人才作为重要市场要素，也必须遵循市场“规划”，把党管人才同市场配置人才相结合。做好新时代的人才工作，要在加强党对人才工作宏观管理的同时，充分发挥市场在人才资源配置中的决定性作用，通过市场调节把人才资源配置到最能发挥作用的岗位上。要发挥党的思想政治优势、组织优势和密切联系群众优势，加强对人才工作的宏观管理和综合协调。尊重社会主义市场经济规律，健全人才市场体系，充分发挥市场在人才资源配置中的决定性作用，实现人才资源高效配置。

（四）坚持尊重人才成长规律

把握和遵循人才成长规律，把党管人才同尊重人才成长规律相结合，加强人才工作分类指导。坚持和贯彻好党管人才的原则，把各类人才的积极性、创造性引导好、保护好、发挥好，既需要建立科学合理的人才评价体系，并制定相应的评估指标和评估办法，又需要破除不合时宜、束缚人才成长和发挥作用的观念、体制和做法，推动人才工作的体制机制不断创新。要根据不同类型人才特点，有针对性地制定培养措施、评价标准和激励办法，促进人岗相适、才尽其用。从而指导机关、企事业单位和社会组织根据各自特点开展人才工作。

三、创新人才体制机制

人才工作体制机制仍然存在一些深层次矛盾和问题，创新体制机制既是一项长期任务，又是当下一项紧迫的任务，要统筹推进人才培养、评价、选拔、流动、激励、保障六大机制建设，重点在人才评价、流动、激励机制创新方面取得新的突破。这是新时代坚持党管人才原则的重大任务。

（一）推进人才管理体制改革

深化人才发展体制机制改革的核心是放权放活，解放和增强人才活力。人才创新创造的活力取决于体制机制。体制机制顺，则人才聚、事业兴；体制机制不顺，人才的作用难以发挥，集聚的人才也会流失。要转变政府人才管理职能，根据政社分开、政事分开和管办分离要求，强化政府人才宏观管理、政策法规制定、公共服务、监督保障等职能。推动人才管理部门简政放权，消除对用人主体的过度干预，建立政府人才管理服务权力清单和责任清单，清理和规范人才招聘、评价、流动等环节中的行政审批和收费事项。保障和落实用人主体自主权，充分发挥用人主体在人才培养、吸引和使用中的主导作用，全面落实国有企业、高校、科研院所等企事业单位和社会组织的用人自主权。创新事业单位编制管理方式，对符合条件的公益二类事业单位逐步实行备案制管理。改进事业单位岗位管理模式，建立动态调整机制。探索高层次人才协议工资制等分配办法。健全市场化、社会化的人才管理服务体系，构建统一、开放的人才市场体系，完善人才供求、价格和竞争机制。深化人才公共服务机构改革，大力发展专业性、行业性人才市场，鼓励发展高端人才猎头等专业化服务机构，放宽人才服务业准入限制。积极培育各类专业社会组织和人才中介服务机构，有序承接政府转移的人才培养、评价、流动、激励等职能。充分运用云计算和大数据等技术，为用人主体和人才提供高效便捷服务。扩大社会组织人才公共服务覆盖面。完善人才诚信体系，建立失信惩戒机制。清理不合时宜的人才管理法律法规和政策性文件。

（二）改进人才培养支持机制

要按照人才成长规律，创新人才培养机制，提高人才培养质量。首先，在创新人才教育培养模式上，突出经济社会发展需求导向，建立高校学科专业、类型、层次和区域布局动态调整机制。统筹产业发展和人才培养开发规划，加强产业人才需求预测，加快培育重点行业、重要领域、战略性新兴产业人才。注重人才创新意识和创新能力培养，探索建立以创新创业为导向的人才培养机制，完善产学研用结合的协同育人模式。其次，在改进战略科学家和创新型科技人才培养支持方式上，构建科学、技术、工程专家协同创新机制。建立统一的人才工程项目信息管理平台，推动人才工程项目与各类科研、基地计划相衔接。按照精简、合并、取消、下放要求，深入推进项目评审、人才评价、机构评估改革。再次，在建立基础研究人才培养长期稳定支持机制上，加大对新兴产业以及重点领域、企业急需紧缺人才支持力度。支持新型研发机构建设，鼓励人才自主选择科研方向、组建科研团队，开展原创性基础研究和面向需求的应用研发。改革完善科研项目招投标制度，健全竞争性经费和稳定支持经费相协调的投入机制，提高科研项目立项、评审、验收科学化水平。最后，在培养支持对象上，要注重战略科学家和创新型科技人才、企业家、技术技能人才、青年优秀人才的培养支持，推进各类人才协调发展。

（三）创新人才考核评价机制

人才评价是人才选用的重要前提，是人才成长的鲜明导向。突出品德、能力和业绩评价，制定分类推进人才评价机制改革的指导意见。坚持德才兼备，注重凭能力、实绩和贡献评价人才，克服唯学历、唯职称、唯论文等倾向。不将论文等作为评价应用型人才的限制性条件。建立符合中小学教师、全科医生等岗位特点的人才评价机制。改进人才评价考核方式，发挥政府、市场、专业组织、用人单位等多元评价主体作用，加快建立科学化、社会化、市场化的人才评价制度。基础研究人才以同行学术评价为主，应用研究和技术开发人才突出市场评价，哲学社会科学人才强调社会评价。注重引入国际同行评价。应用型人才评价应根据职业特点突出能力和业绩导向。改革职称制度和职业资格制度，深化职称制度改革，提高评审科学化水平。研究制定深化职称制度改革的意见，突出用人主体在职称评审中的主导作用，合理界定和下放职称评审权限，推动高校、科研院所和国有企业自主评审。探索高层次人才、急需紧缺人才职称直聘办法，放宽急需紧缺人才职业资格准入。畅通非公有制经济组织和社会组织人才申报参加职称评审渠道。清理减少准入类职业资格并严格管理，推进水平类职业资格评价市场化、社会化。

（四）健全人才顺畅流动机制

坚持问题导向和目标导向，针对当前我国现实中还存在的一些束缚人才顺畅流动的障碍和羁绊，破除人才流动障碍，健全人才顺畅流动机制。破除人才流动障碍，要打破户籍、地域、身份、学历、人事关系等制约，促进人才资源合理流动、有效配置。建立高层次人才、急需紧缺人才优先落户制度。加快人事档案管理服务信息化建设，完善社会保险关系转移接续办法，为人才跨地区、跨行业、跨体制流动提供便利条件。畅通党政机关、企事业单位、社会各方面人才流动渠道。研究制定吸引非公有制经济组织和社会组织优秀人才进入党政机关、国有企事业单位的政策措施，注重人选的思想品德、职业素养、从业经验和专业技能综合考核。促进人才向艰苦边远地区和基层一线流动。研究制定鼓励和引导人才向艰苦边远地区和基层一线流动的意见，提高艰苦边远地区和基层一线人才保障水平，使他们在政治上受重视、社会上受尊重、经济上得实惠。重大人才工程项目适当向艰苦边远地区倾斜，边远贫困和民族地区县以下单位招录人才，可适当放宽条件、降低门槛。鼓励西部地区、东北地区、边远地区、民族地区、革命老区设立人才开发基金。完善东、中部地区对口支持西部地区人才开发机制。

（五）强化人才创新激励机制

突出创新创业导向，尊重和实现人才创新创造价值，保障人才合法收益。要加强创新成果知识产权保护，完善知识产权保护制度，建立人才引进使用中的知识产权鉴定机制，防控知识产权风险。完善知识产权质押融资等金融服务机制，为人才创新创业提供支持。加大对创新人才激励力度，赋予高校、科研院所科技成果使用、处置和收益管理自主权，除事关国防、国家安全、国家利益、重大社会公共利益外，行政主管部门不再审批或备案。允许科技成果通过协议定价、在技术市场挂牌交易、拍卖等方式转让转化。完善科研人员收入分配政策，依法赋予创新领军人才更大的人财物支配权、技术路线决定权，实行以增加知识价值为导向的激励机制。完善市场评价要素贡献并按贡献分配的机制。研究制定国有企事业单位人才股权期权激励政策，对不适宜实行股权期权激励的采取其他激励措施。探索高校、科研院所担任领导职务科技人才获得现金与股权激励管理办法。鼓励和支持人才创新创业，研究制定高校、科研院所等事业单位科研人员离岗创业的政策措施，高校、科研院所科研人员经所在单位同意，可在科技型企业兼职并按规定获得报酬。允许高校、科研院所设立一定比例的流动岗位，吸引具有创新实践经验的企业家、科技人才兼职。鼓励和引导优秀人才向企业集聚，重视吸收民营企业育才引才用才经验做法。

（六）构建充满活力引才机制

人才聚则事业兴，人才散则事业衰。招才纳才、引才用才，事关事业兴旺发达，是创新人才体制机制的重要内容。要实行更积极、更开放、更有效的人才引进政策，敞开大门，不拘一格，柔性汇聚全球人才资源。

对国家急需紧缺的特殊人才，开辟专门渠道，实行特殊政策，实现精准引进。支持地方、部门和用人单位设立引才项目，加强动态管理。健全工作和服务平台，对引进人才充分信任、放手使用，支持他们深度参与国家计划项目、开展科研攻关。完善引才配套政策，解决引进人才任职、社会保障、户籍、子女教育等问题。扩大人才对外交流，鼓励支持人才更广泛地参加国际学术交流与合作，完善相关管理办法。要"量体裁衣"，以产引才，以才选才，以才促产，同步绘制"产业地图"与"人才地图"，让优势产业成为人才吸附的"珊瑚礁"。要营造人才发挥作用的环境，信任信赖、放手使用，多支持、少干预，让人才充分释放创新创造活力，真正把人才优势转化为发展优势。

（七）建立人才优先发展机制

人才资源是第一资源，是战略资源，是一切资源中最重要的资源。实行人才优先发展，是尊重知识、尊重人才的现实表现，是兴国强国的必由之路。促进人才发展与经济社会发展深度融合，坚持人才引领创新发展，将人才发展列为经济社会发展综合评价指标。综合运用区域、产业政策和财政、税收杠杆，加大人才资源开发力度。坚持人才发展与实施重大国家战略、调整产业布局同步谋划、同步推进。创新人才工作服务发展政策，鼓励和支持地方开展人才管理改革试验探索。鼓励各类优秀人才投身国防事业，促进军民深度融合发展，建立军地人才、技术、成果转化对接机制。建立多元投入机制。优化财政支出结构，完善人才发展投入机制，加大人才开发投入力度。实施重大建设工程和项目时，统筹安排人才开发培养经费。调整和规范人才工程项目财政性支出，提高资金使用效益。发挥人才发展专项资金、中小企业发展基金、产业投资基金等政府投入的引导和撬动作用，建立政府、企业、社会多元投入机制。落实有利于人才发展的税收支持政策，完善国家有关鼓励和吸引高层次人才的税收优惠政策。

四、履行组织部门党管人才的职能

管宏观、管政策、管协调、管服务是党管人才总的要求。组织部门的人才工作，要坚持党管人才原则，实行更加积极、更加开放、更加有效的人才政策，以识才的慧眼、爱才的诚意、用才的胆识、容才的雅量、聚才的良方，把党内和党外、国内和国外各方面优秀人才集聚到党和人民的伟大奋斗中来。

（一）当好参谋助手

充分发挥党的思想政治优势、组织优势和密切联系群众的优势，紧扣经济社会发展大局，着力从宏观上加强研究，制定出台灵活、开放、有效的人才政策机制，从制度层面确保牵头抓总职能的履行。着眼全面发展，开展战略性调研，制定具有前瞻性、现实性和可操作性的中长期人才工作规划；着眼热点难点，开展对策性调研，围绕人才工作中的突出问题，摸透情况，分析原因，提出对策与措施；着眼总结典型，开展经验性调研，及时总结人才工作好的做法和经验，发挥典型示范作用，推动人才工作的全面发展；着眼关键环节，开展决策性调研，创新以能力建设为核心的人才培养机制、以能力和业绩为取向的人才评价和激励机制、以公开平等竞争择优为导向的选人用人机制、以市场配置为主导的人才流动机制等。

（二）推动政策落实

组织部门牵头协调和组织实施党的人才战略，必须做到“三个结合”，推动党管人才政策落实。坚持与本地实际相结合，突出本地的人才工作特色；与推进干部人事制度改革相结合，以推进聘用制为核心，转变事业单位用人机制，逐步实现空缺岗位公开竞聘制度，不断扩大市场招聘选拔范围；与政绩考核相结合，把人才工作纳入年度目标考核体系，作为考核各级领导特别是“一把手”政绩的一项重要内容，保证党的人才政策真正落到实处。通过政策和资金杠杆，鼓励引导各人民团体、企事业单位和社会中介组织广泛参与人才工作，积极营造全社会齐心协力做好人才工作的良好格局。

（三）强化协调调度

发挥好组织部门人才工作牵头抓总作用，要创新思维，不能就人才抓人才，“眉毛胡子一把抓”，更不能顾此失彼，“捡了西瓜丢了芝麻”，而应该统筹谋划，立足本地实际，做好人才规划，开辟人才服务“绿色通道”，让人才能够心无旁骛施展才华。建立健全人才工作领导小组及其办公室运行机制，调整并充实成员单位，统筹编办、人社、教育、科技、文化等职能部门资源优势，督促各相关部门成立人才工作机构，明确相关职责，努力构建党委统一领导、组织部门牵头抓总、有关部门各司其职密切配合的工作环境。重视组织系统从事人才工作干部的培养，着力造就一支有先进人才理念、有创新工作方法、有实际能力的人才工作者队伍。发挥组织部门的整体功能和优势，重视内部力量的整合，促进人才工作与干部工作、组织工作有效衔接、良性互动、整体推进。

（四）注重服务保障

“橘生淮南则为橘，橘生淮北则为枳”，同样的作物，生长的环境不一样，长出的果实也就不一样。同样的人，在不同的环境下干事创业的激情动力也不一样。人才能不能成长，能不能来，留不留得住，环境是一个关键因素。引才聚才除了政策优渥、待遇吸引、平台搭建等“硬件”打造，家属就业、子女入学、医疗、社保等具体问题的细节呵护都能成为决定人才去留的重要参考值。优化环境的核心内容就是服务。党委组织部门在人才工作中展现的服务意识，体现的真情实意，对人才成长环境打造、社会氛围培育具有很强的示范作用，能够带动全社会兴起识才爱才敬才用才之风，必须切实在人才发展环境中承担起责任，关心人才、爱护人才、成就人才，为各类人才创新创业、“近悦远来”提供服务。要让人才有一种宽松感，要根据人才的不同特点，采取不同的工作方式和服务方式，切实维护人才的合法权益，特别是保护好外来人才的人身和财产安全。

（五）营造舆论环境

大力宣传“党管人才”原则和人才强国战略，坚决破除唯论文、唯职称、唯学历、唯奖项，把品德、知识、能力和业绩作为衡量人才的主要标准。聚集中央关心、社会关注、群众关切的人才工作热点、难点问题，多宣传知识、人才、创造在全面建设社会主义现代化国家新征程中的重要作用，多宣传人才取得的重大科研成果和人才中的先进典型，多报道基层抓人才工作的好经验、好做法，多报道基层岗位上涌现的人才典型，让社会更全面地了解人才、理解人才，形成尊重劳动、尊重知识、尊重人才、尊重创造的舆论环境。

延伸阅读

让“人才轮子”有效转起来

——江西省首创人才工作专项述职破解党管人才难题

用事实“说话”、用数据“报账”、不避“家丑”、直陈建议……为有效破解党管人才难题，自2017年以来，江西省创新党管人才方式方法，在全省范围内全面推行人才工作专项述职制度。

专项述职每年组织一次。具体实施中，江西省明确相关程序，对述职范围、述职内容、怎么评议、操作环节等作出具体安排，比如省委人才工作领导小组成员单位主要领导和各设区市委组织部，部长向省委人才工作领导小组述职；设区市委人才工作领导小组成员单位主要领导和县（市、区）委组织部，部长向设区市委人才工作领导小组述职；县（市、区）委人才工作领导小组成员单位主要领导向县（市、区）委人才工作领导小组述职。

为真正述出压力，述出动力，江西省明确述职内容除履职情况、存在问题及原因分析、下一步工作措施外，必须将承诺兑现情况列为人才工作述职的重要内容。值得一提的是，我省还把述职评议的重点向会后延伸，形成由述及改的闭合链条，释放专项述职的后续效应。专项述职会结束后，各级人才办认真梳理分析述职评议中发现的问题，列出问题清单、责任清单、整改清单，逐项抓好整改落实。

意识是行动的先导，没有抓人才工作的意识，天下皆才而满目无才。人才工作专项述职的开展，让全省上下党管人才工作压力得以传导、活力得以激发、合力得以凝聚，把各级党委、组织部门、成员单位一把手推到了人才工作最前线。

近年来，江铜严格落实“党管人才”原则，成立党委人才工作领导小组，形成“党委牵头抓总、部门齐抓共管、单位积极推进、人才主动参与”的人才工作一盘棋格局；加大市场化揽才力度，采用职业经理人市场化、契约化管理模式，加快国际化经营领军人才引进，力争到2021年形成30至50名博士组成的研发团队等。南昌大学积极落实党委一把手抓“第一资源”的主体责任：校党委书记与离职人员面对面交流，了解情况，在绩效工资发放等方面综合施策，挽留人才；推动高层次人才队伍建设办公室升格，由一名党委常委、副校长任办公室主任，专门增设人才服务科，配备3+X名专职服务人员；实施人事专员派驻制度，让人事人才政策措施的传递从“点到面”转变为“点到点”。

专项述职激发出的热情，转化成推动全省人才工作的实际行动，为江西人才工作带来看得见、摸得着的可喜变化。省级层面，推动中药国家大科学装置预研中心和中科院稀土研究院等重大创新平台建设，率全国之先设立人才服务银行、创新推出省人才创新创业引导基金、制定实施省“双千计划”、设立井冈山对接高层次人才联络站……一个个人才工作创新之举破壳而出。各地也立足实际创先争优：中科院云计算中心大数据研究院在上饶市揭牌，全国物联网产业联盟秘书处落户鹰潭市，赣州章贡区打造全省首个高层次人才产业园……全省上下谋划发展时考虑人才支撑的多了，推进项目时关注人才配套的多了，招商引资时注重招才引智的多了。

据不完全统计，专项述职开展以来，全省国家科技奖获奖等次与数量、国家级人才入选人数、发明专利申请数量大幅增长，人才集聚效应明显增强，创新创业活力竞相迸发。在来赣开展决策指导、技术服务、项目对接系列活动时，不少江西籍院士感慨，家乡发展很快、变化很大，特别是对人才的重视，着实令人振奋。

（《"述"出人才工作真功夫——江西省首创人才工作专项述职破解党管人才难题》，《江西日报》2019 年 12 月 30 日）

第十三章

加强组织部门自身建设

组织部门是党委主管组织工作、干部工作和人才工作的综合职能部门，在加强党的组织建设、干部队伍建设和人才队伍建设方面负有主要职责，组织工作是党的各项工作的前提基础和重要保障。组织部门在党的事业中所处的特殊位置、所肩负的特殊使命，要求各级组织部门必须在深入学习贯彻习近平新时代中国特色社会主义思想上作表率，在始终同以习近平同志为核心的党中央保持高度一致上作表率，在坚决落实中央各项决策部署上作表率，带头贯彻全面从严治党要求，从严从实加强自身建设，坚持严上加严、实上再实的标准，把从严治部的螺丝拧得更紧，把从严带队伍的措施搞得更实。坚持以习近平新时代中国特色社会主义思想为指导，把政治建设作为组织部门第一位的建设，把对党忠诚作为最根本的党性要求，坚定组工干部政治信仰，引导组工干部走在履行政治责任、严守政治纪律的最前沿。深刻领会“用一贤人则群贤毕至，见贤思齐就蔚然成风”的思想境界，公道对待干部，公平评价干部，公正使用干部。要全面提升组工干部队伍综合素质，教育引导组工干部主动思考研究新情况、新问题、新对策，发扬“安专迷”精神，立足本职、钻研业务，需要什么学什么、什么不足补什么，争做“业务通”“活字典”。对照检查解决好“四风”问题，牢固树立为民务实清廉形象，做到让党委满意、让群众满意。坚持从严治部、从严律己、从严带队伍，主动接受社会监督，以铁的纪律保证组织部门风清气正。

党的十八大以来，党中央高度重视组织部门自身建设，习近平总书记明确提出建设“讲政治、重公道、业务精、作风好的模范部门”，组工干部“第一位的是政治上绝对可靠、对党绝对忠诚”。《中国共产党组织工作条例》进一步明确了加强组织部门自身建设方面的保障监督措施。各级组织部门要强化政治机关意识，带头发扬党的光荣传统和优良作风，带头增强“四个意识”、坚定“四个自信”、做到“两个维护”，努力建设讲政治、重公道、业务精、作风好的模范部门，打造政治上绝对可靠、对党绝对忠诚的过硬队伍，让党中央放心、让党员和人才信赖、让人民群众满意。

一、锤炼对党忠诚的政治品格

组织部门作为党的建设新的伟大工程的重要“施工队”，对党忠诚是组织工作的生命线，政治建设是组织部门第一位的建设，对党忠诚始终是最大的德、最根本的党性要求。要持续加强组织部门政治建设，打造“政治上绝对可靠、对党绝对忠诚”的组织部门和组工干部队伍，这是保证组织工作正常高效运行的根本前提和重要基础。

（一）坚定政治信仰

政治信仰决定理想信念。失去政治信仰，理想信念就会动摇，就会失去政治目标和政治动力，就会得“软骨病”。组织部门作为党的重要职能部门，主抓干部理想信念和党性教育，肩负着为党的事业发展提供组织保证的光荣使命。组工干部的信仰是共产主义和中国特色社会主义；崇高的信仰是组工干部奋斗不息的精神支柱和力量源泉。这就要求组工干部自身首先就得做到信仰如炬、理想如帜，具有共产主义远大理想和中国特色社会主义坚定信念，自觉加强思想改造，自觉加强党性锻炼，面对生死考验、利益诱惑、困难挫折，始终牢记政治身份、始终不忘对党忠诚、始终保持昂扬斗志，把政治信仰、政治追求、政治抱负落实到日常具体工作中，用紧而又紧的理想信念“总开关”确保讲政治内化于心、外化于行。信仰的坚定源于理论的清醒。要坚持把加强理论武装作为引导组工干部掌握马克思主义理论、坚定理想信念的第一位方法，推动广大组工干部深入学习马克思主义基本原理，特别是学习习近平新时代中国特色社会主义思想，着力在理想信念内化、深化、固化上下功夫，通过坚持不懈地“补钙”“加油”，夯实思想根基，筑牢思想基础，做到旗帜鲜明讲政治，坚定不移跟党走。

（二）做到“两个维护”

党的政治建设是党的根本性建设，贯彻新时代党的组织路线，必须突出政治建设的统领地位，把旗帜鲜明讲政治贯穿到组织工作全过程。坚决维护习近平总书记党中央的核心、全党的核心地位，坚决维护党中央权威和集中统一领导，是我们党最根本的政治纪律和政治规矩。要把做到“两个维护”作为最高政治原则，引导组工干部自觉在思想上政治上行动上同以习近平同志为核心的党中央保持高度一致。干部工作中，认真落实习近平总书记关于选拔任用党和人民需要的好干部等重要指示，突出政治标准，注重在新时代激励干部新担当新作为。基层党建工作中，紧扣习近平总书记关于推动基层党组织全面进步全面过硬等重要指示，以提升组织力为重点，强化政治功能。人才工作中，全面贯彻习近平总书记关于择天下英才而用之等重要指示，强化政治引领和政治吸纳，大力实施人才强国战略，推进人才体制机制改革创新。自身建设中，认真落实习近平总书记“讲政治、重公道、业务精、作风好”的重要要求，突出政治建部、从严治部，努力打造一支“优秀”而不“优越”的机关干部队伍。

（三）站稳人民立场

人民立场是中国共产党的根本政治立场。全心全意为人民服务是党的根本宗旨，也是组织工作的出发点和落脚点，干部工作、基层组织建设、人才工作，件件桩桩都关乎党的发展、关系人民福祉。做好新时代组织工作，必须坚持正确的价值取向，坚持组织工作政治性与人民性相统一，始终做到恪守党性原则、站稳政治立场、坚持群众观念，把人民放在心中最高位置，把一切为了人民的政治要求落实到实际工作中去，为实现中华民族伟大复兴提供最广泛最可靠最牢固的群众基础和坚强的组织保障。组织部门各项工作都要着眼于为党赢得人心，着眼于巩固增强党的执政地位，真正把实现好人民群众的根本利益紧紧抓在手里，永葆共产党人政治本色。组工干部要坚持情系群众，尊重群众的主体地位和首创精神，把深入基层、走进群众作为工作的一种理念、一种方法、一种常态，始终站在群众立场谋划组织工作，植根群众之中开展工作，围绕群众期盼改进工作，在推动群众身边的突出问题解决中不断拉近党同群众的距离，夯实党的群众根基。大兴调查研究之风，坚持把组织工作置于人民群众的广泛实践中，紧紧围绕群众关心、关注、关切的焦点、热点、难点问题，多层次、多渠道调查了解情况，以实践检验各项政策措施和人民群众需求的融合度，检验方针政策的科学性和实效性。坚持从群众中来、到群众中去，既到工作先进的地方去总结经验，更到情况复杂、矛盾突出的地方听实话、察实情，切实在基层群众中研究解决问题、打开工作局面。

（四）聚力服务大局

党的组织工作历来是为党的政治路线服务的。政治路线就是大局，就是党的历史任务和每个时期的中心工作。围绕中心、服务大局，是组织部门的根本职责。一是在思想上要融入大局。心随大局而动，胸为大局而谋。不能盲目地就事论事抓组织工作，要胸怀大局，与时俱进，跳出圈圈，找准定位，把准方向，牢固树立大局观念和服务意识，在党委的中心工作这个大局中去谋划和推进组织工作，不断提高组织工作的全局性、科学性和前瞻性。二是在谋划上要贴近大局。始终坚持组织路线服务政治路线这个总原则，深入调查研究，准确把握当前组织工作的新形势、新要求，找准组织工作与党委中心工作的楔入点和着力点，树立“组织工作也能出生产力”的观念，自觉融入、主动服务坚决贯彻落实好上级党委的决策部署，为其他部门做出表率、立好标杆，使组织工作在促进地方经济社会发展中发挥更大、更有效的作用。三是在推进上要服从大局。组织工作的地位从服务大局的成效中来，要紧紧围绕党委确定的战略目标和任务，时刻保持与党委在思想上同心、目标上同向、工作上同步，积极对组织资源进行统筹调配，配好班子、用好干部、聚好人才、抓好基层，充分调动广大党员、干部和各类人才干事创业的积极性和主动性，最大程度地激发经济社会发展的内生动力。

二、坚守公道正派的核心理念

公道正派是组织工作的生命线，是组工干部最重要的职业操守。邓小平同志强调：管干部的干部，要很公道，很正派，不信邪，不怕得罪人。要坚持把公道正派作为干部工作核心理念贯穿选人用人全过程，内化于心、外化于行，在任何时候、任何情况下都讲公道话、办公道事，以实际行动让干部群众感受到组织上的公道、公平、公正。

（一）坚守公道之心

“在干部政策问题上坚持正派的公道的作风，反对不正派不公道的作风”[①]。这是毛泽东同志在革命战争时期提出来的，时至今天仍然有重大意义。如果组织人事干部不公道、不正派，党的组织路线在贯彻执行中就会出现偏差，党的干部工作的原则、标准、程序和纪律就难以得到正确有效的执行，其结果必定导致用人不当或用人错误，对党的事业产生极大的危害。要出以公心，组织人事干部在办事情、处理问题时，要站在公

① 《毛泽东选集》第2卷，人民出版社1991年版，第527页。

正的立场上，任何时候任何情况下，都要敢于讲公道话，真实地反映情况，公正地处理问题，做到“对事不对人”“一碗水端平”。要树立依法办事的观念，严格遵守和执行政策、法规规定的原则、程序和要求，在原则面前一视同仁，不用感情代替理智，不用个人好恶代替组织和群众评价，不搞团团伙伙、亲亲疏疏，有效克服工作的随意性、主观性，确保组织人事工作的客观公正。特别是要坚持正确的用人导向，要及时提拔重用那些埋头苦干、甘于奉献、实绩突出、群众公认的优秀干部。既要坚持以发展论英雄，以实绩辨人才，让锐意改革的人得到重用，又要注重使用那些勤勤恳恳的“老黄牛”式的干部；既要五湖四海，又要唯才是举；既要鼓励探索、激励成功，又要善待挫折、宽容失败；既要严格用人标准，又要破除陈旧的用人观念，不拘一格，不求全责备。

（二）坚守正派之风

“其身正，不令而行；其身不正，虽令不从”。习近平总书记指出：“要坚持党管干部原则，坚持德才兼备、以德为先，坚持五湖四海、任人唯贤，坚持事业为上、公道正派，把好干部标准落到实处。”[①] 一身正气，洁身自好，对组工干部很重要，但这只是维系自身形象的道德底线，更重要的品质是要坚决反对抵制“不正派”的东西。敢于抵制“不正派”，才能确保自己的正派；敢于抵制“不正派”，才算是真正的正派。要有无私无畏、敢于扶正祛邪的浩然正气，在思想上筑起一道坚不可摧的防线。要掌握实情，特别是考察干部，一定要兼听则明，而不能偏听偏信，一定要全面了解，而不能片面掌握情况，一定要深入考察、延伸考察，而不能蜻蜓点水、跑马观花。要敢讲真话，班子调整方案的比较、干部德才表现的评价，都要反映客观情况，反映真实民意，不搞先入为主，不搞人云亦云。尤其是对一些有个性的干部，要给予实事求是的评价；对

① 《党的十九大文件汇编》，党建读物出版社 2017 年版，第 43 页。

一些受委屈、被误解的干部，要敢于反映其真实情况。

（三）坚守奉献之品

奉献是不计回报的无私付出，是组工干部必备的职业操守，更是组工干部践行“为人民服务”最好的诠释。从事组织工作，最忌讳的就是拿自己和其他干部攀比，认为很多人都是自己提拔起来的，自己的各种待遇反不如他人。组工干部既然选择了这个职业，就要漠视个人得失、甘于奉献，要从党的工作大局出发，正确对待个人的名誉、地位、利益，在工作中讲精神、讲奉献、讲境界、讲风格，这样才不会愧对党和人民赋予的权力。作为组工干部，要始终把群众利益和集体利益放在首位，树立正确的价值观念，加强党性修养，把握正确的政治方向，有功劳时不伸手，有苦劳时不计较，有疲劳时不抱怨，“勤”字当头，求真务实，切实发扬组工干部特别能吃苦、特别能战斗的优良传统，为组织工作进步上台阶，担负起职责和使命。要服从安排，不言苦、不言累，党召唤到哪里，就雷厉风行、不折不扣地战斗在哪里，不心浮气躁，不嫉贤妒能，不刻意追求。要在荣辱得失面前，能够心如止水，心胸坦荡，时刻保持良好心态，注重个人修为，知荣辱、明是非，耐得住寂寞、守得住清贫，淡泊名利，公道正派。面对各种诱惑，心不为其所动，志不为其所丧，仰不愧天，俯不愧地，堂堂正正做人、踏踏实实做事。

（四）坚守平等之境

组织部门作为党员之家、干部之家、知识分子之家，有没有亲和力，能不能让群众满意，关键在于组工干部能不能做到对外平等。组织部门素有党员干部“娘家”之称，既然是娘家，就应该有“母亲河”一般的宽广胸怀，关心、爱护我们的干部。组工干部要做到对外平等、不骄不欺，有亲和力，要时刻保持清醒的头脑，为人刚正不阿，坚持原则、秉公办事、宽以待人，不以权谋私、不优亲厚友、不嫌贫爱官，在高标准严要求中真正做到对外平等。要强化服务意识、提高服务质量，把搞好服务体现在干部工作的各个环节，关心爱护广大党员、干部和人才，成为他们的知心朋友，进一步增强组织部门的凝聚力和向心力。要以海纳百川的气度待人，以和风细雨、坦诚相见的情感打动人。要以平等的同志身份与党员、干部、知识分子进行交心谈心，和风细雨地解开他们的思想疙瘩；对党员、干部、人才做到坦诚亲切，尊重理解，不能因言行不当而伤害他们的自尊和情感。要善于和他们交朋友，为他们排忧解难，让他们真切地感受到"家"的温暖。

三、提升履职担当的过硬本领

俗话说，"没有金刚钻，不揽瓷器活"。组织工作是一门科学，需要很强的专业素养和能力。组织部门是政治机关，组织工作是政治工作，组工干部是政工干部，更需要坚守精神高地，增强斗争本领，以应对新形势下组织工作面临的各种矛盾问题、困难挑战。

（一）提升学习能力

加强学习是保持清醒、修身立德、提升境界、开阔胸襟、不断提升执行力的重要途径。组工干部要牢固树立终身学习的理念，把学习作为一种责任和追求，加强对党的创新理论、党规党纪和业务知识的学习，掌握思想武装的"利器"，练就过硬的"看家本领"，提高"会干事"的能力水平。组工干部必须在理论上跟上时代，把系统学习领会习近平新时代中国特色社会主义思想作为必修课，先学一步、学深一层、学实一些。要走在前，不仅要做理论武装的先行者，还要做示范者，带头原汁原味地学习、逐字逐句地领会。要"钻得进"，学深悟透习近平新时代中国特色社会主义思想，深入领会这一思想的时代背景、历史地位、科学体系、精神实质、实践要求，深入领会贯穿其中的坚定信仰信念、鲜明人民立场、强烈历史担当、求真务实作风、勇于创新精神和科学方法论，实现理论补课与精神补钙“双达标”。要坚持学以致用、知行合一，把学习成果与组织工作实际结合起来，转化为修身做人、为官用权、干事创业的具体行动，自觉做习近平新时代中国特色社会主义思想的坚定信仰者和忠实实践者。

（二）提升识人能力

为政之要，莫先于用人。组织部门是选人用人的核心部门，知人善任是组工干部的重要“天职”。对组工干部而言，只有全面地、历史地、辩证地识准干部，才能用好干部。要按照“信念坚定、为民服务、勤政务实、敢于担当、清正廉洁”的20字好干部标准来选人，确保所选之人在贯彻落实党的路线、方针、政策和法律法规方面不会出现偏差或偏离。要开阔胸怀，放宽视野，坚持“五湖四海”，打破选人用人上产生的心理壁垒及地域限制，只要是真正的人才就要大胆启用，同时要通过事业、环境和政策留住人才，多种手段激励人才。坚持党管干部原则，发挥好组织部门在选人用人工作中的领导把关作用，着力培养造就一支具有“铁一般信仰、铁一般信念、铁一般纪律、铁一般担当”的干部队伍。要着力解决好“唯票、唯分、唯年龄、唯GDP”问题，对干部实行量化考察，多途径、多角度了解干部表现，杜绝凭感觉“画像”的现象。用人既要谨慎也要大胆。选人用人中讲究的是不拘一格，唯人才是举，不搞一刀切，考察时要谨慎、细细分辨，认真弄清不同人的长处和不足，要用人之所长、用其当时，做到人岗相适。

（三）提升业务能力

开口能讲、提笔能写、遇事能办，是组工干部必备的基本条件。加强对政策理论学习和工作实践锻炼，努力成为党务工作的“政策通”、政策业务的“活字典”、遇事能办的“多面手”，当工作中的实干家。要成为一名优秀的组工干部，必须拿出“绣花功夫”，发扬“工匠精神”，成为新时代复合型人才。要会说，虚心请教骨干同志，总结汲取优秀经验，学习借鉴先进做法，重视与领导交流、与同事交流、与群众交流，不断提升自身的业务能力和工作水平。要会写，熟悉总结汇报、调研材料、信息等应用文写作，平时注意收集素材，勤动脑，多动笔，结合自身实际，通过提炼总结，形成自己的观点，做到用活跃的形式反映真实的情况，用简短的篇幅容纳丰富的内容，用朴实的语言表达深刻的道理。要会做，脑中有全局、心中有大局、手中有布局，科学筹划，协调发展，提升工作效率。要主动适应新形势新任务的要求，积极转变工作作风，从更高的站位出发，以更广阔的视野衡量，用更科学的方法落实组织工作，做到在关键时刻"站得出"、危难关头"豁得出"的组工干部。

（四）提升执行能力

组织工作原则性、政策性强，而政策则是组织工作的生命线。政策执行得好，就能树立正确的用人导向，激励干部群众奋发向上，专心干事业，一心谋发展。坚决执行既是党性要求，又是作风纪律要求。要在精心谋划中提升执行力，制定切合实际的计划方案，采取有针对性的措施，确保中央精神和上级要求在实际工作中得到具体有效地贯彻落实；在依法依规中提升执行力，以宪法法律、党章党规为准绳，以上级政策为界限，化解矛盾，解决问题；在破解难题中提升执行力，始终保持攻坚破难的斗志、坚忍不拔的毅力、敢为人先的气魄，掌握破解难题的方法和技巧，推进事业又好又快发展；在开拓创新中提升执行力，打破习惯势力和主观偏见的束缚，积极探索新领域，不断增强思想的开拓性和工作的创造性，在创新中实现科学执行、有效执行；在团结协作中提升执行力，强化整体意识和大局观念，加强与合作的沟通交流，争取互相信任、互相支持、互相配合、互相补台，凝聚合力。

四、强化扎实严谨的工作作风

工作作风上的问题绝对不是小事。组织部门是作风建设的重要职能部门，组工干部是作风建设的组织者、推动者和实践者，要带头改进作风、自觉改进作风，以作风建设的新成效保持和发展党的先进性、纯洁性。

（一）坚持原则

组工干部要敢于坚持原则，这不仅是组工干部履好职尽好责的关键所在，也是人民群众对组工干部的热切期待。组工干部应把敢于坚持原则作为最基本的职业操守认真加以锤炼，努力使自己成为党性最强的干部。要把恪守党性原则、公道正派的职业操守作为立身之本、为人之道、处事之基，正确看待手中权力，不拿原则做交易，不拿职责当儿戏；要正确处理亲人之情、家庭之情，在面临各种感情选择时，首先站在党性原则的立场上考虑问题，不被亲情、人情、私情所累；要以如履薄冰的态度正确对待组织、正确对待领导、正确对待群众，自觉做到有功劳的时候不张扬，有苦劳的时候不计较，有疲劳的时候不埋怨；要加强党性锻炼，牢固树立“不敢坚持原则就不配做组工干部”的理念，弘扬敢于坚持原则的正气，始终严格按照党的干部工作原则、政策和程序办事，要摈除私心杂念，增强敢于坚持原则的底气。面对歪风邪气，只要组工干部态度坚定，敢于较真，再大的来头，再强的势力，也会有所顾忌和畏惧，因为歪风邪气毕竟是上不了桌面、见不得阳光的。

（二）勤奋敬业

组工干部改进作风就是要勤奋敬业，视工作如生命，为党和人民的事业默默无闻、甘于奉献。组织工作来不得半点马虎，不能出现一点纰漏。干好组织工作，组工干部就要发扬“安专迷”精神。组工干部要安得下心，强化大局观念，安心于本职工作，不把工作经历当作“镀金”，不热衷于设计个人升迁“路线图”，面对群众的“高看一眼”，自觉做到安于清贫，甘于奉献，安于本职工作，挡得住诱惑，守得住清贫，耐得住寂寞，少计较一己之得失、一时之得失，做一名让干部群众“安心”的好公仆。组工干部要专得下心，不断加强学习培训，培养战略思维，养成严谨细致的工作习惯、精益求精的工作态度，提升对组织工作业务知识的熟悉程度，认真负责地对待每一项工作。组工干部要迷得进去，把组织工作当作事业来追求，当作兴趣来培养，当作习惯来养成，当作责任来强化，以出色的工作实绩，使组织工作得认可、组工干部得尊重。

（三）严谨细致

组织工作无小事。组织工作是一项政治性、政策性非常强的工作，一字一句、一人一事、一招一式都必须准确到位，绝不能出现任何差错。要谨言慎行，一言一行要有板有眼，平时遵守工作纪律和规章制度，不迟到早退，不降低工作标准，不迁就自己；说话要有根据，不信口开河，撰文要实事求是，不胡编乱造，办事要了解前因后果，不盲目从事；平时跟上级机关多交流、多沟通，有什么经验及时汇报，有什么任务提前了解，有强烈时间观念，上级交办的事情不拖不漏，日清月结，不“跑马拉松”“喝功夫茶”、搞“愚公移山”。要慎始慎终，每做一项工作，从一开始就科学谋划、深入研究，决不大而化之；每起草一个文稿，都精细上心，决不敷衍塞责；每组织一个活动，都严谨细致，决不疏忽“跑粗”。每项工作结束后，注重总结提高，不搞虎头蛇尾。每经过一个工作阶段、每完成一项具体任务时，都要认真回顾总结，进行“回头看”。要重视细节，有不厌其烦的韧劲，注意对细节的精雕细琢，无论是起草、校对文件，还是统计数字、接打电话、撰文办事，都要有耐心，不怕麻烦，一个字一句话、一个环节一个环节地推敲。要精益求精，立足于“稳”，扎根于“实”，对已经锁定的目标，狠抓落实，不断推动组织工作再上新台阶。

（四）简朴务实

组织部门要坚决反对和整治形式主义、官僚主义，为基层减轻负担，让干部从文山会海、迎评迎检、材料报表中解脱出来，把精力用在解决实际问题上。实事求是推进工作，避免刚部署就要情况要结果、急于总结经验宣传典型。减少向下级或部门要材料、要数据，确因紧急事项需要临时报送的，必须按程序报批，并给基层留足必要时间。部署工作要充分考虑基层情况，避免任务要求过多过急、层层加码。除上级要求做的台账外，不得擅自要求地方报台账。在基层调研、干部考察考核、跟班培训和日常工作中，主动与党员、干部、人才特别是基层干部谈心交流，体现组织关心。严格落实首问负责、服务承诺、限时办结等制度，努力实现干部档案查阅、党员组织关系转接、人才基地申报等事项“最多跑一次”。推进智慧组工建设，综合集成组织、人才、公务员和干部等工作，充分运用大数据分析，降低工作量。积极推进电子公文应用，逐步推行无纸化办公。

五、坚持从严治部

各级组织部门要认真履行管党治吏的政治责任，以更强的自觉、更实的举措、更大的作为，坚持从严治部、从严带队伍，把开展工作与自身建设一起抓、两手硬，超前谋划，经常研究，针对存在的突出问题及干部职工关注的问题，及时采取措施，拿出解决办法，切实打造过硬队伍、建设模范部门。

（一）把好“入口关”

严把组工干部入口关，综合采用组织推荐、考试遴选、试用选调等方式，建立和完善考试、考察、审批等程序，从政治上、品德上、作风上、能力上、廉洁上全方位把关，坚决防止“带病”的干部进入组织部门，从源头上保证组工干部队伍的质量。严格标准、严格程序选拔组工干部，特别要严把政治关、廉洁关和道德品行关，不得降格以求。高度重视领导班子成员选配，注意人选与岗位的匹配度和胜任度，注意结构优化，不得迁就资历或作照顾性安排。凡在德或廉方面自我要求不高的，一律不准进入组织部领导班子。严格实行任职回避，组织部长不得在本人成长地任职，一般不得与同级党委书记为同一籍贯或之前有直接上下级关系。上级组织部门要定期对下级组织部门领导班子运行情况进行分析研判，及时提出调整建设意见。

（二）从严日常管理

坚持把从严管理融入日常、抓在经常，严格执行组工干部行为规范，全面从严加强自我管理。牢固树立监督出效益、监督出生产力的观念，建立起多层次、全方位、立体式的监督网络。强化纪律教育和部风部史教育，严明各项组织人事纪律，教育引导组工干部严格按照规章制度和组织程序办事，自觉维护组织工作的严肃性。坚持“开门”纳谏，设立举报电话、举报箱、问卷调查、聘请部风监督员、开通网上信箱等多种方式，畅通监督渠道，对通过各种监督方式发现的问题，及时认真予以处理。完善组工干部考核评价和激励机制，建立科学合理、责任明确、切合实际的岗位职责规范，落实岗位责任制，建立健全考核评价机制，全面、准确、科学地评价组工干部的现实表现、工作实绩和综合素质。对组工干部要严格要求、严格管理、严格监督，针对苗头性问题及时告诫提醒，批评帮助。坚持和完善组织工作年度考核考评制度，重视对考核结果的运用，把考核结果作为奖惩和选拔任用的重要依据。

（三）始终纪律严明

纪律严明是组织部门的重要特征，是对组工干部的基本要求，是做好组织工作的重要保证。讲规矩、守纪律必须成为组工干部基本的职业操守。组织部门和组工干部要严格遵守政治纪律、组织纪律、廉洁纪律、群众纪律、工作纪律、生活纪律。要把纪律教育贯彻于组工干部工作生活的全过程全领域，坚持“紧箍咒”天天念，“小木鱼”天天敲，注意防微杜渐，始终绷紧“纪律弦”，算好政治账、经济账、名誉账、家庭账、自由账，始终保持清正廉洁的政治本色。对以下十种情形，发现一起严肃处理一起，包括：违反中央八项规定精神，特别是在干部考察中收受钱物的；在干部选拔中发现问题不汇报、发现线索不追查、反映事实不客观的；为干部任免说情打招呼，甚至干预下级干部任免的；在干部任免中跑风漏气、通风报信，为买官卖官、跑官要官、拉票贿选者牵线搭桥、提供便利的；在部内外利用地缘、亲缘、学缘等关系拉帮结派的；本人档案造假或为档案造假者提供帮助的；在领导干部个人有关事项报告中有故意隐瞒行为的；违规调入的；工作关系“空挂”，长期不在岗的；有其他严重违纪行为的。

（四）落实“三个留人”要求

坚持以人为本，关心爱护组工干部，“用事业留人、用感情留人，也用适当待遇留人”，为他们的学习、工作、生活和成长进步创造条件。在保持干部队伍相对稳定的同时，按照《党政领导干部选拔任用工作条例》规定和干部工作有关政策，对做出突出贡献和特别优秀的组工干部，及时予以提拔使用。进一步关心组工干部的身心健康，支持他们的工作，为他们减轻工作压力，帮助他们解决实际困难。坚持定期体检制度，落实年休假制度。坚持“四必谈”（听到苗头性反映必谈，个人有思想情绪必谈，同志间有误会必谈，工作生活上有困难必谈）、“三必访”（干部病休必访，因病住院必访，家庭有较大困难或变故必访）的工作方法，加强思想政治工作，创造拴心留人的工作环境。定期评选表彰优秀组工干部，充分发挥先进典型的教育示范作用，激励广大组工干部争先创优、奋发进取。加强机关文化建设，积极开展丰富多彩、健康有益的文体活动，努力在组织系统营造团结紧张又严肃活泼，既有统一意志，又有个人心情舒畅、生动活泼的良好工作氛围，努力把组织部门建设成为积极向上、团结和谐的机关，激励一批又一批干部投身组织工作战线，服务经济社会发展。

延伸阅读

甘肃静宁："四项举措"加强组织部门自身建设

甘肃省静宁县以党的政治建设为统领，以实施党建统领"一强三创"行动为抓手，提高政治站位，树牢"四个意识"，围绕中心、服务大局，坚持政治建部、文化兴部、业务强部、制度管部，不断加强自身建设，着力打造模范部门和过硬组工队伍。

打造"四铁"组工干部。结合推进"两学一做"学习教育常态化制度化，制定年度组工干部教育培训和学习计划，坚持从自身做起，严格落实"日读周学、月查季讲、年度评比"学习制度和"主题党日"活动，引导组工干部牢记党员身份，履行党员义务。创办组工讲坛，按照"缺什么、讲什么，需要什么培训什么"的原则，开展紧贴组工干部成长需求的菜单式学习交流，通过组工干部登台主讲赛讲和广泛邀请党务、经济、法律、信息化等各领域专家授课，进一步开阔组工干部的视野思维、增强服务中心工作的能力素质。

建设"五型"模范部门。开展组工干部"定题破题"活动，制定组织工作年度外宣计划，每月确定一个调研课题和一个外宣主题，研判分析新情况、提出新办法、解决新问题，推动组织工作不断创新提升。高标准建设部机关支部党员活动室，加强组工文化建设，开辟组工干部读书角，创新布设平面化、立体式的组工文化墙，创建"书香部门"。开展"评选表彰"活动，设立"组织部门效能先锋奖"。举办"不忘初心、牢记使命"主题党建书画展，将党建宣传教育融入文艺创作。

开展"五先"标杆争创。结合组织系统"转变作风改善发展环境建设年"活动，推行支部创先、党员争先、服务在先、工作率先、作风当先"五先"标杆争创，修订完善机关考勤、信息调研、责任追究、保密工作等制度，从严加强组工干部政治纪律、组织纪律、廉洁纪律和群众纪律教育。带头开展"主题党日"活动，引导组工干部牢记党员身份，履行党员义务，树立清白做人、干净干事的良好形象。建立组工干部全员全覆盖包抓联系党工委联系点制度，采取定计划、定课题、定时间、定任务的"四定"方式，深入基层研究剖析存在的矛盾问题，记民情日记、写调研报告、解党建难题、办惠民实事，全面加强对基层党建工作督导指导。

开展城乡结对共建。组织组工干部先后5次深入贫困户家中对接帮扶，帮助新植果园1000亩，发放地膜400多捆，开展果园管理技术培训200多人(次)。指导驻村帮扶工作队员和村"两委"干部自筹资金集体种植辣椒4亩，为发展村级集体经济探索试路。协调实施坡改梯田2700亩，为5社110户482人实施农电改造。筹资新建192㎡的标准化村部1处，建设占地1450平方米的文化广场1处，与结对帮扶的甘沟镇张湾村党支部携手开展"主题党日"活动3次，在村部面山栽植"党员共建林"1处，共同举办重阳节"尊老爱老"表彰大会暨村部落成典礼活动，努力将组织资源转化为扶贫资源，将发展优势转化为脱贫优势。

（节选自《静宁："四项举措"加强组织部门自身建设》，
甘肃组工网，2018年10月19日）

附录一

中国共产党组织工作条例

（2021年4月30日中共中央政治局会议审议批准 2021年5月22日中共中央发布）

第一章　总　则

第一条　为了深入贯彻习近平新时代中国特色社会主义思想，贯彻落实新时代党的建设总要求和新时代党的组织路线，推进党的组织工作科学化制度化规范化，提高党的组织工作质量，根据《中国共产党章程》和有关法律，制定本条例。

第二条　党的组织工作是以党的组织体系建设、领导班子和干部队伍建设、人才队伍建设、党员队伍建设为主要内容的实践活动，是巩固党的执政基础、实现党的全面领导、完成党的全部工作的重要保证，是党领导人民不断夺取革命、建设、改革胜利的优良传统和独特优势。

第三条　党的组织工作坚持以马克思列宁主义、毛泽东思想、邓小平理论、“三个代表”重要思想、科学发展观、习近平新时代中国特色社会主义思想为指导，增强“四个意识”、坚定“四个自信”、做到“两个维护”，以加强党的长期执政能力建设、先进性和纯洁性建设为主线，以党的政治建设为统领，以组织体系建设为重点，着力培养忠诚干净担当的高素质干部，着力集聚爱国奉献的各方面优秀人才，充分发挥基层党组织战斗堡垒作用和党员先锋模范作用，为坚持和加强党的全面领导、坚持和发展中国特色社会主义提供坚强组织保证。

第四条　党的组织工作遵循以下原则：

（一）坚持党的全面领导；

（二）坚持组织路线服务政治路线；

（三）坚持民主集中制；

（四）坚持党的群众路线；

（五）坚持党管干部、党管人才；

（六）坚持德才兼备、以德为先、任人唯贤；

（七）坚持党的组织和党的工作全覆盖；

（八）坚持实事求是、公道正派；

（九）坚持依法依规、科学规范。

第二章　领导体制和职责

第五条　组织工作实行党中央集中统一领导，各级党委（党组）分级分类领导，组织部门专门负责，有关方面各司其职、密切配合的领导体制。

党中央以及地方党委设置组织部，各级党政机关、人民团体、国有企业和事业单位党组织设置组织工作机构或者专职工作岗位，专门负责组织工作。

中央组织部指导各级组织部门工作，上级组织部门指导下级组织部门工作。

第六条　党中央决定组织工作路线方针政策，制定组织工作重要党内法规和规范性文件，对组织工作重大战略、重大改革、重大举措、重大事项作出决策，全面领导党的组织体系建设、干部工作、人才工作，按照有关规定推荐、提名、任免干部。

党中央一般每 5 年召开 1 次全国组织工作会议，对一个时期的组织工作作出全面部署。

第七条　地方党委对本地区组织工作负主体责任。主要职责是：

（一）贯彻落实党的组织工作路线方针政策，执行党中央以及上级党组织关于组织工作的决策部署、指示要求，按照权限制定组织工作党内法规和规范性文件，研究部署本地区组织工作重大事项和重要工作；

（二）领导同级人大、政府、政协、监察机关、审判机关、检察机关、人民团体等党的组织工作，指导和督促检查下级党组织开展组织工作；

（三）领导本地区党的组织体系建设，加强基层党组织和党员队伍建设；

（四）按照干部管理权限任免和管理干部，向地方国家机关、政协组织、人民团体、国有企业和事业单位等推荐重要干部；

（五）贯彻人才强国战略，统筹协调有关方面共同参与和推动本地区人才工作；

（六）完成党中央以及上级党组织交办的其他任务。

党组对本单位组织工作的领导职责，按照有关规定执行。

第八条　中央组织部和地方党委组织部的主要职责是：

（一）在党中央以及本级党委领导下，具体负责落实党的组织工作路线方针政策和决策部署，按照权限和分工制定、起草组织工作党内法规和规范性文件，推进组织制度贯彻落实；

（二）研究组织工作重要理论和实践问题，提出完善制度机制的政策建议，为党中央以及本级党委决策提供参考；

（三）负责党的组织体系建设，加强基层党组织和党员队伍建设；

（四）负责干部工作和干部队伍的统一管理，按照干部管理权限和分工负责领导班子建设的有关具体工作；

（五）负责人才工作的指导协调和人才的联系服务；

（六）负责公务员工作的统一管理；

（七）负责离退休干部工作的统一管理；

（八）统一管理机构编制委员会办公室；

（九）完成党中央以及本级党委交办的其他任务。

第三章　党的组织体系建设

第九条　坚持马克思主义建党原则，健全维护党的集中统一的组织制度，完善上下贯通、执行有力的组织体系，实现党的组织和党的工作全覆盖，不断增强党的政治领导力、思想引领力、群众组织力、社会号召力。

第十条　按照党章规定建立健全党的各级各类组织，形成包括党的中央组织、地方组织、基层组织在内，涵盖党的纪律检查机关、党的工作机关、党组，纵向到底、横向到边的严密组织架构。

适应形势任务的发展变化，及时调整和优化党组织设置。为执行某项任务临时组建的机构，可以按照有关规定成立临时党组织。除另有规定外，一般按照属地管理原则，规范和理顺基层党组织隶属关系。

第十一条　党的中央委员会、中央政治局、中央政治局常务委员会是党的组织体系的大脑和中枢，在推进中国特色社会主义事业中把方向、谋大局、定政策、促改革。坚持和完善党的领导制度体系，健全党中央对重大工作的领导体制，完善推动党中央决策部署落实机制，严格执行向党中央请示报告制度。

第十二条　党的地方委员会在本地区发挥总揽全局、协调各方的领导作用，全面领导本地区经济社会发展，全面负责本地区党的建设，履行把方向、管大局、作决策、保落实职责。坚持和完善党的地方组织工作制度，健全议事决策和监督机制，增强整体功能，提高领导水平，把党的地方组织建设成为坚决听从党中央指挥、管理严格、监督有力、班子团结、风气纯正的坚强组织。

第十三条　党的基层组织是党在社会基层组织中的战斗堡垒，是党的全部工作和战斗力的基础。坚持大抓基层的鲜明导向，以提升组织力为重点，大力加强企业、农村、机关、学校、医院、科研院所、街道社区、社会组织等基层党组织建设，推进组织设置和活动方式创新，增强党组织政治功能，选优配强党组织带头人，把各领域党的基层组织建设成为宣传党的主张、贯彻党的决定、领导基层治理、团结动员群众、推动改革发展的坚强战斗堡垒。

党支部是党的基础组织，是党组织开展工作的基本单元。全面推进党支部标准化规范化建设，加强基础工作，完善基本制度，提升基本能力，落实基本保障，充分发挥党支部直接教育党员、管理党员、监督党员和组织群众、宣传群众、凝聚群众、服务群众的职责作用。党员人数较多或者党员工作地、居住地比较分散的党支部，应当按照便于组织开展活动原则，划分若干党小组。

第十四条　党组在本单位发挥领导作用，履行把方向、管大局、保落实职责。坚持和完善党组工作制度，健全工作规则和决策机制，坚持党建工作与业务工作同谋划、同部署、同推进、同考核，督促推动本单位领导班子依法依章程及时全面落实党组决策，确保党的理论和路线方针政策在本单位贯彻落实。

第十五条　围绕建设信念坚定、政治可靠、结构合理、素质优良、纪律严明、作用突出的党员队伍，做好发展党员和党员教育、管理、监督、服务工作。

发展党员应当按照控制总量、优化结构、提高质量、发挥作用的总要求，把政治标准放在首位，严格程序、严格把关，保证新发展党员质量。加强入党积极分子队伍建设，加强发展对象、预备党员的教育培养。

党员教育应当把学习贯彻习近平新时代中国特色社会主义思想作为首要政治任务，组织开展党内集中教育和党员经常性教育，坚持组织培训和个人自学相结合，引导党员不忘初心、牢记使命、不懈奋斗。

党员管理应当严格做好党籍管理、组织关系管理、党费收缴使用管理、日常监督、组织处置等工作，加强和改进流动党员管理。结合不同群体党员实际，组织引导党员充分发挥先锋模范作用。

加强党内激励关怀帮扶，保障党员民主权利，开展党内表彰，做好关爱服务党员工作。

第十六条　坚持民主集中制，完善发展党内民主和实行正确集中的相关制度。坚持党的代表大会制度，完善党内选举制度，落实党代表大会代表任期制和党的各级组织任期等制度。建立健全包括组织设置、组织生活、组织运行、组织管理、组织监督等在内的完整组织制度体系，完善党委（党组）落实全面从严治党主体责任的制度。

第十七条　严格执行《关于新形势下党内政治生活的若干准则》，坚持和完善民主生活会、组织生活会制度，健全“三会一课”、主题党日、谈心谈话、民主评议党员等制度，落实党员领导干部双重组织生活制度，发展积极健康的党内政治文化，确保党的组织生活经常、认真、严肃，不断增强政治性、时代性、原则性、战斗性，不断增强党自我净化、自我完善、自我革新、自我提高能力。

第十八条　各级党组织和全体党员必须坚决维护习近平总书记党中央的核心、全党的核心地位，坚决维护党中央权威和集中统一领导，坚持党员个人服从党的组织，少数服从多数，下级组织服从上级组织，全党各个组织和全体党员服从党的全国代表大会和中央委员会。落实全面从严治党战略部署，不断完善组织纪律各项要求，深入开展纪律教育，加强对组织纪律执行情况的监督检查，严肃查处违反组织纪律的行为，提高纪律的权威性和约束力，做到有令必行、有禁必止，执纪必严、违纪必究。

第四章　干部工作

第十九条　坚持党管干部原则，坚持德才兼备、以德为先，坚持五湖四海、任人唯贤，坚持好干部标准，坚持正确用人导向，统筹干部素质培养、知事识人、选拔任用、从严管理、正向激励体系建设，统筹领导班子和干部队伍建设，统筹党政机关、人民团体、国有企业和事业单位干部队伍建设，着力建设忠诚干净担当的高素质专业化干部队伍。

第二十条　干部工作实行党中央集中统一领导下分级分类管理的体制。党委（党组）及其组织部门应当加强对干部工作的统一管理。根据事权划分、行业领域属性特点、机构设置和业务管理体制以及队伍建设需要，合理确定干部管理职责、范围、权限、方式和程序，做好干部双重管理工作。

第二十一条　领导班子建设必须把党的政治建设摆在首位，坚持高标准严要求，坚持统筹谋划、整体推进，坚持分类指导、精准施策，严格执行民主集中制，深化理论武装，优化班子结构，增强整体功能，保持班子稳定，提高政治判断力、政治领悟力、政治执行力，努力把各级领导班子锻造成为忠实践行习近平新时代中国特色社会主义思想、坚定贯彻落实党中央决策部署的坚强领导集体。

第二十二条　建立健全源头培养、跟踪培养、全程培养的素质培养体系，突出政治素质，注重分类分级，加强思想淬炼、政治历练、实践锻炼、专业训练，把思想理论武装、理想信念教育、知识结构改善、能力素质提升贯穿干部成长全过程。注重在基层一线和困难艰苦地区培养锻炼干部，增强斗争精神，提高治理能力，使广大干部政治素养、理论水平、专业能力、实践本领跟上时代发展步伐。

第二十三条　建立健全日常考核、分类考核、近距离考核的知事识人体系，贯彻新发展理念，坚持正确政绩观，把区分优劣、奖优罚劣、激励担当、促进发展作为基本任务，优化考核内容和考核指标体系，完善考核方式方法，统筹开展平时考核、年度考核、专项考核、任期考核，全方位、多渠道了解干部，注意掌握干部在重大任务、重大斗争一线的表现。强化考核结果运用，把考核结果与干部选拔任用、教育培养、管理监督、激励约束、问责追责等结合起来，推动形成能者上、优者奖、庸者下、劣者汰的正确导向。

第二十四条　建立健全以德为先、任人唯贤、人事相宜的选拔任用体系，充分发挥党组织领导和把关作用，把政治标准放在首位，严把政治关、品行关、能力关、作风关、廉洁关，严格落实干部选拔任用的原则、条件、程序，严格执行干部任期、任职回避等制度，树立注重基层、注重实践、讲担当重担当的用人导向，提高干部考察质量，精准科学选人用人，切实把党和人民需要的好干部选出来用起来。加强干部选拔任用工作全程监督，营造风清气正的选人用人环境。

拓宽选人用人视野，推进地方与部门之间、地区之间、部门之间、党政机关与国有企业和事业单位以及其他社会组织之间的干部交流，综合运用援派、挂职等方式，加大对国家重大战略选派干部支持力度。

第二十五条　建立健全管思想、管工作、管作风、管纪律的从严管理体系，聚焦领导干部特别是党政正职，突出对干部做到“两个维护”、遵守党章党规党纪和宪法法律法规、执行党的路线方针政策、贯彻落实党中央决策部署、遵守党内政治生活准则等情况的政治监督。坚持抓早抓小抓经常，加强日常管理和对履职尽责、担当作为的监督，推动广大干部严格按照制度履行职责、行使权力、开展工作。

第二十六条　建立健全崇尚实干、带动担当、加油鼓劲的正向激励体系，坚持严管和厚爱结合、激励和约束并重，加强对敢担当善作为干部的激励保护，以正确用人导向引领干事创业导向。正确对待、合理使用被问责和受处分干部，完善被诬告干部澄清正名制度，健全表彰奖励制度，落实和完善干部工资、福利与保险制度，关心关爱干部身心健康，加大对基层干部特别是困难艰苦地区干部的政策倾斜力度，充分调动广大干部干事创业的积极性主动性创造性。

第二十七条　着眼党和国家事业长远发展需要，坚持拓宽来源、优化结构、改进方式、提高质量，从各条战线、各个领域、各个行业发现选拔优秀年轻干部，优化成长路径，建立上下联动、长期关注的干部常态化培养锻炼机制，完善适时使用、动态管理机制，健全促进优秀年轻干部脱颖而出的制度措施，推动年轻干部加强思想理论武装和基层实践锻炼、提高解决实际问题的能力。用好各年龄段干部，优化干部队伍梯次结构。统筹做好培养选拔女干部、少数民族干部和党外干部工作。

第二十八条　加强党对公务员队伍的集中统一领导，健全统一规范高效的公务员工作领导体制。贯彻落实《中华人民共和国公务员法》，完善中国特色公务员制度，健全职务与职级并行、录用交流、考核奖惩、培训监督等制度，构建规范完备的公务员管理法规体系，健全科学有效的公务员管理机制。坚持和完善公务员分类管理，提高管理效能和科学化水平。

第二十九条　严格执行干部退休制度，加强离退休干部思想政治建设和党组织建设，完善和创新离退休干部服务管理工作，组织引导离退休干部发挥作用。

第三十条　坚持和加强党对机构编制工作的集中统一领导，建立健全组织部门统一管理机构编制委员会办公室的工作制度，做好完善领导管理体制相关工作，统筹干部和机构编制资源，确保机构编制管理和干部管理有机衔接。

第五章　人才工作

第三十一条　坚持党管人才原则，确立人才引领发展的战略地位，遵循社会主义市场经济规律和人才成长规律，破除束缚人才发展的思想观念和体制机制障碍，构建科学规范、开放包容、运行高效的人才发展治理体系，全方位培养、引进、用好人才，着力集聚爱国奉献的各方面优秀人才，推进实施人才强国战略、创新驱动发展战略，为民族复兴伟业提供强大人才支撑。

第三十二条　各级党委（党组）应当加强对本地区本部门本单位人才工作的领导，形成党委统一领导，组织部门牵头抓总，有关部门各司其职、密切配合，用人单位发挥主体作用、社会力量广泛参与的党管人才工作格局。

党中央设立中央人才工作协调小组，对全国人才工作和人才队伍建设进行宏观指导、统筹协调、政策创新、重点推动、督促检查。中央人才工作协调小组下设办公室，负责处理中央人才工作协调小组日常工作。中央人才工作协调小组办公室设在中央组织部。

地方党委设立人才工作领导（协调）机构，统筹协调本地区人才工作和人才队伍建设。党委和政府所属系统内承担人才工作职能较多或者人才比较集中的职能部门，可以根据实际设立人才工作领导机构和办事机构。

第三十三条　紧紧围绕经济社会发展需求，聚焦重大发展战略，加强对人才队伍建设的宏观谋划，培养造就大批德才兼备的高素质人才。坚持高端引领、整体开发，组织实施重大人才工程，统筹推进各领域人才队伍建设。

第三十四条　树立全球视野和战略眼光，实行更加积极、更加开放、更加有效的人才政策，坚持以用为本，聚天下英才而用之。推进人才资源的优化配置，充分发挥市场的决定性作用和更好发挥政府作用，鼓励引导人才向艰苦边远地区和基层一线流动。

第三十五条　协调推进人才发展体制机制改革和政策创新，坚决破除唯论文、唯职称、唯学历、唯奖项，健全人才引进、培养、使用、评价、流动、激励机制，加快构建具有吸引力和国际竞争力的人才制度体系，向用人主体放权，为人才松绑，激发人才创新活力。

第三十六条　发挥党的政治优势、组织优势、密切联系群众优势，加强对各方面人才的政治引领和政治吸纳，引导广大人才矢志爱国奉献、勇于创新创造。坚持党委联系服务专家制度，完善领导干部直接联系服务人才工作机制，及时听取人才的意见建议，关心人才的工作生活。

第三十七条　树立强烈的人才意识，完善人才服务保障体系，加强对优秀人才和先进典型的宣传，营造尊重劳动、尊重知识、尊重人才、尊重创造的良好氛围，鼓励创新、宽容失败，开创人人皆可成才、人人尽展其才的生动局面。

第六章　保障和监督

第三十八条　各级党委（党组）应当切实加强对组织工作的领导，关心和支持组织部门履行职责、开展工作，合理配置机构编制，充实工作力量，提供必要的工作条件和经费保障，统筹协调各方面，形成做好组织工作的合力。加强组织部门领导班子建设，注重选拔政治上强、坚持原则、公道正派、有党务工作经历的干部担任组织部门领导干部。

第三十九条　组织部门应当坚决贯彻执行党中央以及党委（党组）的决策部署，严格执行重大事项请示报告制度。坚持和完善部务会会议制度，健全议事规则和程序，充分发挥部务会集体领导和把关作用。

第四十条　组织部门应当聚焦主责主业，健全工作机制，优化工作流程，加强调查研究，注重运用互联网技术、数字技术和信息化手段，提高工作效能。

第四十一条　组织部门应当强化政治机关意识，带头发扬党的光荣传统和优良作风，带头增强“四个意识”、坚定“四个自信”、做到“两个维护”，坚持以党的政治建设为统领，深入推进从严治部、从严律己、从严带队伍，努力建设讲政治、重公道、业务精、作风好的模范部门，让党中央放心、让党员干部人才信赖、让人民群众满意。

加强组工干部队伍建设，强化政治纪律和政治规矩教育，严守组织人事纪律和保密纪律，坚持清正廉洁，着力提升专业化能力，确保政治上绝对可靠、对党绝对忠诚。

第四十二条　各级党委（党组）应当落实全面从严治党主体责任，加强对本条例执行情况的监督检查，将本条例执行情况纳入领导班子和领导干部考核内容，纳入巡视巡察范围。

第四十三条　违反本条例有关规定的，根据情节轻重，给予批评教育、责令检查、诫勉、组织处理或者依规依纪依法给予处分。

第七章　附　则

第四十四条　中央军事委员会可以根据本条例精神，制定相关规定。

第四十五条　本条例由中央组织部负责解释。

第四十六条　本条例自发布之日起施行。

（《人民日报》2021 年 6 月 3 日）

附录二

为贯彻落实新时代党的组织路线提供坚强制度保证

——中央组织部负责人就印发《中国共产党组织工作条例》答记者问

近日，中共中央印发了《中国共产党组织工作条例》(以下简称《条例》)。《条例》公开发布之际，中央组织部负责人就《条例》的制定印发和贯彻落实等问题，回答了记者的提问。

1. 问：请介绍一下制定《条例》的背景和意义。

答：党的十八大以来，习近平总书记统揽中华民族伟大复兴战略全局和世界百年未有之大变局，科学把握我们党所处的历史新方位和面临的新形势新任务，紧紧围绕“长期执政条件下建设什么样的党、怎样建设党”这一根本问题，对党的建设和组织工作提出一系列新理念新思想新战略，亲自谋划、亲自部署、亲自推动一系列重大方针政策、重大举措、重大工作，引领新时代组织工作取得历史性成就、发生历史性变革，为制定出台《条例》奠定了坚实的思想理论和实践基础。党的十九大报告提出，“加快形成覆盖党的领导和党的建设各方面的党内法规制度体系”。党中央要求到建党100周年时形成比较完善的党内法规制度体系。2018年《中央党内法规制定工作第二个五年规划(2018—2022年)》明确将制定《条例》列为重点项目。

落实党中央决策部署，中央组织部在深入调研的基础上，广泛征求意见，反复修改完善，起草形成《条例》稿。2021年4月30日，习近平总书记主持召开中央政治局会议，审议通过《条例》。5月22日，党中央印发《条例》。

《条例》是我们党历史上第一部关于组织工作的统领性、综合性基础主干法规，是做好新时代党的组织工作、加强党的组织建设的基本遵循。制定出台《条例》，对于坚持和加强党对组织工作的全面领导、深入贯彻新时代党的组织路线、推进组织工作科学化制度化规范化、全面提高组织工作质量，具有重要意义。

2. 问：请介绍一下制定工作遵循的主要原则。

答： 在制定《条例》过程中，坚持以习近平新时代中国特色社会主义思想为指导，注重提高政治站位，坚持正确政治方向。重点把握以下原则：一是全面贯彻习近平总书记关于党的建设和组织工作的重要论述，明确组织工作的指导思想、方针原则和根本遵循。二是充分体现坚持和加强党的全面领导的根本要求，增强"四个意识"、坚定"四个自信"、做到"两个维护"，把党的领导贯彻到组织工作各方面全过程。三是深入贯彻新时代党的组织路线，全面落实各项新要求新举措，彰显新时代组织工作的特色。四是坚持继承优良传统和改革创新相结合，认真总结党的十八大以来组织工作的宝贵经验，把经过实践检验的成熟做法上升为制度规范。

3. 问：请介绍一下《条例》的主要框架和内容。

答：《条例》共 7 章、46 条，分为三个板块。第一板块包括第一章和第二章，明确组织工作的地位作用、指导思想、原则和组织工作的领导体制、组织部门的主要职责。第二板块包括第三、四、五章，明确组织工作的总体布局和基本要求，分别对党的组织体系建设、干部工作、人才工作的主要内容作出规定。第三板块包括第六章和第七章，明确组织工作的保障机制、《条例》执行督查以及附则相关内容。

4. 问：《条例》如何落实新时代党的组织路线？

答： 在 2018 年全国组织工作会议上，习近平总书记明确提出新时代党的组织路线，对其科学内涵、实践要求作出明确概括，这在党的历史上是第一次，具有里程碑意义，是党的建设和组织工作必须贯彻的"纲"和"本"，是做好新时代组织工作的根本方针和准则。2020 年在中央政治局第二十一次集体学习时，习近平总书记就贯彻落实新时代党的组织路线进一步提出了"五个抓好"的基本要求。《条例》紧紧围绕贯彻落实新时代党的组织路线谋篇布局，将组织路线对组织工作的一系列方向性、全局性、战略性要求落实到具体条文中。在总则中，将组织路线的有关要求写入指导思想和根本任务；将"坚持党的全面领导""坚持组织路线服务政治路线""坚持党管干部、党管人才""坚持德才兼备、以德为先、任人唯贤"等明确为组织工作必须遵循的原则。突出“以组织体系建设为重点”，专门设置党的组织体系建设一章，摆在干部工作、人才工作之前，强调“健全维护党的集中统一的组织制度，完善上下贯通、执行有力的组织体系，实现党的组织和党的工作全覆盖”。在干部工作、人才工作的总体要求中，强调要“着力建设忠诚干净担当的高素质专业化干部队伍”“着力集聚爱国奉献的各方面优秀人才”。

5. 问：《条例》如何体现党对组织工作的全面领导？

答：坚持和加强党的领导，是做好新时代组织工作的根本所在、命脉所在、职责所在。《条例》将党的领导贯穿全篇，写入指导思想、根本任务和根本原则，在实体性规定的首要位置，明确规定“组织工作实行党中央集中统一领导，各级党委（党组）分级分类领导，组织部门专门负责，有关方面各司其职、密切配合的领导体制”，对党中央、地方各级党委、党组和党组性质的党委的领导职责，以及组织部门的职责作出了详细规定，在党的组织体系建设、干部工作、人才工作等章中，围绕增强政治功能、提升组织力，落实党管干部、党管人才原则，提出了一系列要求。此外，适应深化党和国家机构改革的新形势新任务，就加强党对公务员队伍、机构编制工作的集中统一领导，也作出了专门规定。

6. 问：《条例》在党的组织体系建设方面主要提出了哪些要求？

答：严密的组织体系，是马克思主义政党的优势所在、力量所在。《条例》第三章突出组织的基础性地位和体系化建设要求，对组织架构、组织功能、党员队伍、组织制度、组织生活、组织纪律等作出全面规定。在组织架构中，着力体现党的组织和党的工作全覆盖；在组织功能中，着眼于增强党的政治领导力、思想引领力、群众组织力、社会号召力，分别对党的中央组织、地方组织、基层组织和党组等各级各类组织提出有针对性的要求；在党员队伍中，着眼于发挥党员先锋模范作用，对做好发展党员和党员教育、管理、监督、服务等各环节工作作出明确规定；在组织制度中，强调建立健全以民主集中制为核心的组织制度体系；在组织生活中，明确要求坚持和完善组织生活的各项制度，确保经常、认真、严肃；在组织纪律中，把“两个维护”“四个服从”摆在首位，要求做到有令必行、有禁必止，执纪必严、违纪必究。

7. 问：《条例》在干部工作方面主要提出了哪些要求？

答：党的干部是党的事业的骨干，推进党和国家事业发展，干部是决定性因素。《条例》第四章围绕怎样是好干部、怎样成长为好干部、怎样把好干部用起来等重大问题，进一步明确了新时代干部工作的总体要求，强调坚持党管干部原则，坚持德才兼备、以德为先，坚持五湖四海、任人唯贤，坚持好干部标准，坚持正确用人导向，着力建设忠诚干净担当的高素质专业化干部队伍。在干部管理体制方面，明确“干部工作实行党中央集中统一领导下分级分类管理的体制”，强调党委（党组）及其组织部门应当加强对干部工作的统一管理，要求规范和完善干部双重管理工作。在领导班子建设方面，强调必须把党的政治建设摆在首位，提高政治判断力、政治领悟力、政治执行力，努力把各级领导班子锻造成为忠实践行习近平新时代中国特色社会主义思想、坚定贯彻落实党中央决策部署的坚强领导集体。在干部工作“五大体系”建设方面，明确了素质培养、知事识人、选拔任用、从严管理、正向激励的主要目标和重点举措。在年轻干部工作方面，强调着眼党和国家事业长远发展需要，坚持拓宽来源、优化结构、改进方式、提高质量，大力培养选拔优秀年轻干部。此外，对加强公务员管理工作、离退休干部工作和统筹机构编制管理也分别提出要求。

8. 问：《条例》在人才工作方面主要提出了哪些要求？

答：人才是实现民族振兴、赢得国际竞争主动的战略资源。《条例》第五章围绕推进实施人才强国战略、创新驱动发展战略，立足实现高水平的科技自立自强，强调坚持党管人才原则，对人才队伍建设涉及的领导体制、制度机制、服务环境等重大问题作出明确规定。在人才工作领导体制方面，明确“形成党委统一领导，组织部门牵头抓总，有关部门各司其职、密切配合，用人单位发挥主体作用、社会力量广泛参与的党管人才工作格局”。在人才队伍建设方面，强调要紧紧围绕经济社会发展需求，组织实施重大人才工程，统筹推进各领域人才队伍建设。在人才资源开发方面，强调要充分发挥市场的决定性作用和更好发挥政府作用，鼓励引导人才向艰苦边远地区和基层一线流动。在深化人才发展体制机制改革方面，要求坚决破除“唯论文、唯职称、唯学历、唯奖项”，健全完善人才引进、培养、使用、评价、流动、激励机制。

在加强政治引领方面，强调坚持党委联系服务专家制度，完善领导干部直接联系服务人才工作机制。在人才环境方面，要求完善人才服务保障体系，营造尊重劳动、尊重知识、尊重人才、尊重创造的良好氛围，鼓励创新、宽容失败，开创人人皆可成才、人人尽展其才的生动局面。

9. 问：《条例》在保障和监督方面主要提出了哪些要求？

答：《条例》第六章明确了加强党委（党组）的领导、健全组织部门运行机制、提高组织工作质量、加强组织部门自身建设等方面的保障监督措施。各级党委（党组）要加强对组织工作的领导，从机构编制、工作力量、经费保障、班子建设等方面，关心和支持组织部门履行职责、开展工作。组织部门要严格执行重大事项请示报告制度，坚持和完善部务会会议制度；要聚焦主责主业，优化工作方式方法，提高工作效能；要带头发扬党的光荣传统和优良作风，带头增强“四个意识”、坚定“四个自信”、做到“两个维护”，努力建设讲政治、重公道、业务精、作风好的模范部门，打造政治上绝对可靠、对党绝对忠诚的过硬队伍。

10. 问：如何抓好《条例》的贯彻落实？

答：党中央印发《条例》的通知，对学习宣传、贯彻执行等工作提出明确要求，各级党委（党组）要按照党中央部署，把学习贯彻《条例》作为一项重要政治任务，切实抓紧抓实。

中央组织部将从以下几个方面抓好落实：一是深入开展学习宣传。将《条例》学习贯彻工作与正在开展的党史学习教育结合起来，将《条例》纳入党委（党组）中心组学习和各级党校（行政学院）、干部学院培训的重点内容，推动领导干部熟悉、组工干部精通、党员群众了解。二是推进制度系统集成。将《条例》与相关重要党内法规贯通起来，统筹推进、一体落实。对照《条例》规定，全面梳理现行组织建设制度，该细化的细化、该修订的修订、该合并的合并。三是加强督促检查。将《条例》执行情况纳入落实全面从严治党主体责任，纳入领导班子和领导干部考核内容，纳入巡视巡察范围。适时开展专题调研，加强跟踪指导，及时解决《条例》落实中的突出问题。

（《人民日报》2021 年 6 月 4 日）

后　记

党的组织工作是按照新时代党的建设总要求和新时代党的组织路线，以党的基层组织建设和党员队伍建设、领导班子和领导干部队伍建设、人才队伍建设为主要内容的全部实践活动，是党的建设的重要组成部分。党的组织工作不仅与党的组织建设直接相关，而且与党的政治建设、思想建设、作风建设、纪律建设和制度建设有着密切的关系。党的组织工作是党的全部工作的重要基础，是实现党的全面领导的重要途径，是实现党的政治路线的重要保证。党的十八大以来，以习近平同志为核心的党中央对党的建设和组织工作提出了一系列新思想新论断新要求，特别是党的十九大提出的新时代中国特色社会主义发展的战略安排，赋予了组织工作新使命新领域新任务。可以说，做好新时代党的组织工作，责任重大，使命光荣，任务繁重。

本书旨在更好地帮助党员干部特别是广大组工干部深入学习、深刻领会、切实贯彻新时代党的建设总要求和新时代党的组织路线，深入学习贯彻《中国共产党组织工作条例》，掌握组织工作基本知识，熟悉组织工作的主要业务，提高组工干部应具备的基本技能。

由于时间仓促，能力有限，有些错误在所难免，有些内容也需要进一步完善，欢迎广大读者批评指正。

作 者

2021 年 6 月